T0282038

Imagen
COOL

Imagen cool
Manual de imagen para todos los cools, los que se hacen los cools y los que quieren ser cools

Primera edición en Penguin Random House: agosto, 2023

D. R. © 2007, Alvaro Gordoa

D. R. © 2023, derechos de edición mundiales en lengua castellana:
Penguin Random House Grupo Editorial, S. A. de C. V.
Blvd. Miguel de Cervantes Saavedra núm. 301, 1er piso,
colonia Granada, alcaldía Miguel Hidalgo, C. P. 11520,
Ciudad de México

penguinlibros.com

ISBN: 978-607-383-094-2

Impreso en México – *Printed in Mexico*

ALVARO GORDOA

Imagen
COOL

EDICIÓN ACTUALIZADA

MANUAL DE IMAGEN PARA TODOS LOS COOLS,
LOS QUE SE HACEN LOS COOLS
Y LOS QUE QUIEREN SER COOLS

AGUILAR

ÍNDICE

TODO ES CUESTIÓN DE ACTITUD

¡Qué cool; estás leyendo...! ¿Sí? ¿Que acaso leer no es exclusivo de los nerds y los matados? ¡Al contrario! Leer está *in* y nada te hace más cool que esta imagen de intelectual con los ojos clavados en un libro... ¿O no...? Híjole, ya me confundí; y es que para saber si leer es cool o no tendríamos primero que definir y saber qué es ser cool.

Antes de que juntos descubramos este concepto, quiero escucharte, quiero saber qué es para ti ser cool; quiero que antes de que obtengamos este nuevo conocimiento quede plasmada tu manera de pensar actual, para que así dentro de un momento puedas regresar aquí y decir ¡cuánta razón tenía!

Escribe entonces a continuación qué es para ti ser cool y cuándo puedes decir que alguien es cool:

(Sí, adelante, escribe en el libro, ráyalo, haz lo que siempre te han dicho que no se debe hacer. A fin de cuentas, si tú lo compraste, es tuyo y nadie puede decirte qué hacer o no hacer con él; si te lo regalaron, será una muestra de aprecio al detalle pues lo estás usando como dice el autor, y si te lo robaste, bueno, si te lo robaste eso no estuvo nada cool... ¡empecemos!)

Ser cool es:

....
....
....
....
....
....
....
....

Ya tenemos tu definición. Ahora quiero que la compares con las definiciones de algunas personas, como tú, con quienes tuve la oportunidad de hacer este mismo ejercicio. Date cuenta de las similitudes que hay entre ellas y estaremos muy cerca de definir **¿Qué es ser cool?**

"Para mí ser cool es una actitud que hace que las demás personas te acepten y puedas lograr tus objetivos."

ALBERTO, 17 AÑOS

"El cool siempre se relaciona de manera empática, es feliz y es coherente con lo que dice y hace."

MIGUEL ÁNGEL, 18 AÑOS

"Es alguien que sabe comportarse de acuerdo al lugar; si es relajo, echar relajo; si es estudiar, estudiar. Por cómo es, lo ven como líder, tiene planes a futuro y es equilibrado; es muy inteligente (no en el sentido de la escuela o matado) pues con su comportamiento consigue lo que quiere."

MITZI, 16 AÑOS

"Cool es ser simplemente auténtico, sin poses y con una vibra positiva."

JESS, 37 AÑOS

"Ser auténtico y divertido, fácil de darse a entender y entender a los demás, alguien que encuentra lo positivo de las cosas, resuelve y no crea problemas, confía en sí mismo, que es enérgico y se siente bien con él mismo y proyecta seguridad."

GEORGE, 25 AÑOS

"Alguien que tenga mucha actitud, que proyecte seguridad, alguien que volteas a ver siempre y no pasa desapercibido."

DANIEL, 23 AÑOS

"Eres cool cuando eres una persona relajada que no se estresa por tonterías ni se mete en problemas, que respeta a los demás y sonríe siempre."

ANDREA, 40 AÑOS

"Para mí ser cool es ser original en todos los ambientes en los que te desenvuelvas, tener algo que sea tu distintivo y por el cual te reconozcan, ser innovador, seguro de sí mismo y humilde."

GILBERTO, 24 AÑOS

"Ser cool es una actitud de que perteneces, tienes amigos, eres reconocido y las personas se sienten atraídas hacia ti."

GEORGINA, 26 AÑOS

¿Qué tienen en común todas estas definiciones? Veamos:

1. Que ser cool es una manera de ser y de comportarse siendo auténticos.
2. Que esta manera de ser y de comportarnos hace que seamos bien percibidos por los demás en diferentes situaciones.
3. Que esta buena percepción hace que al cool siempre se le admire y caiga bien.

(4) Que al cool se le facilitan las cosas pues está fuera de problemas y mantiene las situaciones bajo su control.

(5) Que ser cool ES CUESTIÓN DE ACTITUD.

Ahora regresa a tu definición y compárala con estos cinco puntos... ¡Ya ves que no estabas tan perdido!

Retomemos entonces nuestro cuestionamiento inicial: ¿Es cool leer o no? La respuesta es sencilla: depende.

Depende por supuesto del libro, pero sobre todo depende de la **ACTITUD** que tomes hacia la lectura... y déjame hablarte un poco acerca de este libro, de por qué lo escribí y de algunas recomendaciones para su uso.

Este libro es diferente a todo lo que has leído. No pretende ser otro libro de flojera que te dejaron leer, o que alguien te regaló con el objetivo de cambiarte. No busco moralizarte, moldearte, educarte, regañarte, asustarte ni mucho menos hablarte de lo mal que está la sociedad y de que por lo tanto debes ser diferente.

Soy Consultor en Imagen Pública®, me dedico a asesorar y capacitar a diferentes personalidades ayudándoles a ser mejor percibidas; así he tenido la oportunidad de manejar más de 30 campañas políticas o la carrera de un cantante internacional en los terrenos de la imagen pública; he hecho desde la imagen de un refresco hasta la de una empresa multinacional y he capacitado a más de 5 000 personas dándoles herramientas para estimular mejor a sus audiencias. Ser Consultor en Imagen Pública® es un trabajo muy divertido y gratificante, ayudar a las personas a lograr sus metas no se puede comparar con nada; pero también es un trabajo que implica serias responsabilidades, por el poder de las herramientas que utilizamos. Trabajamos con la percepción, con lo que los demás pensarán acerca de algo; y si no tomamos con una gran ética profesional nuestro trabajo, podríamos fácilmente caer en la manipulación.

Es una profesión en la que afortunadamente hay mucho trabajo, pero también hay mucho desconocimiento. Más adelante hablaremos de lo que es la imagen pública y así entenderás mejor mi profesión, pero de momento quiero decirte que, para ser Consultor en Imagen Pública®, se necesita saber, y ese saber debe estar comprobado con un título, como en todas las profesiones. Así como no puedes ir por la vida diciendo que eres médico, operando y dando consultas si no estás certificado, tampoco puedes ejercer la consultoría en imagen pública si no has estudiado. Para más información acerca de la profesión te invito a visitar la página:

imagenpublica.mx

Te decía que este libro es diferente, surge del siguiente comentario que escucho constantemente en mis clientes al terminar de trabajar con ellos: "Qué lástima que aprendí esto tan tarde; de haber sabido todo esto antes, me hubiera ahorrado muchos problemas". Y eso es lo que busca este libro, ahorrarte problemas dándote hoy, que tienes todo por delante, un conocimiento que te servirá muchísimo. Lo único que pretendo es facilitarte la vida, tan sencillo o complicado como esto suene.

Para lograrlo sólo te pido un favor: disfrútalo mucho. Lee pensando que nada de lo que se dice aquí es regla, que nada de lo que aquí se te recomienda es obligación. Una pregunta que como Consultor en Imagen Pública® me hacen constantemente es ¿cómo le hago para que me obedezcan mis clientes si son políticos, artistas o empresarios de tan alto nivel?, y es ahí donde empieza la confusión: no se trata de ordenar y obedecer... sino de reconocer y ayudar.

Este libro te puede ayudar, en él encontrarás recomendaciones para lograr lo que deseas, para que te vaya mejor en tu vida familiar, social y profesional. Además, está lleno de casos reales, experiencias y demás situaciones que te ayudarán

15

a forjarte esta nueva actitud de ser cool. No voy a decirte en ningún momento qué es lo que está bien y qué es lo que está mal, eso te lo dejo a ti; sólo recuerda que si decides poner en práctica lo que aquí se dice, se te abrirán muchas puertas.

Encontrarás constantes referencias a películas y programas de televisión, pero sobre todo encontrarás muchas referencias hacia mi gran pasión: la música. A mí me crio MTV (cuando, aunque no lo creamos, era un canal de música) y los personajes que ahí aparecían marcaron de manera importante mi forma de ser y de pensar. Mi papá, además de fomentar en mí la pasión por la imagen pública y darme todos los conocimientos para dedicarme ahora a esto, sembró también en mi persona este amor por la música, pues no tengo recuerdos de cuándo fue la primera vez que escuché a los Beatles, a Led Zeppelin, a los Rolling Stones o a los Doors.

Hace poco, haciendo limpieza, mi mamá encontró una carta que le escribí a Santa Claus en la que le pedía que me trajera de regalo el nuevo disco de Mötley Crüe, ¡a los ocho años de edad! Y así, hasta el día de hoy, no pasa un solo día sin que me emocione con la música, ni pasa un solo día en el que no fantasee que soy un rockstar y que estoy ante miles en un estadio... Quién sabe, tal vez algún día lo haga.

Este es un libro pensado para adolescentes, pero no te confundas, todos somos adolescentes de una u otra forma. Adolecer, según el Diccionario Panhispánico de Dudas de la RAE, es una palabra que utilizamos de manera habitual para decir que se tiene algún defecto o se carece de algo; por lo tanto este es un libro para todos los adolescentes de la imagen pública, para todos aquellos que quieran ser mejores y tener más, obteniendo un conocimiento que les dará la madurez necesaria para lograr sus objetivos.

Ahora bien que si hablamos de la adolescencia en términos de edad, ya hace un buen rato que dejé de ser uno, aunque muchas veces me dicen que me comporto como tal, y es que de la adolescencia se dicen muchas cosas;

una de ellas es que es la etapa más difícil de la vida, pues está llena de dudas y de decisiones que nos pueden marcar para el resto de nuestros días.

Estoy parcialmente de acuerdo con esto: estoy de acuerdo con que es una etapa de dudas y decisiones que pueden marcar nuestro futuro, pero estoy en total desacuerdo con que es la etapa más difícil de la vida. De hecho pienso que es la etapa más divertida de las pocas que me han tocado vivir... ¡qué tanto no hice yo en mi adolescencia! No pienso balconearme contándote la anécdota de cuando encerré a una monja en la capilla, o de cuando me pude colar a los camerinos de Green Day o de Soda Stereo en su último concierto, o de tantas tardes y noches cuando trabajaba en antros; sólo quiero decirte que me divertí y ¡que me salí con la mía!

Te mencionaba que a veces me dicen que me sigo comportando como un adolescente; y es que dentro de mi filosofía de vida se encuentra una de las principales características de esta etapa: la transgresión.

Transgresión, que no es más que la forma en la que los adolescentes prueban su independencia, sus capacidades y sus límites. Es el reto a explorar y a experimentar, divirtiéndose en el proceso. El adolescente hace de las reglas un concepto flexible y relativo, pues piensa que su principal tarea es pasarla bien y que nada lo puede coartar.

Si te das cuenta, nada de lo que dice arriba es negativo; al contrario, exigirnos lo máximo, descubrir nuevas cosas y no aceptar un "no se puede" por respuesta son aspectos positivos; por eso la transgresión es parte de mi filosofía de vida, el problema es que esta trasgresión también implica un reto a las autoridades y a nosotros mismos, y si no sabemos manejarla, puede convertirse en nuestro peor enemigo y salirse de control.

Aquí es donde entra la actitud, donde entra el verdadero cool; cuando arriba mencioné que me salí con la mía, no hacía referencia a que pasé por encima de los otros, a que yo ganaba mientras los demás perdían; me refería a que fui feliz cumpliendo lo que me proponía, pues era bien percibido y querido por mis padres, familiares, amigos, maestros, novias, suegros, jefes y demás. No quiero sonar soberbio pues también caí y la regué, pero créeme que a golpes (a veces guamizas) aprendí. Tú puedes evitarte esas caídas.

El rock es transgresor por naturaleza y voy a contarte la historia de dos de sus principales exponentes, dos individuos que llevaron sus capacidades al máximo, traspasaron límites y el "no se puede" no estaba en su vocabulario:

Uno es Sid Vicious, bajista y fundador de los Sex Pistols, banda emblemática del punk. Su transgresión se ve reflejada en la frase "vive rápido, muere joven". Severamente adicto a la heroína, una mañana despertó en un cuarto de hotel en Nueva York y encontró a su novia Nancy, quien también era adicta, apuñalada y desangrada en el baño. Sid Vicious no recordaba nada, pasó por la cárcel y cuatro meses después murió de sobredosis. Sid tenía veintiún años.

El otro transgresor es el irlandés Paul David Hewson, tal vez lo conoces mejor como Bono. El líder de U2 reta día a día a las autoridades ejerciendo un latente activismo político para ayudar a África y para que se cancele la deuda externa en los países del tercer mundo. No por algo la revista *Time* lo ha seleccionado como personaje del año y ha sido nominado por tres años consecutivos al Premio Nobel de la Paz.

¿Te das cuenta de la diferencia de enfoques? Tú decides qué camino de la transgresión tomar: el que construye o el que destruye, el que te ayuda o el que te perjudica... ¿Este libro puede ayudarte a ser más cool? La respuesta es: ¡sí, tú también puedes salirte con la tuya! Recuerda,

TODO ES CUESTIÓN DE ACTITUD.

DEFINIENDO LO COOL

Cool, n.1 (kul): 4a.- De las personas; no acalorada por sus pasiones y emocio-
nes, deliberada; no precipitada, tranquila y calmada.

Así define el *Oxford English Dictionary* la palabra cool y encuentra referencias sobre su uso ¡desde hace más de 1 500 años! Y es que pensamos que
ser cool es algo nuevo, algo de nuestra generación, algo que nada más nosotros
entendemos y que sólo nosotros podemos ser, ¡y así pasa de generación en
generación!

Cada generación piensa que lo "realmente" cool es algo exclusivo de su
realidad y que únicamente ellos conocen y entienden; que fue fundado en SU
tiempo, en el club de jazz de los 50, el festival hippie de los 60, la disco de los
70, el video-bar ochentero, el *rave* de los 90 o el antro al que tú vas. Entonces,
exactamente, ¿qué es cool? Bueno, la pregunta es difícil de responder en diferentes niveles; lo que debemos empezar a hacer es aceptar lo cool como un
fenómeno que podemos reconocer cuando lo vemos.

Si bien lo cool, tal y como hoy lo conocemos, tiene a lo mucho unos 50
años, en mis estudios encontré referencias al término desde en la Biblia o las
cortes renacentistas, hasta en las antiguas civilizaciones del oeste africano;
siendo estas últimas las más interesantes para el estudio de lo que hoy nosotros
entendemos como cool.

Especialmente la civilización Yoruba, quienes utilizaban la palabra *itutu* de
la misma forma en que hoy utilizamos la palabra cool. *Itutu* significa autenticidad en el carácter, habilidad para evitar disputas o conflictos y gracia ante los
demás. ¿O no está cool ser bien *itutu*?

El cool moderno representa la adaptación y supervivencia de estas acti-
tudes transportadas a Europa, y especialmente a América, por el comercio de
esclavos. En esos días ser cool era parte de una mentalidad para sobrevivir, un
mecanismo de defensa para lidiar con la continua explotación y discriminación.

Si un esclavo se dejaba llevar por sus instintos y revelaba su rabia le iba en friega, por lo que más le valía mantenerse cool. Además, esta forma de ser les daba identidad, convirtiéndose en un estilo de vida que les daba aceptación y pertenencia.

De esta historia podemos sacar dos conclusiones fundamentales para entender lo cool:

Primero, que ser cool tiene dos funciones principales: suprimir nuestros instintos negativos y lograr aceptación grupal mediante un estilo personal.

Segundo, que una de las características principales de lo cool es la tolerancia. Durante el libro veremos la importancia del respeto y dejar a los demás "ser".

Sigamos con nuestra historia. Cuando Lincoln, que era bastante cool, en 1865 prohíbe la esclavitud, esta nueva forma de ser y de comportarse se queda muy arraigada en la cultura afroamericana, y comienza a expresarse en la forma de vestir, de hablar, de moverse, de comportarse y, por supuesto, en la música, creándose una gran variedad de géneros musicales como el jazz, el soul y el blues.

Si bien la esclavitud había sido abolida (palabra dominguera para decir prohibida), el racismo y la diferencia de clases continuaron muy grueso en la primera mitad del siglo pasado, y una diversión de los blancos en la década de los 20 y los 30 era ir a los clubes de jazz a chupar, bailar y a ver los actos musicales de los afroamericanos. En esta época surgen músicos muy cañones como Louis Armstrong, quien revolucionó la forma de tocar la trompeta.

A principios de los 40, una nueva generación de músicos de jazz, hartos de tocar música fácil para que los blancos bailaran, se rebela y comienza a experimentar con un nuevo estilo llamado "bebop", que era demasiado rápido para que los blancos pudieran bailarlo (sería como el krumping actual... si no sabes qué es el krumping, para eso te la vives en YouTube).

Este nuevo estilo al que después se denominó "modern jazz" tenía más aspiraciones que entretener o sólo tocar música, buscaba dejarse llevar por el instinto, rebelarse contra las reglas, y tocar y comportarse sin ninguna razón y análisis; ¿te acuerdas de que una de las principales funciones del cool era suprimir los instintos negativos? Estos músicos comenzaron a llevar una vida muy *heavy*, se metían de todo, y casi casi para pertenecer a su grupo, en tu currículum tenía que decir que eras adicto a la heroína. ¡Por supuesto se los llevó la fregada! A los que mejor les fue se murieron, el resto terminó en la cárcel, adictos en la calle o totalmente idos como para tocar.

En respuesta a esto surge una nueva escuela, una generación que le vuelve a bajar el ritmo al bebop y que toma una actitud relajada, una forma de ser auténtica y alejada de los problemas; a esta nueva escuela se le denominó como "cool school" o "cool jazz", siendo su principal exponente Miles Davis, como puede verse en su disco de 1949 *Birth of the Cool* o *El Nacimiento del Cool*.

¿Pero de dónde surge el término? Bueno, se dice que cuando estos clubes de jazz se llenaban, el aire era irrespirable debido al humo de los puros y cigarros, al sudor y al aperre en general, por lo que puertas y ventanas tenían que abrirse para dejar entrar algo de aire fresco o "cool air".

Cool, por lo tanto, se empezó a utilizar para referirse a cualquier músico o visitante de estos clubes de jazz que adoptaba este estilo y tenía una nueva forma de vida agradable para los demás. Qué cool, ¿no?

Finalmente, los géneros musicales negros se juntaron con la música country blanca, dando nacimiento al rock n'roll, que rápidamente arrasó con los otros géneros en cuanto a popularidad y seguidores (manita haciendo cuernos, ¡auuuush!). Rocanroleros negros como Little Richard o Chuck Berry lograron fama de inmediato, pero fue hasta que llegó "El Rey" cuando todo explotó. Elvis Presley cambió las reglas del juego para siempre, influenciando

21

y cediéndoles el paso a los Beatles, quienes hicieron de lo cool algo multicultural, interracial y global... el resto es historia.

¡¿PERO ENTONCES QUÉ ES SER COOL?!

¡Oh, qué necedad la tuya! Ya te dije que es complicado definirlo; de hecho, lo que estamos intentando hacer aquí es uno de los principales pecados de lo cool: tratar de definir y juzgar lo que es cool y lo que no lo es. Sólo existe una cosa peor que juzgar y definir el fenómeno, siendo esta cosa lo más anticool del planeta. El peor pecado de lo cool es ¡autoproclamarse cool! Tú no decides si eres cool o no... pero de eso hablaremos más adelante.

Para poder escribir este libro hice una investigación bastante densa para descubrir el verdadero significado de cool; en el proceso leí más de 7 libros sobre el tema (algunos bastante aburridos), y cada vez que terminaba una lectura, sentía que los autores estaban hablando de tipos de cool totalmente diferentes.

Y es que debido a la variedad de connotaciones que se le puede dar a esta palabra, a los cambios que sufre en apariencia y a lo poco objetivo de su juicio, cool no puede tener un significado único. Lo tenemos que ver como algo que sucede, algo que se siente, algo que nos hace actuar y nos motiva a aceptar lo que percibimos como cool. En conclusión: cool es una palabra difícil de definir, pero es un fenómeno que podemos reconocer cuando lo vemos.

Para entender más este dilema que nos puede sacar de onda, dejemos que los Simpsons nos enseñen:

En el capítulo donde Homero, después de ser el papá menos cool de Springfield, se une al show de *freaks* de Lollapalooza y se convierte en la persona más cool del festival pues detiene balas de cañón con la panza; al final, cuando Homero sacrifica su popularidad por el bien de su familia, tienen el siguiente diálogo:

Homero: Y es así como me di cuenta de que estar con mi familia es más importante que ser cool.

Bart: Papá, lo que acabas de decir es de lo menos cool.

Homero: Pues como dice la canción... "yo soy de esos amantes a la antigua".

Lisa: Esa canción es muy ñoña.

Homero: ¿Tan ñoña que... es cool?

Bart y Lisa: No.

Marge: ¿Yo soy cool, niños?

Bart y Lisa: No.

Marge: Pues me da gusto... y soy cool porque no me importa, ¿verdad?

Bart y Lisa: No.

Marge: Pues entonces cómo demonios se es cool. ¡Ya intentamos todo aquí!

Homero: Momento, Marge, tal vez si eres realmente cool no necesitas que te digan que eres cool.

Bart: Claro que sí.

Lisa: Si no cómo lo vas a saber...

¿Ya vieron cómo es un dilema entender el concepto de cool? Hagamos entonces un último esfuerzo para comprenderlo y saber en esencia qué es ser cool.

FINALMENTE, ¿QUÉ ES SER COOL? (Ahora sí es la última, lo prometo.)

LA ESENCIA DEL COOL

Cool se ha convertido en un término universal para comunicar aceptación y aprobación, se trata de una forma de ser que nos trae beneficios en la vida. Ser cool se valida con la manera en que nos comportamos y con la actitud que tomamos ante las diferentes situaciones a las que nos enfrentamos día a día.

Ser cool equivale a estar bajo control y a saber qué hacer cuando nos relacionamos con los demás.

SER COOL ES LA MANERA CORRECTA DE PRESENTARNOS ANTE LOS DEMÁS PARA QUE NOS ACEPTEN Y LOGREMOS NUESTROS OBJETIVOS.

Esto es ser cool en esencia, es la actitud de la que hablábamos, es el fondo de lo cool; fondo que debe transmitirse mediante la forma correcta... forma a la que le llamaremos "El *Look* del Cool".

EL LOOK DEL COOL

Una regla de oro es que para ser cool lo primero que tienes que hacer es parecer cool. Y aquí no nos confundamos, no estamos hablando únicamente de moda. Si bien lo cool siempre se ha preocupado por la apariencia y se ha visto reflejado en la ropa o en un característico corte de pelo, la moda siempre ha sido un vehículo más para mostrar lo cool.

Por lo tanto, no es únicamente la apariencia, también será nuestro comportamiento y será una serie de elementos y pequeños detalles que debemos cuidar para que nos perciban como cools. El chiste será poner todos estos elementos y detalles en conjunto para que, cuando nos relacionemos con los demás, seamos aceptados y logremos nuestros objetivos.

Por lo tanto tenemos que ser cools, pero también tenemos que parecer cools. Tenemos que preocuparnos por el fondo y por la forma, ya que si únicamente somos cools en el fondo y descuidamos la forma, no comunicamos, no logramos nuestros objetivos pues los demás no nos verán como alguien cool. Pero si únicamente nos preocupamos por la forma, por lo que los demás vayan a pensar y no fomentamos la actitud cool en nuestra persona para ser realmente cools en esencia, estaremos ante el principal riesgo de esta nueva forma de ser: **HACERSE EL COOL.**

NO ES LO MISMO HACERTE COOL QUE HACERTE EL/LA COOL

Ya sabemos lo que es ser cool en el fondo, y al terminar de leer este libro, sabrás cómo ser cool en la forma (lograr el *look* del cool). Quiere decir que vas a hacerte cool... que es muy diferente a hacerte el/la cool.

Hacerte cool es algo permanente, cool no es únicamente una fase por la que pasas (como cuando eras patineto, darketo o cualquier etapa por la que hayas pasado). Ser cool es algo que una vez obtenido se retiene de por vida. Ser cool necesita de la constancia y de la repetición de las acciones positivas que nos generaron ese atributo.

Por el contrario, hacerte el o la cool es momentáneo. Son acciones que no provienen de nuestra esencia cool y que únicamente realizamos por el "qué dirán", sin estar completamente convencidos de nuestras acciones. Hacernos los cools es disfrazarnos para lograr una "aceptación" momentánea, que seguramente cambiará por la falta de constancia y porque es evidente ante los demás que únicamente nos estamos "haciendo los cools".

Para que me entiendas mejor, voy a decirte quiénes son el ejemplo claro de hacerse los cools todo el tiempo: Napoleon Dynamite y Beavis & Butt-Head.

Sobre Beavis & Butt-Head mejor ni hablar, pues a ellos se les hace cool hasta encontrar caca de perro en la calle... Pero Napoleon Dynamite... ¡qué maravilla!

Napoleon Dynamite es una de mis películas favoritas y si no la has visto te la recomiendo ampliamente. Trata de un tipo torpe con un afro pelirrojo que piensa que es el güey más cool de su escuela, se la pasa todo el día dibujando bestias míticas como el "Liger" (mitad león, mitad tigre, en inglés) y aún se da el lujo de tachar a todos de idiotas. Pero bueno, el chiste es que para que lo acepten se la pasa haciéndose el cool y palereando de lo fregón que es. Aquí te pongo unas de sus mejores "experiencias":

- *Les cuenta a los de su colegio en la clase de deportes que pasó el verano cazando wolverines con su tío y que mató como a 50 con una calibre .25 pues se la pasaban atacando a sus primos.*
- *Le dice a Pedro, su nuevo amigo mexicano, que tenga cuidado porque en la escuela hay muchas pandillas. Le presume que a él ya le han pedido que se les una porque es muy bueno con el bo (arma ninja que es un palo).*
- *A la pregunta de Pedro de que con quién va ir al baile, responde que desgraciadamente su novia de Oklahoma no puede asistir pues está trabajando como modelo, ¡y hasta le enseña una foto glamorosa que según él le tomó en su cumpleaños!*
- *Le dice a una chava que pase por las cosas que le está guardando en su locker pues ya no caben sus chacos... y así podríamos seguir.*

Otro ejemplo claro pueden ser los de *Jackass*, programa dosmilero en el que unos güeyes hacían una sarta de estupideces para hacerse los cools. La única diferencia es que Johnny Knoxville y compañía hicieron de hacerse los cools una forma de vida constante que los hizo millonarios, no como a un amigo mío que se aventó desde el primer piso del Bulldog (antro legendario en la Ciudad de México), queriéndose hacer el cool y quedando como un reverendo idiota.

Finalmente, regresamos con nuestro querido Homero, quien en el mismo capítulo de Lollapalooza, para sentirse en "onda" con sus hijos, se compra un gorro rasta y todavía le cuelga un pin con la leyenda "Demasiado cool para este mundo"... ¡cuando ya sabemos que lo más *loser* del mundo es autoproclamarse cool!

Vistos estos ejemplos en su gran mayoría ficticios y exagerados, pongamos algunos otros más reales de situaciones en las que nos hacemos los cools:

TE HACES EL/LA COOL CUANDO:

● *Manejas a exceso de velocidad y con una sola mano cuando llevas a alguien en el coche.*

● *Intentas impresionar en las fiestas (te la pasas jugando vencidas o luchitas y enseñando el bíceps para que todos vean lo mamado que estás, además saludas a todos con un terrible apretón truena-huesos, o compites a ver quién puede tomarse más shots).*

● *Les haces saber a todos que estás borracho con frases como "Estoy pedísimo, güey".*

● *Te encanta llegar un jueves equis al colegio o al trabajo fingiendo voz ronca, con lentes oscuros y diciéndoles a todos "Güey, estoy crudísima, estuvo cañón ayer", luciéndote de que saliste en miércoles.*

● *Gritas al hablar en los restaurantes, siempre traes tu celular en altavoz, tres de cada cinco palabras que dices son leperadas y siempre volteas a ver a todos con cara como diciéndoles "que se jodan" o le echas pedo a todo el mundo especialmente con la frase "Qué me ves, güey".*

● *Pichas shots y chupes cuando no tienes ni en dónde caerte muerto, o te tomas cuanto te pichen y no haces caras después de tomártelo.*

● *Te raya subirte a las tarimas a bailar y hacerles saber a todos que te sabes las coreografías.*

● *Pruebas alguna droga (pues no supiste decir que no) y después le andas confesando que la probaste hasta al joven de los baños, ya que piensas que te hace ver rudo.*

- *Te pones al tú por tú con los maestros, o les faltas al respeto porque toda la clase te está viendo.*
- *Te rebelas contra tus papás y les haces alguna peladez enfrente de tus cuates.*
- *Fumas a pesar de que no te gusta.*
- *Sales en todas las fotos haciendo cuernos con la mano y sacando la lengua dizque súper rocker.*
- *Entras al cine cuando ya empezó la película, te la pasas riéndote y hablando toda la función y todavía te enojas y le echas bronca a quien con toda razón te calló.*
- *Según tú es muy cool ir todo/a fachoso/a a tomarte un café al centro comercial.*
- *Cuando te piden que te describas dices "Estoy loquísimo/a y para ser mi amigo tienes que ser un desmadre".*

Si te identificaste al menos con una de estas situaciones, qué bueno que estás leyendo este libro. Ahora reflexiona sobre qué otras cosas hace alguien que se quiere hacer el cool. Ve cómo todas son acciones momentáneas para "lucirse" con alguien pero quedando como *loser.*

EL LADO OSCURO DEL COOL

Otro problema de hacerse el cool es querer imitar el lado oscuro del cool. Lado oscuro que nos han enseñado las grandes estrellas del rock o de Hollywood (algunas ficticias, como los clásicos personajes de las películas de Quentin Tarantino).

Lo cool siempre ha tenido un coqueteo riesgoso con la noche y sus excesos, con el chupe, con las drogas y con la vida al límite; el problema es que si caemos ante esta constante seducción, seguramente nos llevará la fregada.

Si piensas que una vida llena de excesos te llevará a una vejez tranquila y asegurada estás muy mal... o eres Keith Richards. Y es que podemos pensar que las personas más cools de la historia han sido Jim Morrison, Jimi Hendrix, Janis Joplin o Kurt Cobain, ¿pero ya te diste cuenta de dónde están todos ellos ahora y por qué están ahí?

Si bien lo cool siempre ha tenido ese coqueteo con el lado oscuro de la transgresión, siempre ha mostrado una clara preferencia por los ganadores sobre los perdedores, por eso es momento de hacernos verdaderamente cools.

Hacernos cools es hacernos ganadores, y lo lograremos mediante la Imagen Cool. Ya sabemos qué es ser cool, pero antes de meternos de lleno a la Imagen Cool tenemos que saber primero qué es la imagen.

La imagen

¿Cómo llegar a ser el mejor jugador de futbol en el mundo sin realmente serlo? ¿Cómo ser el jugador más caro de la historia y cobrar muchos millones de dólares más que jugadores mejores que tú en la liga más mediocre del mundo? ¿Cómo ganar más dinero por patrocinios que por tu talento futbolístico?

La respuesta a estas preguntas sin duda está en David Beckham. Después de jugar en el Manchester United y de ser un Galáctico en el Real Madrid junto a figuras como Figo, Zidane, Roberto Carlos, Ronaldo y Raúl, Beckham pasó a ser un Galactiquito (del Galaxy de L.A.) por la módica cantidad de 250 millones de dólares.

¿Qué hizo Beckham para llegar al punto en el que, sin jugar, la cámara estaba siempre con él en la banca? ¿Cómo construyó ese prestigio que hasta hoy atrae a las multitudes? Todo esto es gracias a tres causas, que son:

IMAGEN, IMAGEN E IMAGEN.

Analicemos un poco este fenómeno, ya que qué mejor forma de dejar patente la importancia de la imagen que mediante un caso tan padre como el de este exfutbolista inglés.

Primero, es evidente que gran parte de su imagen recayó y sigue reca-
yendo en su apariencia física. Muchas personas dicen que está guapísimo y
buenísimo, constantemente cambia e impone moda en los cortes de pelo (cómo
no, si lleva peluquero especial a donde viaja y gasta alrededor de 70 000 euros
al año en cortes). Entre otras cosas, se llegó a maquillar, depilar las cejas, pintar
las uñas de manos y pies (y a partir de esto se lanzaron líneas de esmalte y maquillaje para hombres, para que la gente luciera como él) y también usó aretes
de brillantes, tatuajes y rompió el estatus de lo que debía ser un futbolista (si
después vino un fenómeno como CR7 fue gracias a él).

Segundo, se casó con Victoria Adams, la Posh Spice y diseñadora de modas, una genio de la mercadotecnia. Ella sabe mucho de imagen, lo viste y le
aconseja siempre aparecer en familia o asistir a las fiestas más *hot*. Incluso
utiliza a sus hijos (Brooklyn, Romeo, Cruz, Harper Seven y los que vengan) como
herramienta de imagen.

Por otro lado, no es casualidad que portara el número 23, ya que es el
mismo que llevaba Michael Jordan y se trata de utilizarlo como medio de iden-
tificación deportiva. En Estados Unidos, aunque no hay tanta predilección por
el "soccer" (no soporto que le digan así), sí lo hay para la mercadotecnia deportiva y para la lana.

Tercero (o cuarto o quinto, da igual), declaró que usaba las tangas de Victoria. Esto hace que se hable de él en la prensa y en todos lados, además atrae
cierta perversión a su figura, y de que el sexo vende, no hay duda.

Y así podríamos seguir, no por algo Tom Cruise y su deteriorada imagen se
le pegaron nada más llegando a EUA. Todos los estímulos que mandó, declaraciones, situaciones bien manejadas, su *look* o los trucos para poder entrar a
Estados Unidos le han dado la imagen que hoy tiene. Beckham, como resultado,
alguna vez fue el jugador mejor pagado de la historia del futbol... y en sus últimos años de profesional casi no lo vimos jugar.

Para que quede más claro el poder que tiene una buena imagen, quiero ponerte otro ejemplo, y sí, le atinaste, es de rock.

Corría el año de 1973 y dos amigos de la comunidad judía de Nueva York, con muchas ganas de hacer dinero, deciden formar lo que para ellos sería la banda más espectacular de rock del planeta... el problema es que ninguno de los dos sabía tocar sus instrumentos. Esto no detuvo a Gene Simmons y Paul Stanley para tomar clases de música y crear la banda de rock más redituable de la historia: KISS.

Bajo el concepto de "si los padres lo odian, los hijos lo amarán", crearon una estética basada en los personajes de cómics en donde el Demonio, el Chico Estrella, el Hombre del Espacio y el Hombre Gato ofrecen un espectáculo lleno de guitarras humeantes, baterías voladoras, ríos de sangre, llamaradas bucales y pirotecnia en exceso.

Quienes veían a KISS en vivo se volvían fans, pero sus tres primeros discos fueron un fracaso comercial, por lo que decidieron captar la experiencia del grupo en vivo en el primer álbum doble en directo de la historia: *KISS Alive!*; muchos años después confesaron que los gritos, aplausos y explosiones que se escuchan fueron puestos en un estudio, lo que no lo hacía realmente un disco en vivo. *KISS Alive!* los lanzó al estrellato... y a la riqueza.

Con la fama, el principal negocio se convirtió en la memorabilia del grupo, lanzaron su propio cómic (escrito con tinta hecha a base de la sangre de los integrantes), su máquina de pinball, muñecos, maquillaje, juegos de mesa ¡y hasta loncheras!, pasando por cualquier artículo que te pudieras imaginar. También crearon el KISS ARMY, el primer club de fans con costo de suscripción. Se estima que entre 1977 y 1979, nada más de *merchandising*, KISS generó más de 100 millones de dólares.

Podemos encontrar muchísimas estrategias de imagen a lo largo de la historia del grupo, desde no desmentir el falso rumor de que su nombre significa "Caballeros al Servicio de Satán" por sus siglas en inglés, hasta formar y fomentar grupos de madres en contra de KISS para promover sus conciertos en donde se presentaban mediante la prohibición. A continuación te cuento algunas otras:

Si piensas que los de Molotov fueron los primeros en fingir una separación para lanzar simultáneamente los cuatro integrantes un disco solista y "pelearse" para ver quién vendía más, quiero que sepas que KISS lo hizo en 1978.

Con el auge de la música disco surge una rivalidad entre el rock y el nuevo estilo musical. KISS declara que en la vida haría música disco pues es una porquería, pero en su disco *Dynasty* incluyen la canción "I Was Made For Lovin' You", ¡que es totalmente disco!, convirtiéndose en un hitazo entre los dos "bandos".

KISS siempre fue muy celoso con su identidad original, por lo que nunca permitieron que se les viera sin maquillaje. Ante el auge de las bandas de hair metal de los 80, que le quitó los reflectores al grupo, deciden como golpe de imagen desmaquillarse; por supuesto, en un programa especial de MTV, por el que se les pagó una fortuna, convirtiéndose en uno de los programas con más audiencia del canal.

En 1996, después de varios años de reinado del grunge, la nostalgia por el hard rock regresa, especialmente la nostalgia por KISS. Con signos de dólares en los ojos, la banda anuncia una reunión con la alineación original y ¡con maquillaje! Hacen una presentación espectacular en la entrega número 38 de los Grammy y después anuncian una única y exclusiva gira mundial. La gira terminó en el 2002 con los miembros originales y siguió hasta el 2005 con los remplazos. ¿Qué sigue además de los *realities* de Gene Simmons? Sin duda negocio y más negocio basado en la gran imagen construida.

Creo que con estos ejemplos quedó más que demostrada la importancia de tener una buena imagen. También quedó claro que si la cuidamos y nos preocupamos por ella seremos mejor aceptados en lo que hacemos. Ahora bien, pasemos a definirla, pero antes permíteme aclarar una confusión que existe en torno al tema de la imagen.

Aclarando la confusión

Existe mucha confusión alrededor de lo que realmente es la imagen. Si tú preguntas por la calle qué es imagen obtendrás respuestas muy variadas: unos te dirán que es la manera en que te vistes y te arreglas; otro más artístico te dirá que es una foto bien acá; el que estudia diseño gráfico chance saca a relucir que la imagen es un logotipo, y así cada quien tratará de definirla. Por lo tanto, ¿qué es imagen?

No te malviajes, existe confusión, pero no es tan difícil de definir como lo que nos pasó con cool. Aquí solamente quiero dejar algo bien en claro que nos pasa constantemente a los Consultores en Imagen Pública®: se piensa que la imagen es algo frívolo y superficial, puramente estético y relacionado con la moda, por lo que cuando dices que te dedicas a la imagen, luego luego piensan que eres estilista o modisto (con todo respeto a esas dignas profesiones), pero no es a lo que nos dedicamos.

Otra cosa que se piensa es que quien cuida su imagen está engañando, se confunde mucho cuidar la imagen con tratar de aparentar algo que no se es. Nada más falso a la realidad.

No hace falta que gastemos tiempo desmintiendo estas falsas creencias, tú solo te vas a dar cuenta a continuación de lo que realmente es la imagen.

¿QUÉ ES LA IMAGEN?

Nota: En este capítulo voy a darte la definición de imagen más sencilla posible y explicaremos brevemente lo que es. Todo esto está en el libro *El poder de la imagen pública*, de Víctor Gordoa, pero de ninguna manera sustituye su lectura. Si te interesa el tema te recomiendo muchísimo que lo leas, vas a aprender cañón sobre el tema de la imagen pública y te dará ventajas para aplicar mejor lo que se enseña en este libro (además me dijo que me pasaba una lana si se los recomendaba).

Imagen es **PERCEPCIÓN**, así de sencillo se define, y la manera en que percibimos algo o a alguien va a configurar su imagen. Esto quiere decir que la imagen que tenemos de una persona, institución, lugar o cualquier otra cosa vive en nuestra cabeza. Por lo tanto, lo que los demás captan a través de sus cinco sentidos, que pueden actuar de uno en uno o todos juntos a la vez, va a convertirse en una **IMAGEN MENTAL**, que será consecuencia de lo percibido.

Esta imagen mental tiene el poder de producir efectos en la conducta de las personas, ya que se une a una opinión que va a influir en sus preferencias y decisiones. Por ejemplo, queremos comprar unos lentes de sol y vamos a una óptica, empezamos a ver y a probarnos los diferentes modelos, generando una percepción de cada uno de ellos. Al percibirlos, de inmediato los empezamos a juzgar de una manera muy sencilla: me gustan, no me gustan; se me ven bien, se me ven mal; están a la moda, no están a la moda; son mi tipo o no son mi tipo, y así los seguiremos juzgando de mil maneras, pero siempre traduciéndose al final en una acción de los compro o no los compro.

¡Así igual pasa cuando te perciben! De la opinión de los demás se generará una respuesta de aceptación o rechazo, y te identificarán según lo que ellos piensan que eres; así dirán si eres bueno o malo, si les gustas o no, si quieren conocerte o prefieren que ni te les acerques... convirtiéndose así en su realidad.

Esto quiere decir que nosotros no somos dueños de nuestra imagen; aunque te suene injusto, nuestra imagen vive en la cabeza de los demás y se convierte en nuestra **IDENTIDAD**. Pero eso no significa que no seamos responsables de la misma, somos totalmente responsables de que nos perciban de una manera u otra, ya que la imagen es una consecuencia de algo más: los **ESTÍMULOS**.

Los estímulos son todas las cosas que hacemos que impactarán los sentidos de quien nos percibe; si controlamos los estímulos, controlamos la percepción; y si controlamos la percepción, controlamos nuestra imagen.

Los **ESTÍMULOS** pueden ser de dos tipos: **los verbales**, que se refieren a todo lo que decimos con palabras, y los estímulos **no verbales**, que incluyen todas las cosas que mandarán mensajes sin palabras. Por ejemplo: estás de vacaciones en una ciudad desconocida y tu coche empieza a fallar, preguntas en un local que dónde hay un lugar para que lo chequen y te dicen que en la siguiente calle está "el mejor taller de la ciudad". Al llegar te llevas la gran sorpresa de que en esa calle ¡hay dos talleres juntos!, y tienes que escoger en cuál dejarlo (para que se facilite el ejemplo en vez de ponerle nombre a los talleres vamos a hacerlo tipo Chabelo): en el de la derecha o en el de la izquierda.

Hasta este punto sólo tienes la referencia de que uno de esos dos es "el mejor taller de la ciudad", ése es un estímulo verbal. Al entrar al de la izquierda te recibe una cumbia de los Ángeles Azules que sale de un radio viejo y destartalado que está sobre una mesa llena de tuercas y refacciones. Como no ves a nadie, empiezas a inspeccionar el lugar cuidándote de no mancharte y resbalarte con los restos de aceite y agua que hay en el piso. Al fondo puedes ver varios autos viejos y destartalados sobre ladrillos y a un hombre sin camisa que está soldando sin máscara unas piezas, mientras que otros dos se están echando unos tacos de huevo sobre el cofre. Al gritarles para que te atiendan, de abajo de un coche que estaba en la entrada sale el mecánico principal y te saluda con el clásico "pa' qué soy bueno, canijo". Trae los jeans sucios y a media nalga, viste una camiseta de propaganda política, y con residuos de comida en el mostacho te extiende el antebrazo para que lo saludes, pues anda todo batido. Después de explicarle la falla y de que el mecánico se distrajera varias veces con su calendario de "La Ninel" que le regaló la aceitera, te dice: "*Hay* déjemelo, al rato que lo **revísemos** le puedo decir qué tiene (brujo); no hay bronca, le va a salir baras, **pasensen** como al ratito".

Por otro lado, en el taller de la derecha te recibe un hombre con una bata que tiene bordado en el pecho el logotipo del taller. Mientras te da la bienvenida y llena un formato con las indicaciones de tu coche, puedes ver que debajo de unas grúas hidráulicas trabajan mecánicos uniformados con los mismos overoles y que el acceso a esa zona se encuentra restringido. En lo que hacen un chequeo rápido de tu coche, te invitan a pasar a la recepción, en donde una amable señorita te ofrece algo de beber y tienen la revista especializada en autos del mes. A los 20 minutos llega el hombre de la bata con un presupuesto de 4 000 pesos y te dice que lo puedes pasar a recoger mañana en la tarde.

¿Cuál de los dos es "el mejor taller de la ciudad"? Seguiremos sin saberlo. Tal vez en el primero al regresar nos dice el mecánico que era algo muy sencillo, que ya lo arregló y que le debemos "Ay nomás pal chesco", quedando perfecto nuestro coche. Y en el segundo regresamos al siguiente día, pagamos los 4 000 pesos y en la esquina nos vuelve a hacer la misma falla. Nunca lo sabremos, pero ahora te pregunto: ¿cuál parece ser "el mejor taller de la ciudad" y en cuál te sentirías más confiado de dejar tu coche...? ¡En el de la derecha, por supuesto! Así es como funcionan los estímulos no verbales, ejercen un poder importantísimo en la toma de decisiones. De hecho, Albert Mehrabian, un teórico muy picudo de la comunicación, dice que 93% de la eficacia de la comunicación recae en lo no verbal, en la forma. Y ojo, no estoy diciendo que la forma sea más importante que el fondo, las dos son de **IGUAL IMPORTAN-CIA**, lo único que estoy diciendo es que la forma tiene más peso en el juego de imagen, ya que un buen fondo, sin forma, no comunica.

Hay que ser y parecer, por eso es importante el fondo, ya que si únicamente pareces pero no eres, estarás engañando por carecer de esencia. De hecho, aprovecho para decirte que el requisito indispensable para poder hacer una imagen es

EL RESPETO ABSOLUTO DE LA ESENCIA

por lo tanto ésta debe existir y reconocerse. Es por esto que la creación de una imagen pública no es un acto superficial, frívolo, materialista o falseado.

Entonces no basta con ser el mejor si no pareces el mejor. Es lo que decíamos antes, de nada nos sirve ser cools en esencia si no tenemos el *Look* del Cool.

Ya sabemos entonces que cuando percibes, te formas una imagen mental que luego traduces en una opinión, y que esa opinión será la identidad que le otorgues a algo o a alguien; por lo tanto podemos afirmar que

IMAGEN ES PERCEPCIÓN, QUE SE CONVIERTE EN LA IDENTIDAD Y QUE SE PRODUCE POR ESTÍMULOS.

Entendido esto, vamos a poner un concepto más que será clave para el libro. Si la identidad se conserva durante algún tiempo, es decir, si estimulamos a nuestros receptores de la misma manera durante un largo periodo, la opinión generada se quedará arraigada en sus mentes, entonces se produciría el concepto de **LA REPUTACIÓN**. Que visto desde el punto de vista de mi especialidad, no es otra cosa que

UNA IMAGEN PÚBLICA SOSTENIDA EN EL TIEMPO.

Entonces nuestra imagen se convierte en una tarjeta de presentación. ¿Has pensado qué reputación tienes? ¿Qué imagen te has formado en tu familia, tu escuela o tu círculo social? Vete en el espejo y dime: ¿Qué ves? ¿Qué crees que los demás opinan de ti? ¿Qué percibes? ¿Te gusta?

Ecuación de la imagen

¡Calma, no te asustes! Sé que la palabra ecuación espanta y que el señor árabe del Baldor puede ser nuestra peor pesadilla (de hecho, estoy muy indignado porque hace poco fui a una librería y vi que en la nueva edición ya no aparece tan temible sujeto... si no tienes idea de lo que hablo, pregúntale a alguien que haya nacido en el siglo pasado, te reirás de sus anécdotas con el Baldor). Bueno, a lo que iba es que todo lo que hemos visto en los terrenos de la imagen puede quedar muy claro si lo ponemos como una suma de elementos que nos da un resultado final. A esto le llamamos la Ecuación de la Imagen:

Estímulo
+ Receptor
= PERCEPCIÓN + mente = IMAGEN
+ opinión
= IDENTIDAD + tiempo
= REPUTACIÓN

IMAGEN PÚBLICA

Si ya sabemos qué es imagen, saber qué es la imagen pública es regalado. Una imagen se hace pública cuando muchos perciben lo mismo. Si muchos comparten la percepción entonces opinarán e identificarán algo de la misma manera. Nada más vuélvele a echar un ojo a la Ecuación de la Imagen, si cambias la palabra receptor por receptores, estaremos hablando de imagen pública.

Por lo tanto, **IMAGEN PÚBLICA** se define como:

**LA PERCEPCIÓN COMPARTIDA QUE PROVOCA
UNA RESPUESTA COLECTIVA UNIFICADA.**

Quiere decir que muchos perciben lo mismo acerca de algo (percepción compartida) y que los lleva a actuar de una u otra manera (que provoca una respuesta colectiva unificada). Por ejemplo, que muchos perciban que un político es el mejor y por lo tanto voten por él, que muchos piensen que un cantante es bueno y por lo tanto compren sus discos y vayan a sus conciertos, o que muchos perciban que un producto es el mejor, y por lo tanto lo compren y lo prefieran sobre el de la competencia.

Entonces ya entendiste a qué me dedico: un Consultor en Imagen Pública® crea la percepción en torno a algo o a alguien mediante el control de los estímulos. Así ayudamos a nuestros clientes a lograr sus objetivos, a generar la percepción que desean. Nos dedicamos a crear, cambiar y cuidar reputaciones. Imagínate entonces que las respuestas de las personas pueden ser provocadas, que puede lograrse el control de una conducta de manera deliberada. ¿Te das cuenta del poder que se puede ejercer sobre los demás? Es por esto que se necesita estudiar y tener una gran ética profesional.

El control de los estímulos para generar las respuestas se logra con la Ingeniería en Imagen Pública® y la Imagología® (que es lo que se estudia en la Licenciatura, la Maestría, el Doctorado y los Diplomados en Imagen Pública), cuya propuesta es la de aplicar el saber científico a la emisión de los estímulos que van a crear o modificar la percepción hacia una persona o hacia una institución. Siguiéndolas, no dejas a la casualidad todas las cosas que los demás van a percibir de ti, sino que con el conocimiento adecuado controlas lo que quieres decir con y sin palabras.

Finalmente, antes de cerrar con el Decálogo de la Imagen Pública, quiero que sepas que para que todo esto funcione debe existir un requisito indispensable entre los estímulos verbales y no verbales: la **COHERENCIA**. Requisito que busca unir lo que decimos con lo que hacemos para ganar credibilidad, y que será fundamental en la creación de la Imagen Cool. Si hay credibilidad la gente actuará... sin la coherencia nada de lo aquí explicado pasaría.

DECÁLOGO DE LA IMAGEN PÚBLICA

Tenemos que recordar:

1. *Que imagen es percepción, que se convierte en la identidad y que se produce por estímulos.*

2. *Que el requisito indispensable para generar una imagen es el respeto absoluto de la esencia.*

3. *Que fondo (estímulos verbales) y forma (estímulos no verbales) son de igual importancia, pero que la forma tiene más peso en el proceso de la percepción.*

4. *Que la imagen mediante el tiempo se convierte en la reputación.*

5. *Que la percepción de cada quien se convertirá en su realidad personal.*

6. *Que las cosas son lo que parecen ser, aunque en verdad no lo sean.*

7. *Que la opinión de cada quien se convertirá en el resorte que impulse una conducta de aceptación o rechazo.*

8. *Que cuando la percepción es compartida se convierte en imagen pública.*

9. *Que la conducta estará condicionada por la coherencia entre los estímulos verbales y no verbales.*

> (10) *Que para ser Consultor en Imagen Pública® se necesita saber y estudiar la Imagología® y la Ingeniería en Imagen Pública®.*

IMAGEN COOL

¡Ahora sí hemos llegado al punto central del libro! Sabiendo ya qué es imagen y quedando explicado el concepto de cool, podemos definir la Imagen Cool como:

> **LA PERCEPCIÓN QUE SE DESPRENDE DE LA CORRECTA ACTITUD DE UNA PERSONA EN SUS DIFERENTES CÍRCULOS Y QUE PRODUCE COMO RESPUESTA SU ACEPTACIÓN.**

No hace falta que te la aprendas de memoria, tan sólo recuerda lo que hicimos con la Ecuación de la Imagen y ve qué fácil es aplicar el mismo concepto a la Imagen Cool.

ECUACIÓN DE LA IMAGEN COOL

Actitud adecuada (estímulos)
+ Círculos (receptores)
= BUENA PERCEPCIÓN $\longrightarrow$ + Opinión (te acepto)
= IMAGEN COOL

Quiere decir que si nosotros estimulamos a nuestras diferentes audiencias mediante una buena actitud, éstas nos aceptarán y podremos lograr nuestros objetivos. ¿Pero cuáles son estas audiencias? ¿Cuáles son esos círculos a los que hacemos referencia? Los círculos que nos van a percibir y de cuya percepción dependerá que tengamos una Imagen Cool son el Círculo Social, el Círculo Familiar y el Círculo Profesional (Académico/Laboral). Mejor conocidos como los Cír-Cool-os de la Percepción.

LOS CÍRCOOLOS DE LA PERCEPCIÓN

En cada uno de estos tres Círcoolos se encuentran muchas personas con las que convivimos día a día; a su vez, mientras nos movemos en cada uno de estos Círcoolos, realizamos diferentes actividades que tienen objetivos relativos a cada uno de ellos (por ejemplo: sacar buenas calificaciones o dar resultados en la chamba son objetivos relativos al Círcoolo Profesional, mientras que te den permiso de salir de antro o tú darlo porque confías en tu hijo es un objetivo perteneciente al Círcoolo Familiar). Si bien las personas y los objetivos de cada Círcoolo son diferentes, cuando hablamos de Imagen Cool, la percepción generada en cada uno de ellos afecta directamente a los objetivos de los otros (explico: si en el Círcoolo Profesional no eres bien percibido por tu maestro o jefe, afectará directamente a tus calificaciones o tu futuro laboral; esto afectará en el Círcoolo Familiar, en donde no serás bien percibido por tus papás o tu pareja, afectando también al Círcoolo Social).

Por lo tanto, se tiene que lograr un equilibrio entre los Círcoolos de la Percepción, para que la percepción general sea la misma y así podamos cumplir todos nuestros objetivos. Cuando se logra este equilibrio, la identidad que se tiene, por ejemplo en el Círcoolo Social, va a ayudar a la percepción del Círcoolo Familiar y del Profesional, y así también sucederá de manera inversa y en todas las combinaciones posibles, logrando la tan deseada Imagen Cool.

Ahora bien, si no se logra este equilibrio, o se rompe por una mala actitud en uno de los Círcoolos, la percepción se verá afectada y se contagiará hacia los demás Círcoolos, haciendo que no consigamos lo que queremos.

Para que lo entiendas mejor, analiza el siguiente esquema que muestra cómo funcionan los Círcoolos de la Percepción:

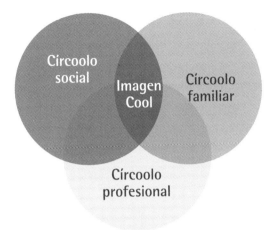

Si te das cuenta, la Imagen Cool se genera de la unión de los tres Círcoolos; por lo tanto, para que ésta exista, se debe lograr una buena percepción en cada uno de ellos. Las áreas que rodean la Imagen Cool son las actividades que se comparten y cuyas acciones se ven reflejadas en los objetivos de los otros Círcoolos, por lo que hay que tener especial atención en ellas pues de verse afectadas no se podría generar la Imagen Cool. El resto del espacio son las actividades inherentes a cada uno de los Círcoolos, que si bien son importantísimas para generarnos una Imagen Cool, sus objetivos no se ven reflejados en los otros Círcoolos (por ejemplo: tienes una súper *date* con la persona con la que quieres y eres impuntual. Eso afectará únicamente a esa relación de tu Círcoolo Social, sin verse reflejado en tus objetivos familiares o profesionales).

Así es como funciona el juego de la Imagen Cool, y como todo juego, tiene sus reglas. Reglas del juego que no puedes saltarte y hacer trampa, ya que más que pertenecer a un reglamento impuesto por alguien, son verdades que simplemente existen, son principios de la imagen que, tenemos que entender, son las Netas de la Imagen Cool... Ahora déjame netearte un ratito.

LAS 10 NETAS DE LA IMAGEN COOL

NETA #1

Es inevitable tener una imagen

No es cuestión de escoger, todo lo que puede ser percibido tiene una imagen; es simple sentido común. El decir "Yo soy yo y me vale madres lo que opinan de mí" suena auténtico, aguerrido y hasta padrotón; pero quiero que sepas que esa actitud de valemadrismo puede convertirse en el factor que desequilibre los Círcoolos de la Percepción, convirtiéndose en la gran piedrita en el zapato de nuestros objetivos. Si es inevitable tener una imagen y de todas formas los demás van a formarse una opinión de nuestra persona, ¿no sería mejor que ésta fuera una Imagen Cool?

NETA #2

De la vista nace el amor

Quiero que sepas que de todos nuestros sentidos, el de la vista es el que más influye en la toma de decisiones. Los especialistas dicen que hasta un 83% de las decisiones provienen de los ojos; y es que piensa: ¿por qué traes puesta esa ropa y accesorios, y por qué los elementos de decoración de tu cuarto son así? Pues porque los viste en algún lugar, te gustaron y te los compraste. Piensa cómo reaccionamos rápidamente cuando vemos algo: nos presentan a alguien o llegamos a un antro nuevo e inmediatamente decidimos si nos gusta o no, provocando como respuesta nuestra acción de aceptación o rechazo.

Y es que por la vista entran aplastantemente la mayoría de los estímulos que conforman la imagen. Tan grueso es que en muchos casos llega a sustituir a otros sentidos que son los que deberían tomar una decisión, como cuando nos ofrecen algo de comer y decimos: "Guácala... ¡se ve asqueroso!", cuando deberíamos decir: "Guácala... ¡sabe asqueroso!" una vez que lo hemos probado.

Por lo tanto, que nos quede como lección que tenemos que cuidar cañón todo lo que se ve de nosotros y de lo que nos rodea, pues estarán tomando una importante decisión sobre nuestra persona cuando nos ven, y tenemos que vernos deliciosos para que nos quieran probar.

NETA #3
La primera impresión es la que cuenta
Seguro has escuchado esta frase un chorro de veces... ¡pero es verdad!

Lo que pasa es que el proceso cerebral que decodifica los estímulos toma unos pocos segundos; los científicos dicen que tarda entre 5 y 12, ¡pero da igual exactamente cuántos segundos tarde! El chiste es que los primeros segundos constituyen un momento crítico en nuestra imagen. Para ejemplificar lo que digo, déjame contarte un par de anécdotas reales:

La primera le sucedió a un familiar al que, para respetar su anonimato, simplemente llamaremos Che (para que no se vaya a enojar mi primo Chicho). Nos íbamos un semestre de intercambio a Francia y se armó una despedida en casa de un buen amigo que también venía. El papá de este amigo es un señor ya grande y con una educación sumamente tradicional y conservadora (tipo militar que hasta sus hijos le tienen que hablar de usted). Cuando llegamos y fuimos a saludar, el señor se encontraba sentado en la cabecera de una gran mesa rodeado de toda su familia. Che se acercó a saludarlo por el lado derecho, pero resulta que el señor no ve por el ojo de ese lado. Entonces cuando Che le dice "Hola, señor", éste al no poder ver de quién se trata gira toda la cabeza para observarlo con el ojo izquierdo, lo que le hizo pensar a Che que le estaba poniendo el cachete para saludarlo. ¡Y le plantó tremendo besote!

Ya se imaginarán el silencio que se armó en la mesa ante el asombro y enojo del señor... Pero eso no es todo: para hacerse el cool, en vez de ofrecer una disculpa y reírse de la situación, ¡Che decidió saludar de beso a todos los hombres de la mesa como si para él fuera normal!

A los pocos días nuestro amigo nos contó que su papá ya no lo quería dejar ir a Francia porque tenía miedo de que su amigo "rarito" le hiciera algo. Después de muchas explicaciones dejaron ir a mi amigo, pero hasta la fecha nos reímos pues vemos cómo su papá ve diferente a Che.

La otra historia le pasó a un conocido del primo de un amigo... Resulta que este sujeto, cuando tenía 16 años, fue a la gran fiesta de 15 años de una niña con la que quería. El susodicho, por hacerse el *cool*, bebió de más (un pomo de ¾ de tequila en shots en media hora) y terminó en el baño principal vomitando el suelo, que tuvo que limpiar la mamá de la niña. Toda la fiesta se enteró.

Por fortuna no deterioró la relación con su amiga, pero cuando empezó a tirarle la onda más fuerte, lógicamente los papás no estaban nada contentos y no le daban permiso de andar con el borracho. Finalmente fueron novios y poco a poco lo fueron aceptando en la familia... pero tres años después (que fue lo que duró la relación y durante los cuales nunca más bebió frente a la familia), en cada reunión familiar le seguían recordando el penoso incidente y haciéndole burla de su manera de beber (además de que desde ese día no puedo ni oler el tequila... ¡ooops!)

Ahora piensa ¿cuántas veces no hemos sido malinterpretados porque nos conocieron en un momento en que nos sentíamos mal, estábamos enojados, crudos o mal vestidos? Hay que empezar a pensar en las consecuencias que causa dar una mala primera impresión, pues como bien dice otra frase popular: "Nunca tendrás una segunda oportunidad para dar una buena primera impresión".

NETA #4

La mayoría de nuestras decisiones se basan en sentimientos

¿Cuántas cosas has hecho o dejado de hacer simplemente porque *TE LATEN* o *NO TE LATEN*? ¡Un buen! Y es que muchos estudios comprueban que hasta el 85% de nuestras decisiones proviene del corazón y no del cerebro. No nos detenemos a pensar en el qué y por qué estamos haciendo algo, simplemente actuamos, ya que nuestra mente emocional nos produce una sensación de certeza por la forma tan simple y sencilla de ver las cosas.

A esta forma rápida de tomar decisiones sin necesidad de pasar por la conciencia se le llama intuición; intuición que puede interpretar una realidad emocional en un instante emitiendo opiniones que nos indican la mejor forma de actuar frente a un estímulo. Es a lo que comúnmente llamamos "Melatismo".

Estos "melatismos" muchas veces pueden sacar de onda al cerebro, ya que si las cosas no salen como lo esperábamos seguramente saldremos con la clásica frase de "En qué estaba pensando cuando... (y aquí ponle tu frase favorita, como: le confesé lo que sentía a ese amor imposible... reaccioné así ante un asalto... me escapé de mi casa para ir a una fiesta... me fui de pinta... le tiré la onda a la novia de un luchador... voté por ese animal..."). La respuesta es fácil: ¡no estabas pensando en nada! Afortunadamente los juicios intuitivos o "melatismos" erróneos son minoría; casi siempre tenemos la razón cuando algo nos late o no.

Ve cómo en el siguiente ejemplo una empresa utiliza una excelente estrategia de mercadotecnia para dirigirse al corazón de sus clientes y hacerlos sentir que están dando un servicio de primera, y analiza también cómo los clientes nunca se ponen a razonar que realmente los están utilizando para hacer más negocio:

Hace un tiempo viajé a Playa del Carmen con una bola de amigos para celebrar fin de año, por lo que volamos a Cancún en una aerolínea de las llamadas "económicas". Al llegar al aeropuerto nos notificaron que el vuelo venía retrasado una hora, por lo que nos iba a salir "gratis", pues dentro de las políticas de la aerolínea tenían una garantía de que si se retrasa más de media hora el avión (tipo pizzas) te regalan un boleto a cualquiera de sus destinos para usarse en los próximos dos meses.

Enseguida todos nos pusimos contentos, empezamos a celebrar la buena noticia y comenzamos a planear nuestro próximo viaje... y así le hicieron todos los de la fila, quedando satisfechos por el buen servicio prestado. ¿Pero ya te diste cuenta de la realidad de esta estrategia de manera racional?

La aerolínea no pierde nada, al contrario... ¡gana! Y es que no te está regresando tu dinero, como podríamos pensar: nos está dando el lugar de un vuelo que, aun sin nosotros, haría el trayecto vacío, ¡por lo que no le cuesta nada! Y finalmente viene lo mejor de todo: el boleto que te regalan es equivalente al vuelo que se retrasó, por lo que únicamente te dan la ida, ¡obligándote a comprar el boleto de regreso!, convirtiéndose en un excelente negocio para la aerolínea y además quedando con una muy buena imagen pública.

¿Te das cuenta de cómo una estrategia sentimental hace que se le quiera a una empresa que está dando un mal servicio y que además está haciendo negocio con él? Seguramente si hubiéramos viajado por otra aerolínea la reacción ante el retraso hubiera sido de enojo, pues nos estaban quitando nuestro ansiado tiempo en la playa; por el contrario, nos quedamos muy contentos. Así también podremos nosotros sacar provecho de los sentimientos de nuestras audiencias: dirígete al corazón y no al cerebro de las personas; ya vimos en la neta #2 que hay que cuidar mucho lo que se ve, ahora pensemos que también hay que cuidar cañón lo que hacemos sentir a los demás.

Cuando hacemos "click" con alguien ya logramos su aceptación, pero qué tal lo difícil que es relacionarnos con aquellas personas que nos tiran mala vibra... ¿Te has puesto a pensar que chance tú puedes ser el malvibroso?

NETA #5
La imagen cool es dinámica

Esto quiere decir que está en constante movimiento, por lo que puede cambiar, todo el secreto estará en el cambio de los estímulos. Regrésate a la Ecuación de la Imagen Pública y date cuenta de que si cambias los estímulos afectarás todo el proceso, cambiando la reputación.

Afortunadamente, y gracias a esta neta, una persona cero cool puede esforzarse y transformarse en súper cool; lo que hay que hacer si es que tienes una mala imagen es simplemente detectar los estímulos que la están causando y cambiarlos, lo que implicará mucho más esfuerzo y dificultad que haberla creado bien desde el inicio (como veremos en la neta #9).

Pero también, desafortunadamente, esta neta nos trae la mala noticia de que una buena imagen puede arruinarse de la noche a la mañana sin ningún esfuerzo; falta que suceda un hecho negativo para que se vean afectados todos los Círcoolos de la Percepción. Hoy eres cool... mañana quién sabe, por lo que se exige una constante vigilancia y cuidado de la Imagen Cool.

Quién mejor para ejemplificar esto que Britney Spears. De ser atribuida con la imagen de chica buena y virginal en las épocas de su disco debut *...Baby One More Time* (1999), pasó a ser la sexy diva hasta su cuarto disco, *In The Zone* (2003). De ahí, la intromisión en su vida privada y el acoso de la prensa lanzaron la imagen de que la princesa del pop estaba en "decadencia" al lanzar y recalcar la narrativa pública de matrimonios fallidos, borracheras, sobrepeso, rehabilitaciones truncadas, rapadas y separación de sus hijos.

Su reputación pasó de ser "el más importante ídolo juvenil" a "vieja loca y decadente". Ahora, Britney ha intentado tomar de nuevo el control de su historia al escaparse de la tutela de su padre y al echar luz sobre los estragos que causa el acoso y escrutinio públicos, sobre todo en la población joven. La he tomado como el "mejor ejemplo" para explicar la neta del dinamismo de la imagen, para ver cómo la percepción externa sí influye en la reputación y que lamentablemente es más fácil que la imagen cool caiga a que sea recobrada (recuerda la neta #9).

Por lo tanto, al refrán que dice "Crea fama y échate a dormir" no le hagas mucho caso; mejor ponte a pensar en "Crea fama y ponte a trabajar todos los días para conservarla".

En esta neta cabe también mencionar algo importante: *el Look del Cool también cambia.*

Si la imagen cool es inherente a las personas, lo que se percibe como cool en cuanto a la apariencia y a los comportamientos cambiará con las personas de lugar en lugar, de cultura en cultura y de generación en generación; aunque en esencia lo Cool siempre se conservará igual. Recordemos que el *Look* del Cool es la forma, y por supuesto que las formas cambian.

Un claro ejemplo lo podemos ver cuando se popularizó el grunge a principios de los 90, acabando con la estética ochentera del glam metal. El nuevo sonido proveniente de Seattle e impulsado por bandas como Nirvana, Soundgarden y Pearl Jam hizo que todos los que vivimos esa época nos vistiéramos de pana, con camisas de franela y botas Doc Martens, agarrando un *look* sucio y desaliñado con las greñas todas enredadas. Este *look* se fue suavizando hacia la segunda parte de la década con el post grunge y dio un giro completo con la invasión del britpop (pop británico) con bandas como Oasis o Blur, quienes se declararon enemigos del grunge. Se cortaron el pelo y empezaron a vestirse diferente creando una nueva tendencia, hasta que en el 2001 llegaron a la escena musical quienes reinventaron por completo el *Look* del Cool influyendo en todo el mundo con su apariencia *vintage* "cuidadosamente desarreglada": The Strokes.

Y así pasará sucesivamente, por lo que hay que estarse renovando y poner mucha atención en lo que está "in", para poder lograr la apariencia cool y no quedarnos fuera de onda... como lo que le pasó al Abuelo Simpson una vez que entró al cuarto de Homero cuando éste era adolescente y lo encontró con Barney cantando y arreglándose para salir, por lo que les pregunta muy enojado:

Abuelo: ¿Qué demonios hacen?
Barney: Vamos a salir a rockear, señor.
Homero: Tú no entiendes, papá... no estás en onda.
Abuelo: ¡Yo sí estuve en onda! Pero luego cambiaron la onda. Ahora la onda que traigo no es onda y la onda que está en onda me parece muy mala onda... ¡Y te va a pasar a ti!
Homero: Para nada, maestro, nosotros vamos a rockear por siempre...

Y el "por siempre" se queda repitiéndose en la cabeza de Homero, desvaneciéndose poco a poco y llevándolo al presente, en donde se da cuenta de que ya no es cool.

Si bien el *Look* del Cool cambia con el tiempo, también mencionamos que cambia de lugar en lugar; quiere decir que la forma en la que nos vestimos y nos comportamos debe ser diferente y adecuarse a distintas situaciones. Esto da paso a nuestra siguiente neta:

NETA #6
La imagen cool es relativa
Esta neta es importantísima en el juego de la Imagen Cool y es una de mis favoritas, ya que dice que NO HAY COSAS BUENAS NI MALAS SINO LO QUE DEBE SER.

Y es que si hasta este punto piensas que para presentarnos correctamente ante los demás y lograr su aceptación tenemos que estar todos muy formalitos y comportarnos de manera exquisita en la mesa, ¡estás en un error! De hecho va a haber momentos en los que vestir informal y romper algunas reglas sea lo correcto.

Y esto es lo divertido de la Imagen Cool. Mi abuela lo diría con la frase "A donde fueres, haz lo que vieres", y es que toda imagen es relativa a tres factores:

- Nuestra esencia (¿quiénes somos?).
- El objetivo que deseamos lograr.
- Las necesidades de nuestras diferentes audiencias (Círcoolos de la Percepción).

Por lo tanto, para poder juzgar si algo está bien o mal en los terrenos de la Imagen Cool, primero tenemos que preguntarnos: ¿esa persona es así en esencia?, ¿logra sus objetivos?, ¿satisface las necesidades de su audiencia? Si la respuesta es sí a las tres preguntas, entonces estaremos hablando de una imagen bien lograda; pero si encontramos una respuesta negativa a cualquiera de las tres preguntas, entonces podremos empezar a juzgar que alguien tiene una mala imagen. Hacer este ejercicio es la única forma de poder decir si alguien es cool o no.

Entonces, entendido esto, te pregunto: ¿quién de estos dos personajes tiene una imagen pública más cool: el cantante de Slipknot o Ed Sheeran...?

Respuesta: ¡Los dos, por supuesto! Y es que ambos son así en esencia, cumplen de manera extraordinaria sus objetivos, que son vender miles de discos y repletar sus conciertos, y satisfacen las necesidades de sus audiencias, ¡que son muy diferentes! Quien escucha a uno busca algo muy diferente de quien escucha al otro, y te pueden gustar o no, pero debes aceptar que ambos tienen una excelente imagen pública.

Así pasa también en todas las situaciones de la vida; por ejemplo, si estabas pensando en participar en un concurso de eructos con el simple objetivo de divertirte, más te vale que tu audiencia sean tus amigos más íntimos y que en esencia sean igual de guarros que tú, ya que si lo haces enfrente de tus nuevos suegros, con los que querías lograr el objetivo de caerles bien mediante tu buena educación..., ahhh, no creo que te vayas a ver muy cool que digamos.

NETA #7
Como te ven te tratan
Creo que no hay mucho que explicar con respecto a esta neta, además va muy relacionada con la neta #2. Sólo quiero que seas consciente de que puede jugar a nuestro favor o en nuestra contra.

Siempre he dicho: "Si camina como pollo, tiene plumas de pollo, tiene pico y cuerpo de pollo, come comida para pollo y además es amarillo y hace pío pío... ¡seguramente es un pollo!". Y es que recordemos que la percepción se convierte en la realidad de quien percibe, y esa realidad será fundamental en la toma de decisiones para aceptar o rechazar algo. Por eso es real la frase que dice "como te ven te tratan", que le da nombre a esta neta; trabajemos para que nos vean bien y así de bien nos traten.

NETA #8
Las cosas buenas te hacen ver bien y las cosas malas te hacen ver mal
¿Ah, te cae...? ¡Brujo!, me has de decir. Y es que créeme que aunque suene lógico, cuando estamos en los terrenos de la Imagen Cool nuestro cerebro nos juega algunas trampas que pueden confundir una premisa tan sencilla como la aquí expuesta... ¿Ah, no me crees?

IMAGEN COOL

Piensa en las personas que creen que ir a un museo es de ñoños, o en los que van acompañando a su abuelita ayudándole a hacer el súper y van muertos de la pena como diciendo ¡qué oso, que nadie me vea, van a pensar que no soy cool!, o simplemente la situación en la que tus papás te van a dejar a una fiesta y les pides que se queden una cuadra atrás. Ya ves, puras cosas buenas que puedes llegar a pensar que te hacen ver mal.

Por el contrario, hacemos cosas malas pues pensamos que nos hacen ver bien o nos hacen ser cools, por ejemplo: faltarle el respeto o humillar a un profesor; estar orgulloso de andar en un antro hasta las manitas y de exhibicionista; agarrarte a madrazos en cualquier fiesta sin razón alguna; o qué mejor ejemplo para entender esta situación que una de las canciones de uno de mis grupos de punk favoritos:

NOFX, banda californiana independiente de punk rock, en su disco de lados B que lleva el corto nombre de *45 or 46 Songs That Weren't Good Enough to Go on Our Other Records*, tienen una canción que se llama "Drugs Are Good", que si bien el nombre nos dice bastante del porqué la escogí como ejemplo de esta neta, espera a que veas los que nos dice el coro; y dice así:

"Drugs are good, they let you do things that you know you not should, and when you do 'em people think that you're cool. Drugs are neat, and you can buy 'em relatively cheap, and when you do 'em people think that you're cool".

En resumidas cuentas, nos dice que las drogas son buenas porque nos dejan hacer cosas que sabemos que no deberíamos hacer, y que cuando las hacemos la gente piensa que somos cools; dice también que las drogas son estupendas y que las podemos comprar relativamente baratas, para finalmente recordarnos de nuevo que cuando nos drogamos la gente piensa que somos cools.

Ya ven cómo sí nos podemos confundir.

NETA #9
Siempre podrás reivindicarte

¡No todo está perdido! Recuerda que la Imagen Cool es dinámica, por lo que si te equivocaste y tomaste el camino inadecuado, siempre podrás recuperarte.

También existen momentos decisivos que pueden ayudar a cambiar nuestra percepción si es que no estamos satisfechos con ella. Por ejemplo, si en la prepa siempre sufrimos por no ser cools o por tener una imagen de mediocres por nuestras calificaciones, el ingreso a la universidad puede representar un cambio radical para esa mala percepción. También es así cuando conocemos a un nuevo grupo de amigos, y hasta conozco personas que han utilizado el matrimonio para cambiar.

Lo único que debemos recordar es que siempre tomará más tiempo y será más difícil reconstruir una imagen, que construirla bien desde su origen.

NETA #10
Mientras más cool eres, mayor es tu influencia sobre los demás

Éste es el gran valor agregado de la Imagen Cool. Cuando eres bien percibido te conviertes en punto de referencia para las demás personas y en alguien digno de ser seguido. Esto te abrirá muchas puertas y te ayudará a que alcances fácilmente tus objetivos.

Soy fan de las películas de Adam Sandler pues es todo mi tipo de humor. Además, dentro de lo absurdas que pueden llegar a ser, siempre terminan conmoviéndome y dejándome alguna reflexión. Tal es el caso de *Billy Madison*, mi segunda película favorita de Adam Sandler (por supuesto, *Happy Gilmore* es la primera). Esta película trata sobre la vida de Billy, el flojo y estúpido heredero de los millonarios hoteles Madison, quien para poder heredar su fortuna debe ganarse el respeto de su padre, quien le exige terminar la escuela ¡en 24 semanas!

Por lo que ingresa de nuevo a ella desde primero de primaria y rápidamente va saltando de años.

Cuando va en tercero, Billy hace una excursión a la Granja de Mother Goose junto con sus compañeritos y su maestra, de la cual está enamorado. Al terminar el paseo, Billy se percata de que su amiguito Ernie estaba todo triste escondido en una pared. Al preguntarle qué le pasaba, éste le confiesa que se hizo pipí y que no quiere que se burlen de él.

Billy, quien era percibido como el más cool de la clase, para ayudar a Ernie decide ir a una bomba de agua y mojarse los pantalones como si también le hubiera ganado. Al acercarse nuevamente al grupo, todos los niños empiezan a burlarse de él y a decirle: "Miren, miren, Billy se hizo pipí...", a lo que él, enérgico, responde: "¡Por supuesto que me hice pipí! Es lo más cool que hay, y no eres cool a menos que te hagas pipí en los pantalones". Al convencerlos de su postura, los niños se dan cuenta de que Ernie también se meó y lo van a abrazar y a felicitar. La escena termina con todos los niños meados, con la maestra enamorada de Billy y con una frase buenísima de Mother Goose (quien es representada por una viejita toda tierna) que dice: "Si hacerse pipí en los pantalones es cool, considérenme a mí Miles Davis". (Si no entendiste el chiste, te doy chance de que te regreses a la página 21 y la releas para que te puedas reír.)

Sé que la situación que escogí para ejemplificar esta neta tan importante es un poco simple y absurda, pero créanme que así sucede. Cuando somos percibidos como cools logramos el mayor patrimonio que una persona puede tener: **CREDIBILIDAD**. Una vez que nuestras audiencias nos creen, ya la hicimos; la única bronca es que, para que nos crean, primero nos la tenemos que creer nosotros... y de eso se trata nuestro siguiente capítulo.

IMAGEN INTERNA. ¿QUÉ VES CUANDO TE VES?

Hemos estado hablando de que la percepción que se tenga de nosotros será decisiva para nuestra Imagen Cool; también hemos hecho conciencia de la importancia de cuidar lo que se ve, se piensa y se siente de nuestra persona; pero te has preguntado: "¿cómo me veo a mí mismo?, ¿qué pienso de mi persona? y ¿cómo me siento conmigo mismo?". La respuesta a estas tres preguntas se llama Imagen Interna.

Si imagen es percepción, nuestra Imagen Interna será la percepción que tenemos de nosotros mismos. Y esta autopercepción es fundamental en la manera en que nos relacionamos con los demás, pues si nosotros creemos y sentimos que somos más o menos de lo que es la realidad, el equilibrio de nuestras relaciones sociales, familiares y profesionales se verá forzosamente afectado.

En esta Imagen Interna se encuentra nuestra autoestima, que no es otra cosa que lo que piensas y sientes sobre ti. Hace un rato comentamos que el mayor patrimonio que una persona puede tener es la credibilidad, ahora imagínate qué problema tratar de lograr esa credibilidad si no creemos en nosotros mismos.

El problema está en que pocas veces hacemos un alto para pensar en nuestra esencia. Nos la pasamos todo el tiempo tratando de quedar bien con los demás, y al no hacer esta pausa, muchas veces quedamos mal con nosotros mismos. Por lo tanto tenemos que plantearnos con más frecuencia la pregunta ¿quién soy y qué quiero?, pero sobre todo debemos CREÉRNOSLA. Creer que somos súper capaces y creer que somos cools en esencia; cools por lo que somos.

El problema es que pensamos que lo cool viene del exterior: vestirnos con ropa de marca, que nos dejen entrar rápido al antro, ser de la bolita de los populares, tener el mejor coche o la bolsa más cara, ¡y nada de eso es cierto! ¡Tú estableces tu autoestima!, por lo tanto eres la única persona que puede decidir si eres cool o no. Si estás preocupado todo el tiempo por las falsas suposiciones del "qué dirán los demás", créeme que te sentirás como la persona menos cool que ha existido en la Tierra.

Además, el principal problema es que muchas de las broncas más cañonas, desde desórdenes alimenticios, alcoholismo y drogadicción, hasta la violencia fuerte y el suicidio se desprenden de una Imagen Interna afectada.

Si tú no te quieres nadie te va a querer, y si el requisito básico para construir una imagen es el respeto absoluto de la esencia, ¡tenemos que reconocerla y respetarla! Éste es un trabajo de todos los días, es un trabajo interno de vernos frente al espejo, y ser auténticos y coherentes con lo que la vida nos dio;

TENEMOS QUE ACEPTARNOS TAL Y COMO SOMOS.

¡Por supuesto que todos tenemos defectos! (hasta los modelos de revistas; Photoshop hace maravillas), pero también tenemos muchísimas cualidades que opacan por mucho esos defectos, y una vez que empezamos a aceptarnos con esas cualidades y defectos, ¡los demás nos empezarán a aceptar igual! Recuerda que nadie más que tú decide cómo te verán y tratarán; ser cool empieza por dentro.

DIME QUÉ ESTILO TIENES Y TE DIRÉ LO QUE PROYECTAS

"Me regalaron una chamarra que es cero mi estilo", "Me late cañón el estilo de ese güey", "Cuando la conozcas te va a caer increíble, es todo tu estilo..." Estilo, estilo y estilo... ¿pero qué demonios es realmente el estilo?

Una vez que nos aceptamos como personas, para poder mostrarnos mejor hacia afuera debemos saber qué estilo tenemos. Y aquí no te confundas, el estilo va mucho más allá de la manera tan frívola en que lo utilizan las revistas de moda o algunos "estilistas"; es todo un sistema de comunicación que se forma por una gran cantidad de elementos internos y externos de nuestra persona.

Lo importante de reconocer nuestro estilo es que nos servirá para aplicarlo a las distintas situaciones de nuestra vida diaria y para adaptarlo mientras nos movemos en cada uno de los diferentes Círcoolos de la Percepción. Antes de definirlo, veamos lo que respondieron algunas personas cuando se les pidió que dijeran qué es estilo:

"El estilo es así como que la manera de ser y de vestirte, también puede ser si tienes buen gusto o no."

CORINNA, 16 AÑOS

"Tu estilo es tu forma de ser, o sea: hay güeyes que son súper cerrados y otros que son bien abiertos y eso se nota en la forma de moverse, hablar y vestirse."

LALO, 27 AÑOS

"Yo creo que el estilo es algo que te define y te hace único, es parte de tu personalidad."

SOFÍA, 15 AÑOS

"El estilo tiene que ver con la forma como te haces diferente de los demás y tiene que ver mucho con la moda y esas cosas. También tiene que ver con cómo te comportas y así; haz dc cuenta que unos en el antro se la pasan sentados en la mesa de hueva y otros que sin empedar hasta bailan en las mesas."

FER, 18 AÑOS

"Es una forma de ser que implica muchas cosas, desde la música que oyes, si sales de antro o no y a qué tipo de antro vas, cómo te vistes y también un buen de cosas más; lo chido es que siempre encuentras a gente como tú y al ser de tu estilo te llevas bien."

LIZZETE, 25 AÑOS

Si te das cuenta, todas las definiciones de estas personas hacen referencia a que el estilo es una característica de nuestra personalidad y hablan de que es parte importante de la forma en que nos mostramos ante los demás. Y es que el estilo es

LA EXPRESIÓN DE LA INDIVIDUALIDAD;

es el modo, la manera o la forma en que damos a conocer nuestra calidad particular y nos diferenciamos del resto.

Nuestro estilo, como mencionamos con anterioridad, se conforma por un buen de elementos internos y externos, como pueden ser nuestra personalidad, nuestros gustos y preferencias de todo tipo (desde música y películas, hasta comida y viajes), nuestra educación en casa, lo que estudiamos o queremos estudiar, nuestros amigos y círculo social. Si bien todos somos únicos e irrepetibles, dentro de los elementos que conforman nuestro estilo existen características que compartimos con otras personas, por lo que podremos compartir nuestro estilo.

La teoría dice que todas las personas pueden catalogarse en 7 estilos diferentes, y aquí es importante aclarar que ninguno es mejor que otro;

NO EXISTEN ESTILOS BUENOS Y ESTILOS MALOS,

todos tienen sus fortalezas y sus riesgos. Ahora bien, no se trata de que yo quiera ser de un estilo o del otro, no se puede escoger porque es innato, simplemente se es de un estilo.

De los 7 que hay puedes catalogarte dentro de un solo estilo, aunque muchas personas tienen una combinación de dos, lo que les permite que su apariencia sea más versátil y fácil de adaptar. Cuando se comparten dos estilos, lo más común es que tengamos uno dominante y otro complementario, aunque puede darse la situación de que tengamos un balance equitativo entre ambos. También veremos que hay estilos que son contrarios y por lo tanto es imposible combinarlos.

A su vez es necesario dejar en claro que las palabras utilizadas para nombrar cada uno de los estilos no son adjetivos calificativos sino sustantivos (espero que no hayas reprobado gramática en primaria). Significa que no forzosamente el nombre del estilo quiere decir que la persona sea así; por ejemplo: veremos un estilo que se llama Creativo y esto no implica que la persona tenga que ser creativa, es más, puede que haya dejado las llaves dentro del coche y que el quemacocos esté abierto y el muy idiota no sepa resolver el problema. ¿Queda claro?

CUESTIONARIO DE ESTILO

Para saber de qué estilo somos, vamos a hacer un test. Te pido por favor que sigas estas instrucciones al pie de la letra para que las posibilidades de error sean mínimas:

- Encierra en un círculo UNA SOLA respuesta para cada pregunta.
- Elige la respuesta con la cual más te identifiques de acuerdo con tu realidad.
- Escoge la respuesta de manera profunda y reflexiva y contesta con SINCERIDAD, ya que algunos estilos tienen atributos que nos pueden resultar aspiracionales y que nos gustaría tener, pero que realmente no corresponden a nuestra persona.
- Si no conoces a alguno de los personajes o materiales mencionados en el test, googléalos (es importante, no vayas a omitir una respuesta por desconocimiento).

● Al terminar de llenarlo, sigue las instrucciones de puntuación que vienen al final.

● Si por alguna razón no te salió o te quedaste con dudas, no te preocupes, al ver la descripción de cada uno de los estilos fácilmente te podrás identificar con uno.

¡A llenarlo!

CUESTIONARIO DE ESTILO

1. **¿Qué accesorios prefieres?**
   a. Gorra
   b. Reloj (sólo para ver la hora) o alguna cadena sencilla
   c. Accesorios caros y de marca
   d. Bufandas, gorros de lana / Perlitas, brillantitos
   e. Accesorios oversized: cadenas, cinturones, anillos
   f. *Piercings*, hippiosos, diferentes
   g. Llamativos y exagerados: lentes grandes, hebillas

2. **En ocasiones corro el riesgo de verme:**
   a. Fachoso/a
   b. Aburrido/a
   c. Mamila
   d. Cursi
   e. Vulgar
   f. Ridículo/a
   g. Agresivo/a

3. **Si te voy a regalar unos zapatos, prefieres:**
   a. Tenis cómodos
   b. Zapatos de agujeta / tacones discretos
   c. Zapatos sobrios de excelente calidad
   d. De gamuza o botines
   e. Botas vaqueras / tacones altos
   f. Tenis o zapatos diferentes, con colores atrevidos
   g. Zapatos de animal print, de marcas evidentes
      o diseños exagerados

4. **Por su manera de vestir, con cuál de las siguientes celebridades te identificas:**
   a. Ashton Kutcher, Jennifer Aniston
   b. Príncipe Guillermo, Kate Middleton
   c. Pierce Brosnan, Carolina Herrera
   d. Zac Efron, Taylor Swift
   e. Ricky Martin, Megan Fox
   f. El cantante de Café Tacuba, Miley Cyrus
   g. David Beckham, Sarah Jessica Parker

5. **Cuando estoy frente a otros (as), busco:**
   a. Ser accesible, entretener
   b. Ser correcto/a
   c. Ser reservado/a pero admirado/a
   d. Servir, atender
   e. Ligar y ser envidiado/a
   f. Romper con lo establecido, ser diferente
   g. Atraer la atención, imponer

6. En la ropa busco:

a. Comodidad

b. Durabilidad

c. Exclusividad

d. Agradar

e. Lucir mi cuerpo

f. Originalidad

g. Vanguardia, imponer moda

7. El look con el que más me identifico es:

a. Jeans, t-shirt, tenis

b. Pantalón, camisa o blusa discretas, zapatos sobrios
o tacones bajos

c. Alta costura, suéter de cashmire, zapatos de calidad

d. Suéter de cuello de tortuga y pantalones de pana
o vestido con encaje, botines

e. Ropa ajustada que haga lucir mi cuerpo

f. Ropa vintage, zapatos y cinturones raros

g. Ropa estructurada de diseñador, zapatos puntiagudos,
sombreros, mascadas y lentes

8. Tu peinado y corte ideal es:

a. Suelto, natural, fácil de peinar

b. Sobrio y controlado

c. Perfectamente peinado y cuidado

d. Ondulado sobre la cara

e. A la moda

f. Loco y diferente, hasta de color poco usual

g. Vanguardista, rígido

9. **Revisa las palabras que mejor describan tu personalidad:**
   a. Casual, sencillo/a, natural, juvenil
   b. Conservador/a, formal, discreto/a
   c. Refinado/a, distinguido/a, seguro/a
   d. Gentil, cálido/a, suave
   e. Sugestivo/a, seductor/a, sexy
   f. Artístico/a, original, imaginativo/a, divertido/a
   g. Moderno/a, llamativo/a, vanguardista, sofisticado/a

10. **De las siguientes ilustraciones, ¿con cuál te identificas más?**

a:

b:

c:

d:

e:

f:

g:

Mi estilo es:

....

Instrucciones de puntuación:

Cuenta las respuestas que tengas de cada letra (A-G) y ponlo junto a su clave. La letra que tenga mayor puntuación será tu estilo dominante (si tienes mayoría de A, entonces eres A; si tienes mayoría de B, eres B, y así sucesivamente). Si la puntuación de éste es de 6 para arriba, no tienes uno complementario (a menos que de las respuestas restantes 3 sean de un mismo estilo). Si tu estilo dominante es de 5 para abajo, el siguiente con mayor puntuación será el complementario (siempre y cuando su puntuación sea de 3 o más), quedando así un estilo combinado; por ejemplo: Dramático-Seductor. En caso de tener un empate de estilos dominantes, tienes estilos con balance equitativo y da igual cuál menciones primero. Ej. Natural-Creativo o Creativo-Natural. Si te salieron más de dos dominantes o complementarios, reflexiona nuevamente sobre tus respuestas o elige el estilo con el que más te identificas después de leer la descripción de cada uno de ellos.

NATURAL

Poderes y Características

Apariencia: Accesible, saludable, amigable, sencillo/a, juvenil e informal.

Mensaje: Alegría, optimismo, amabilidad, energía y entusiasmo.

Fortalezas: Atrae amigos y diversión. Personalidad abierta y abordable. Reduce el estrés y simplifica el vestuario.

¿Qué busca?: Comodidad.

Cómo reconocerlo/a: Es muy amiguero/a. Le gusta la ropa cómoda y funcional (los jeans, polos, *t-shirts* y sudaderas le encantan), de líneas sueltas y relajadas, poco estructurada. Los materiales de fácil cuidado y en colores neutros, básicos y ecológicos. El pelo, natural y con movimiento, que requiera poco mantenimiento. Tarda poco tiempo arreglándose. Los accesorios le gustan pequeños y sencillos, nada que incomode y estorbe. Los tenis y las *flip-flops* son indispensables. Suele abusar de los pants. Sus marcas favoritas son Abercrombie & Fitch, Hollister, Lacoste, Tommy Hilfiger y Ralph Lauren.

Riesgo: ¡Verse fachoso/a!

Puede combinarse con todos los estilos.

TRADICIONAL

Poderes y Características

Apariencia: Conservador/a, serio/a, discreto/a y moderado/a.

Mensaje: Responsabilidad, confianza, organización, eficiencia, constancia, honestidad, lealtad y fidelidad.

Fortalezas: Genera respeto y credibilidad, se ve más maduro/a y con conocimientos; ahorra dinero pues produce pocos cambios en su guardarropa.

¿Qué busca?: Sobriedad.

Cómo reconocerlo/a: Es callado/a y piensas que es más grande que tú. Le gusta la ropa sencilla y clásica (los pantalones y las camisas o blusas discretas le encantan), con pocos detalles y nada que llame la atención, en colores neutros y sobrios. No se deja llevar por las estridencias de la moda. Le cuesta cambiar, por lo que usa el mismo corte de pelo toda la vida; generalmente lo prefiere controlado. Usa accesorios discretos o que le sirvan para algo (como un reloj clásico para ver la hora) y casi siempre usa zapatos de vestir sencillos. Suele ser reservado/a y no le gusta el escándalo. Sus marcas favoritas son Brooks Brothers, Burberry, Banana Republic y Massimo Dutti.

Riesgo: ¡Verse aburrido/a!

Únicamente puede combinarse con los estilos Natural, Elegante y Romántico.

ELEGANTE

Poderes y Características

Apariencia: Refinado/a y distinguido/a. Formal y de alto estatus.

Mensaje: De éxito y seguridad en sí mismo/a. Serenidad y reserva, cultura y clase.

Fortalezas: Prestigio y distinción, provoca admiración y deseo de ser imitado/a. Genera confianza y eleva su posición social. Aunque parezca mentira ahorra dinero, pues al utilizar prendas de alta calidad le duran más tiempo.

¿Qué busca?: Calidad.

Cómo reconocerlo/a: Se huele a kilómetros. Siempre viste de forma adecuada para cada ocasión, cuida meticulosamente su aspecto y se ve impecable de pies a cabeza. Al comprar prefiere calidad que cantidad y es muy exigente con su ropa. Le gusta que le quede perfecta, con detalles de distinción en colores discretos y en telas de alta calidad; es amante de la alta costura. Va periódicamente a la peluquería y salones de belleza exclusivos: trae un excelente corte. Utiliza productos de marca (incluso europeos) para el cuidado del cabello y la piel. Le gustan los accesorios de calidad y marca y los utiliza para demostrar estatus y prestigio (Rolex, Mont Blanc, Cartier, Tiffany). Prefiere zapatos italianos, de piel fina, tacones medios. Son hombres y mujeres difíciles de encontrar. Sus marcas favoritas son Valentino, Ermenegildo Zegna, Hermes, Salvatore Ferragamo, Louis Vuitton, Burberry y Carolina Herrera.

Riesgo: ¡Verse mamila!

Puede combinarse con todos los estilos menos con el Creativo.

ROMÁNTICO

Poderes y Características

Apariencia: Cercano/a, cálido/a, tranquilo/a y bondadoso/a.

Mensaje: De gentileza, encanto, comprensión, consideración por los demás, calma y paz.

Fortalezas: Posee una gran sensibilidad, se le facilitan las relaciones con el sexo opuesto e inspira confianza. Favorece las relaciones personales.

¿Qué busca?: Calidez.

Cómo reconocerlo: Se lleva muy bien con las personas del sexo opuesto. Suele confundirse con el estilo natural, pues es poco estructurado y usa líneas y materiales suaves. Hombre: utiliza patrones en las telas como rombos y cuadros. Mujer: es ultrafemenina y no deja que la vean sin maquillaje, por eso busca que su ropa y accesorios tengan muchos detallitos: encajes, holanes, moñitos, perlitas, prendedores y estampados florales serán su perdición. Sus colores favoritos son los claros y pastel. Le gusta complementar el *look* con suéteres y bufandas. Le gusta traer el pelo un poco largo y ondulado; con volumen y movimiento. Le gustan los zapatos de gamuza y los botines. Está muy en contacto con su parte femenina y tiene un aire intelectual. Fácilmente podría traer una novela antigua de bolsillo guardada en su saco de parches en los codos o en su bolsa con diseño rebuscado, en la que también puede traer a su perrito Panchito cuando se va de *shopping*. Encuentra buena ropa durante el invierno en las tiendas departamentales. No es mucho de marcas.

Riesgo: ¡Verse cursi!
Únicamente puede combinarse con los estilos Natural, Tradicional y Elegante.

SEDUCTOR
Poderes y Características

Apariencia: Atractivo/a, atrevido/a y sensual. Llamativo/a, tentador/a y desinhibido/a.

Mensaje: Provocativo/a y sugerente. Excitante y apremiante.

Fortalezas: Atrae al sexo opuesto, se ve con confianza en sí mismo/a y provoca sensaciones. Motiva el cuidado del cuerpo; si no fuera agradable, sus efectos serían contraproducentes.

¿Qué busca?: Llamar la atención.

Cómo reconocerlo: Cuando llega todos lo/a voltean a ver. Utiliza la ropa para atraer al sexo opuesto, por lo que le gusta entallada. Cuida su cuerpo con dietas y va al gimnasio, para darles énfasis a las partes más sugerentes. Su guardarropa es muy atrevido: en hombres, la chamarra de cuero es indispensable; en las mujeres, los escotes, las minis y los shortcitos. Su color favorito es el negro, lo combina con colores sólidos; también le gustan los tonos metálicos y brillantes. Mujeres, prefieren traer el pelo suelto y alborotado, muchas veces pintado; hombres, muy a la moda o relamido. En sus accesorios se encuentran los brazaletes, los anillos y las cadenas de oro o collares, también suele tener algún *piercing* y tiene un tatuaje en un lugar sugerente. El mejor complemento son las botas vaqueras o zapatos de tacón alto. En la playa trae el traje de baño pequeño y pegadito y el mejor bronceado del lugar. Sus marcas favoritas son Dolce & Gabbana, Versace, Diesel, Levi's y Armani Exchange (aunque para los seductores, menos ropa es mejor).

Riesgo: ¡Verse vulgar o malinterpretado/a!
No puede combinarse con los estilos Tradicional y Romántico.

CREATIVO

Poderes y Características

Apariencia: Original, imaginativo/a, artístico/a, poco convencional y no sigue las reglas.

Mensaje: Libre y diferente. Innovador/a y aventurero/a.

Fortalezas: Individualidad ante la vida, creatividad y talento, capacidad de expresión e independencia.

¿Qué busca?: Ser diferente y original.

Cómo reconocerlo: No puedes dejar de verlo/a. La gente empieza a comentar: "¿qué onda con él/ella?", "¿cómo se le ocurrió vestirse así?", "¿ya viste las greñas?". Como en este estilo se vale de todo, pues busca la originalidad, lo vas a encontrar en diferentes formas: hipster, darketo/a, punketo/a, hippie, emo, skato, *skater, trendy, vintage, surfer, mod, skin...* (deja respiro) ...gótico/a, rasta, rapero, hip-hopero, metalero/a, *glam, raver,* etcétera. Mezcla diseños, colores, texturas y patrones al mismo tiempo. Se caracteriza por su corte de pelo diferente, muchas veces en colores poco usuales. Es fan de los *tattoos* y los *piercings.* Sus accesorios son distintos y el maquillaje no es sólo para las mujeres. Pone mucho énfasis en la originalidad de sus zapatos. Sus marcas de ropa favoritas son Urban Outfitters, Issey Miyake, Moschino y Hot Topic y es admirador/a del diseñador John Galliano, aunque igual puede comprar su ropa en un tianguis o fabricársela él/ella mismo/a.

Riesgo: ¡Verse ridículo/a!

Imposible de combinar con los estilos Tradicional y Elegante.

DRAMÁTICO

Poderes y Características

Apariencia: Dominante y sofisticado/a, de poder y autoridad.

Mensaje: De personalidad intensa y seguro/a de sí mismo/a. Exigente, atrevido/a, cosmopolita y remoto/a.

Fortalezas: Llama la atención por su estilo exagerado y se ve como alguien con experiencia. Se ve moderno/a y con mucho mundo.

¿Qué busca?: Impactar.

Cómo reconocerlo: Impacta con su llegada, parece como que es de fuera. El diseño de su ropa es muy estructurado, pero no clásico, por lo estilizado y exagerado. Va un paso adelante de la moda, nos gusta cómo se viste pero no sabemos si nos atreveríamos a ponérnoslo. Le gusta vestir de un solo color, o a lo mucho de dos, siempre y cuando sean muy contrastantes. Debe traer el pelo muy controlado y en su lugar trae un corte de vanguardia. Sus accesorios son más grandes de lo normal; los prefiere metálicos y con mucho diseño: su cinturón negro combina a la perfección con sus zapatos puntiagudos del mismo material (le encantan los zapatos con diseño anguloso y extremo, es fan de los Manolo Blahnik). Le gusta utilizar mascadas y guantes de piel. Lo/a ves muy seguro/a de sí mismo/a y te impone tanto que sientes nervios de tan sólo acercártele. Compra en exclusivas boutiques ropa de marca que esté en tendencia y de diseñadores vanguardistas independientes; sus favoritos son Hugo Boss, Dior, Armani, Gucci, Valentino, Balenciaga, Prada y el nuevo diseñador de moda que todavía pocos conocen.

Riesgo: ¡Verse agresivo/a!

No puede combinarse con los estilos Tradicional y Romántico.

Por lo tanto, ¡RECUERDA!

- Que el estilo es la expresión de la individualidad.
- Que reconocer nuestro estilo nos servirá para aplicarlo a las distintas situaciones de nuestra vida diaria y para adaptarlo mientras nos movemos en cada uno de los diferentes Círcoolos de la Percepción.
- Que no existen estilos buenos ni estilos malos. Cada uno tiene sus fortalezas y sus riesgos.
- Que nadie más que tú decide cómo te verán y tratarán; conocer tu estilo te permitirá lograr COHERENCIA a la hora de producir tu imagen.

Beneficio de conocer el estilo

Antes mencionamos que lo importante de reconocer nuestro estilo es que éste nos servirá para aplicarlo a las distintas situaciones de la vida diaria y para adaptarlo mientras nos movemos en cada uno de los diferentes Círcoolos. Eso quiere decir que nuestro estilo nos proporcionará una norma para la producción del *Look* del Cool: si somos de un estilo, nuestra ropa debe seguir ese mismo estilo al igual que nuestros accesorios, el corte de pelo, el maquillaje, las corbatas, el perfume, la loción, la decoración de nuestro cuarto, nuestros gadgets, nuestro coche (o como nos lo imaginamos) y hasta nuestra ropa interior, ya que así lograremos la tan deseada COHERENCIA (¿recuerdas que al terminar el decálogo de la imagen pública mencionamos que ésta era indispensable en el juego de la imagen?).

Tenemos que ser conscientes de las fortalezas de nuestro estilo para poder explotarlas y que nos ayuden a lograr nuestros objetivos, pero a su vez debemos vigilar constantemente que no se nos vaya a pasar el tono del mismo pues ninguno de los riesgos es cool.

El tono del estilo

Mencionamos que no se nos puede pasar el tono de nuestro estilo porque podríamos caer en el riesgo del mismo, pero ¿a qué nos referimos con tono? El tono del estilo no es otra cosa que el "qué tanto es tantito"; esto nos dice que podemos mostrar nuestro estilo con distinta intensidad. También, cada uno de nosotros tenemos nuestro estilo en diferentes tonalidades: existen personas que son muy elegantes y otras que nada más tienen un toque de ese estilo, y así pasa con todos los demás. Recuerda que podemos tener un estilo puro o la combinación de dos en diferentes intensidades.

El tono del estilo es como el volumen del estéreo: le podemos subir o bajar. La cuestión es que si le subimos demasiado generará ruido y será molesto, al igual que si le bajamos mucho perderemos la diversión. Por lo tanto, el "volumen" del estilo tiene que adecuarse a cada audiencia para que no genere ruido. Por ejemplo: si somos creativos podremos subirle el tono al estilo cuando vamos a un concierto o a la fiesta, pero es recomendable que le bajemos cuando vamos a un funeral, pues seguramente se incomodarán con el "ruido" que provocamos.

No quiere decir que dejemos de ser como somos o que traicionemos nuestra esencia; se trata de utilizar la forma adecuada para ser bien percibidos en cada uno de los Círcoolos y así lograr nuestros objetivos. Si la **Neta #6** dice que la Imagen Cool es relativa a nuestra esencia, al objetivo que queremos lograr y a las necesidades de nuestra audiencia, es lógico que debemos adecuar nuestra esencia a las necesidades de la audiencia para lograr los objetivos. Recuerda que la única manera de poder juzgar si algo es cool o no, es cuando hay concordancia entre estos tres elementos.

Entonces no hay un estilo más cool que el otro, todos son diferentes y hay que juzgarlos mediante la relatividad; recuerda que el estilo es parte de la esencia de cada quien y mientras las personas logren sus objetivos y satisfagan a sus audiencias, serán cools.

El problema es que, como hay estilos que son contrarios, cuando dos personas de estos estilos se encuentran, al ser tan diferentes, pueden pensar que
no son cools el uno de otro: imagínense lo que ha de pensar un tradicional de
un creativo o una romántica de una seductora, y viceversa. Por lo tanto un
atributo del cool es la tolerancia. Recordemos que

NO EXISTEN ESTILOS BUENOS NI ESTILOS MALOS.

Agarrando el *look* del cool

Ahora sí, prepárate para obtener todo el conocimiento necesario para tener una
buena Imagen Cool. A partir de este momento, el libro se convierte en una serie
de temas y consejos importantísimos que nos ayudarán a lograr nuestros objetivos y a sacarnos de mil broncas. Recuerda que el *Look* del Cool son todas las formas: nuestra apariencia, nuestro comportamiento y una serie de elementos y pequeños detalles que debemos cuidar para que nos perciban como cools. El chiste
es poner todos estos elementos y detalles en conjunto para que, cuando nos
relacionemos con los demás, seamos aceptados y logremos nuestros objetivos.

Nuevamente te repito que nada de lo que aquí se diga es ley, no juzgaré
si las cosas están bien o mal (eso te lo dejo a ti); lo único que te puedo decir es
que todo lo aquí plasmado te va a ayudar. Pon las recomendaciones en práctica
y ya verás que, aunado a tu personalidad auténtica, te darán todos los elementos para ser bien percibido y aceptado por tus audiencias... simplemente te
harán más cool.

Dividiremos los temas en dos grandes apartados: **la Imagen Física y los
Protocolos.** En el primero veremos todas las recomendaciones relacionadas
con la apariencia, el vestuario y el lenguaje corporal; en el segundo revisaremos
muchísimos aspectos que tienen que ver con nuestro comportamiento en diversas situaciones. Pues entonces, sin más rollo... ¡a darle!

IMAGEN FÍSICA

L a Imagen Cool siempre ha manifestado un profundo interés en la imagen física de las personas. Con la manera como se ve, cada persona encuentra su propia forma de expresarse mediante los elementos que componen la imagen física, y que son éstos: la apariencia personal, el vestuario, los accesorios y el lenguaje corporal.

Para la gran mayoría de nosotros, la imagen física cool es algo que tenemos que trabajar día con día, invertirle mucho tiempo y, desgraciadamente, dinero (digo que para la gran mayoría de nosotros ya que, aceptémoslo, hay algunas personas que traen lo cool hasta en los huesos), pero si sabemos qué es lo que nos queda de acuerdo con nuestro color natural y nuestras medidas, formas y proporciones de la cara y el cuerpo, el proceso de selección de una estética y un guardarropa se nos facilitará muchísimo.

Es por eso que existe la famosa frase **"De la moda lo que te acomoda"**, ya que todos somos físicamente diferentes y tenemos que saber cómo sacarnos el mayor provecho. Qué tal cuando se ponen de moda los pantalones pesqueros (los de brincacharcos, como diría mi abuela) y vemos que a unas mujeres se les ven increíbles y hay otras que te dan ganas de decirles "hazte un favor y quítate eso". Lo mismo con el corte de pelo: cuántas veces no le has visto a alguien un peinado increíble y cuando intentas hacértelo, *¡oh, my God!*, por lo tanto debemos saber qué es lo que nos queda para así poder adecuar lo que está "in" a nuestra persona.

Para saber qué está *in*, no hay mejor lugar para encontrarlo que Hollywood y sus películas, alfombras rojas y revistas que cubren las vidas de los famosos; y es que Hollywood no únicamente refleja la moda cool, sino que ayuda en gran parte a crearla. Ve lo que pasó a mediados de los 90 con películas como *Clueless* y *Trainspotting*. Otros buenos lugares para hallar lo cool son los artistas que se encuentran en las listas de popularidad, y por supuesto, las revistas de moda, así como los influencers en las redes sociales. En ellas podrás ver qué es lo que se usa y qué es lo que viene, y darte cuenta si ahora se usan los lentes y bolsas *oversize*, si los colores fosforescentes están de vuelta o si el sombrero es el accesorio chic de la temporada.

NUESTRA ROPA HABLA

Mucho antes de que dos personas entablen una plática, ya han estado comunicándose a través de señales de las que no están muy conscientes y a las que generalmente no se presta mucha atención. Antes de hablar, ya comunicó nuestra edad, clase social y, sobre todo, lo que llevamos puesto; hemos dado información sobre nuestros gustos, a qué nos dedicamos y hasta nuestra personalidad. Haz el ejercicio la próxima vez que vayas a una reunión y te darás cuenta de cómo puedes intuir qué tipo de música le gusta a alguien o a qué tipo de lugares va, con el simple hecho de ver cómo se viste. Cuando por fin las personas entablan una conversación, cada una ha hecho un juicio sobre la otra, han hablado en un lenguaje mucho más antiguo y universal: el lenguaje de los signos.

La semiótica es la ciencia que se encarga del estudio de los signos, por lo tanto podemos hablar de que existe una **SEMIÓTICA DEL VESTUARIO** que nos dice que todo lo que nos ponemos encima comunica: el estilo, los colores, las texturas, los patrones, el diseño, la indumentaria, el peinado, los accesorios, el maquillaje, los adornos corporales y el aliño personal mandan un mensaje que habla mucho de nosotros.

Por ejemplo: unas sandalias o *flats* de mujer envían un mensaje muy distinto a unos zapatos de tacón; lo mismo pasa con los colores. ¿Por qué crees que una camisa blanca es símbolo de autoridad? Esto es porque antes, cuando no existían las lavadoras ni los blanqueadores, solamente los hombres muy ricos que tenían mucha ropa y servidumbre podían utilizar ese color tan limpio; los trabajadores siempre portaban camisas oscuras ya que les permitían disimular la mugre. Otro ejemplo es el pelo: ¿te has dado cuenta de cómo las personas que se rapan al cero se ven agresivas?; esto es porque desde épocas antiguas en las cárceles, manicomios y hospicios, rapan a la gente para evitar los piojos y los jalones de pelos.

Por lo tanto debemos estar conscientes de que, cuando escogemos lo que nos vamos a poner o cuando compramos algo en una tienda, estamos reflejando quiénes somos y nos tenemos que preguntar: ¿todos los elementos de mi apariencia física son coherentes?, ¿están enviando el mismo mensaje y ese mensaje es el que quiero transmitir? Si la respuesta es positiva, adelante, póntelo o cómpratelo; si es negativa, piénsalo dos veces antes de salir a la calle.

Entonces, a partir de hoy, cuando nos estemos arreglando y nos paremos frente al espejo, en vez de preguntarnos "¿cómo me veo?", tenemos que empezar a preguntarnos: "¿qué mensaje estoy enviando?".

¿PARA QUIÉNES NOS VESTIMOS?

Estoy seguro de que cuando te arreglas cuidas muchísimos detalles. Podríamos pensar que si estás haciendo tanto esfuerzo es para dirigirte a un galán o admiradora, para atraerlo/a, para verte más guapo/a hacia él/ella... ¡pero no! Esto es erróneo, nos arreglamos en primer lugar para nosotros mismos. No importa si eres hombre o mujer, primero tienes que gustarte. El hecho de gustarte a ti mismo/a te brindará mucha más seguridad y hará que te sientas muy cómodo/a y contento/a con tu aspecto.

CROMOMETRÍA (PA' QUE MEJOR ME ENTIENDAS: QUÉ COLORES TE QUEDAN)

Piensa en tus prendas favoritas... Ahora piensa en todas aquellas que te compraste con emoción, pero que al ponértelas para la fiesta te arrepentiste y acabaron en el fondo de tu clóset... Piensa también en ese top que a tu amiga se le ve increíble, pero que cuando te lo presta a ti como que te "chupa", esa camisa que se veía muy bien en el maniquí y a ti no te gustó, y en esa otra blusita o playera que siempre que te la pones te chulean y te dicen lo bien que te queda. ¿Qué será lo que hace que esto suceda? La respuesta es sencilla: el color.

Cuando te pones un color cerca de la cara, éste puede aportarte luz y favorecerte, o bien, darte opacidad y perjudicarte. Por simple instinto sabemos que unos colores nos quedan mejor que otros, ya que desde pequeños podemos darnos cuenta de que unos nos hacen lucir más guapos y saludables, y que otros nos apagan y nos hacen lucir demacrados. Pero aun así, existe toda una teoría que nos puede ayudar a saber cuáles son los colores que nos quedan.

Antes que nada, hay que saber que a todos nos quedan todos los colores... pero no con todas sus gamas o características. Los colores tienen tres características y una de ellas es importantísima para saber qué colores nos quedan: esta característica es el tinte.

El tinte es la cantidad de amarillo o azul que un color tiene y que los divide en cálidos (mayor cantidad de amarillo) o fríos (mayor cantidad de azul). El chiste será poner en armonía el tinte de los colores a utilizar cerca de la cara, con el tinte del color natural de nuestra piel, ojos y pelo. De esta forma tú también podrás entrar en una categoría de cálida o fría. Ésa será tu cromometría. Ahora analízate en la siguiente tabla para reconocerla.

TABLA PARA CONOCER TU CROMOMETRÍA

PIEL	Cálida	Morena, beige, dorada, caoba
	Fría	Clara, marfil, rosa, aceituna
PELO	Cálida	Café, castaño claro, dorado, rubio oscuro
	Fría	Negro, rubio platino o cenizo, café cenizo
OJOS	Cálida	Cafés, miel, verdes profundos
	Fría	Negros, azules, verdes, grises, violetas

Con que dos características de las partes del cuerpo coincidan en la misma cromometría (cálida o fría) sabrás qué tipo de persona eres en cuanto al color. Otra forma de saberlo es viendo qué pasa con tu piel cuando vas a la playa, si eres de las personas que aguantan el sol y rápido agarras un tono bronceado que te dura mucho tiempo, tu piel es cálida; si por el contrario, es muy sensible y la tienes que cuidar mucho porque te ardes y se pone roja, seguramente es fría. Para este punto seguro ya sabrás qué eres, pero si sigues teniendo dudas para eso estamos los Consultores en Imagen Pública, acércate a uno.

Con una sencilla búsqueda en internet encontrarás muestrarios de colores que te dicen cuáles son los que mejor te quedan si es que eres una persona cálida o fría, aunque hay otra forma más fácil: búscalos en la naturaleza. Piensa en un paisaje de invierno y en los colores brillantes que da la nieve, en el intenso azul del cielo o en los plateados y rosas del anochecer; ésos serían los colores fríos. Ahora piensa en un paisaje de primavera con el verde y café de los árboles frutales repletos de naranjas o limones; ésos serían los colores cálidos.

Haz el ejercicio de ponerte todo tipo de colores cerca de la cara, cálidos y fríos por igual, vas a darte cuenta de manera sorprendente cómo los que tienen que ver con tu cromometría te quedan mucho mejor.

CÓMO HACER QUE TU CUERPO SE VEA MÁS ESTILIZADO

Sigue estos sencillos consejos y lo lograrás.

Evita:

- Colores claros y brillantes en la ropa.
- Patrones en rayas horizontales.
- Pantalones que cubran los zapatos, anchos o acampanados.
- Pantalones pesqueros o a cuadros.
- Prendas cruzadas (chamarras, abrigos, sacos y blusas).
- Abrigos y chamarras con cuellos anchos y muchas bolsas.
- Tejidos rígidos y voluminosos.
- Cinturones anchos o de colores contrastantes.
- Cuellos redondos o de tortuga y strapless.
- Faldas, vestidos y abrigos que lleguen hasta los pies.
- Faldas tableadas y pantalones con pinzas.
- Zapatos totalmente planos y plataformas.
- Tacones anchos y botas largas por fuera.
- Hacer contraste entre pantalón y zapatos.

- Sombreros.
- Bolsas y accesorios grandes.
- Pelo con mucho volumen y flecos.

Utiliza:

- Colores oscuros y opacos en la ropa.
- Un solo color de pies a cabeza.
- Patrones en rayas verticales.
- Pantalones largos, rectos y lisos.
- Prendas rectas (chamarras, abrigos, sacos y blusas).
- Tejidos suaves y con poco volumen.
- Bufandas largas con peso y caída.
- Cuellos en pico, *halters* y escotes bajos.
- Manga ¾ o manga larga.
- Faldas vaporosas.
- Zapatos altos y escotados.
- Tacones finos y botas en pico por dentro del pantalón.
- Zapatos y pantalón en mismo tono.
- Bolsas y accesorios pequeños o en proporción.
- Pelo corto o recogido.

Regla de los cortes horizontales

Si eres bajito/a, debes tener muy presente esta regla, que es en la que se basa la gran mayoría de las recomendaciones anteriores. Esta regla dice que si quieres verte más estilizado/a, debes evitar cualquier línea que haga un corte horizontal en tu figura. Y no te confundas, con líneas horizontales no nos referimos únicamente a los dibujos en las telas, sino a cualquier corte que hagas con la ropa, los accesorios y hasta con tu peinado. Por ejemplo: si usas un color de *t-shirt*, uno diferente de pantalón y otro más de zapatos, cada cambio de color representará un corte horizontal; también un fleco recto, un *strapless*, un cinturón ancho, una falda recta y unas botas por fuera equivaldrán a estas líneas horizontales que hacen cortes en tu figura, ensanchándola y acortándola.

MAQUILLAJE

El tipo y la intensidad del maquillaje es una cuestión de estilo y de gusto personal, pero aun así, el mejor maquillaje es el que va de acuerdo con la edad y con las circunstancias. El maquillaje de una adolescente menor de 15 años no puede ser superior al *gloss* con un ligero toque de color y a alguna crema con brillitos. De esa edad en adelante la regla es muy sencilla: modera el uso de cosméticos y utílizalos en colores similares a los que te dio la naturaleza para obtener un *look* fresco, limpio y juvenil, que es el preferente para utilizar durante el día. Recárgalo y contrástalo para los eventos sociales nocturnos. Las reglas de la cromometría también se aplican al maquillaje.

Debes tener muy en cuenta que hay una diferencia enorme entre aplicarnos el maquillaje, que debe hacerse totalmente en privado, y retocárnoslo, que a veces puede hacerse de manera discreta frente a otros. Por ejemplo: está permitido que después de ir a comer con tus amigas te pongas *lipstick* frente a ellas en la mesa, pero sería un error total hacerlo en una *first date*. Cuando tengas dudas de si hacerlo o no, mejor vete al baño y hazlo ahí. Ponerte polvo, *blush*, rímel, sombras, perfumes y demás es un acto que nunca debes hacer en público; por lo tanto olvídate de maquillarte en clase o en la oficina, y por favor: nunca, pero nunca te vayas a convertir en la clásica señora suicida-asesina que le da por maquillarse en el coche.

EN QUÉ SE FIJAN LAS MUJERES

Estás a punto de conocer uno de los secretos mejor guardados de nuestro gran casanova del cine mexicano Mauricio Garcés. Este gran galán tenía el conocimiento sobre las tres cosas que ve primero una mujer en un hombre y sabía explotarlas. Esas tres cosas, aunque no lo creas, son:

1. Su ropa. Y dentro de su ropa, ¡sus zapatos!
2. Sus manos.
3. Sí, adivinaste... las nalgas.

Por lo tanto, si piensas que en tu vida la imagen física no tiene ningún sentido... mínimo hazlo por ellas. Empieza siguiendo estos tres sencillos consejos:

1. Nunca te pongas unos zapatos sucios o dañados: no importa qué tipo de zapatos uses, siempre tráelos cuidados (aunque sean tenis). Créeme, **LAS MUJERES SE FIJAN EN ELLOS** pues van a decirles mucho de cómo eres; por lo tanto, tráelos limpios. Si son zapatos de vestir boléalos periódicamente. Un excelente consejo es comprarte hormas de madera y por las noches, después de haber caminado todo el día, meter tus zapatos en ellas; la madera absorberá el sudor y se enfriarán en la horma, lo que hará que tus zapatos siempre estén como nuevos y duren un buen, evitando que se hagan como zapatillas de Aladino.

2. Cuida tus manos: no dejarás de ser hombre por hacerte manicure y ponerte crema. A las mujeres les desagradan las manos llenas de pellejos y rasposas como si acabaras de labrar la tierra. Más adelante, en la sección de aliño personal, hablaremos de las uñas.

- ③ En vez de pasarte horas y horas en el gimnasio tratando de sacar abdomen de lavadero, bíceps y pectorales, mejor mientras te lavas los dientes o te rasuras, sigue los sencillos pasos de este ejercicio:
  - ● Sujétate del lavamanos con los brazos tensados.
  - ● Tensa la pierna, dóblala ligeramente y álzala hacia atrás sin perder el control. Repite de ambos lados.

CUIDADOS PARA LOS HOMBRES

Tres actividades que puedes realizar para cuidar tu apariencia son: la rasurada, saber portar un traje y hacerse el nudo de la corbata. Por lo tanto, aprendamos estas tres artes como deben ser:

La rasurada

Si más que bigote, parece que traes una manifestación de hormigas, ¡urge que te empieces a rasurar! Rasurarse es una de las actividades que más flojera dan, porque además, poco a poco la barba se va haciendo más gruesa y va saliendo más, pero se convierte en una rutina que terminas haciendo en automático.

Existen edades y modas en las que dejarse el bigote o la barba puede ser muy cool, ¡pero cuidado!, para poder hacerlo tienes que asegurarte de que te salga bien; tres pelos en la barbilla se ven horribles, y además no hay nada que más dé repele que un bigotito virgen (que es esa pelusita que parece que con un trapo se te quita). Por lo tanto, si quieres dejarte la barba el consejo es simple: rasúrate mucho en vez de dejarla crecer, ya que mientras más la cortas más aparece (igual que esa expareja tóxica).

Existen los rastrillos y las rasuradoras eléctricas. Las segundas únicamente son buenas en apuros y cuando tienes la barba abundante y gruesa, pero si tienes el pelo suave y delgado te tardarás horas con ella; por eso, para una mejor rasurada elige siempre el rastrillo. Pero ojo, son navajas en la cara, por lo que hay que tener en cuenta algunas cosas:

- Nunca te rasures en seco: siempre humedécete la cara y utiliza productos especiales.
- Lo mejor es rasurarte en la regadera o recién salido de ella, ya que con el vapor y el agua tibia los poros se relajan y es más difícil que te irrites. **Tip:** venden espejos antiempañantes especiales para la regadera; si no consigues uno, embárrale jabón a un espejo común y no se empañará.
- Existen muchos tipos de rastrillos, por lo que escoge el que más te acomode, lo único importante es que debes cuidar las navajas y siempre revisar que estén afiladas. Yo, después de años y años de experimentar con navajas cuádruples, cabezas móviles, sensores de no sé qué y bandas de no sé cuánto, acabé siendo fiel a los desechables de dos navajas que me duran 10 rasuradas aproximadamente. Consejo: nunca te rasures con el rastrillo rosa del baño de tu hermana.
- Prefiere el gel sobre la espuma y las cremas. Las navajas patinan mejor, rinden mucho más y no parece que te hicieron "¡mordida, mordida!" en un pastel de merengue; los que tienen mentol te dejan una sensación refrescante. Nunca te rasures con jabón.
- Siempre rasúrate en el mismo sentido que nace el pelo: casi en todo momento será de arriba para abajo, pero puede darse el caso de que tengas un remolino (ojalá y no, porque es una lata) y tendrás que seguir su curso para no irritarte.
- Lugares en los que tienes que poner especial atención: debajo de las fosas nasales, debajo del labio inferior y en medio de las cejas. Esto último es broma, nunca se te ocurra meterte un rastrillo en medio de los ojos, mejor usa pinzas.

● Al terminar de rasurarte enjuágate con agua fría para cerrar los poros y usa un *after shave*. Las colonias para después de rasurarte arden gacho y además pueden interferir con el olor de tu loción favorita, por lo que las cremas y los bálsamos son ideales. Si te cortaste y es el siglo pasado, ponte pequeños pedazos de papel de baño mojado sobre la herida. Hoy te puedes comprar un *styptic pencil* o lápiz cicatrizador.

● Finalmente, nunca te rasures con prisa, borracho o crudo, puedes adueñarte del apodo del "mocha orejas".

Diseños y sus ventajas:

Si quieres comunicar una imagen limpia, accesible y formal, lo mejor es estar bien rasurado. Pero como a veces ese look es muy aburrido, te presento algunas otras opciones:

Recuerda nuevamente que sólo puede dejarse la barba o el bigote a quien realmente le salga.

Bigote:
Te da un estilo retro setentero, es muy popular entre los hombres pero las mujeres dicen que te ves la mitad de guapo con él.

Bigote Dalí:
Replica la sonrisa, por lo que te ves entre simpático y ridículo; debes tener una personalidad desbordante para atreverte a portarlo. Es bueno para ligar pues todas las personas llegarán a agarrarlo o tendrán que ver con él.

Bigote chorreado:
Padrotón y agresivo, no se te querrán acercar. A la gente le producirás entre miedo y morbo. Contrapone a la sonrisa.

Bigote de cochero:
Igual que el chorreado, pero te hace ver con más edad.

Bigote y barbita en pico (Richelieu):
Parecerás mosquetero, o peor aún, diablo de pastorela.

Pura piocha:
Dependiendo de tu vestuario obtendrás un *look* o de hippioso indi-
genista, psicoanalista clásico o cabra de monte.

Candado:
Te adelgaza y alarga la cara, te hace ver mayor.

Barba delineada tipo futbolista italiano:
Cool... siempre y cuando seas futbolista italiano.

Barba de tres días:
Sexy y varonil. Cuando únicamente son tres pelos en el cachete:
puerco y lampiño.

Barba completa:
Maduro, interesante... señor.

Barba completa y larga:
Aventurero y vagabundo.

La pura "mosca":
Como si trajeras una mosca. ¡Nunca he entendido por qué lo hacen!

Diseños exóticos:
¿En serio tengo que decirte qué vas a comunicar si te atreves a rasurarte así?

El traje y la corbata

Llega el día de ir a unos 15 años, a una graduación, a una boda o a pedir trabajo, ¡y resulta que no tenemos ni idea de cómo portar bien el traje y la corbata! Tengo en mi casa una foto mía, a los 13 años, de la primera vez que me vestí de traje yo solo, y hoy que la veo me pregunto: "¿Cómo me dejaron salir así a la calle?".

Si eres de las personas a las que no les gusta ponerse traje, lo mínimo que debes aceptar es que no vivimos en un mundo libre de esta prenda; tarde o temprano la vida te pondrá en circunstancias en las cuales es necesario ponernos uno y hay que saber hacerlo con clase. Por lo tanto, para que no te pase lo que a mí, ten en cuenta las siguientes cosas:

- El traje es la prenda oficial del poder y tiene el don de que cuando portamos uno lucimos superiores.
- Un traje es únicamente la combinación de un saco y pantalón hechos de la misma tela. A las otras combinaciones se les conoce como sport.
- Los trajes oscuros fabricados con telas delgadas y suaves comunican autoridad y poder. Los colores más recomendables son el azul marino, el negro y el gris Oxford.
- Es preferible comprarte un buen traje de calidad que tres de calidad inferior. Ese traje debe tener códigos de autoridad como los antes descritos. La calidad no es otra cosa que lo puedas traer por 12 horas seguidas sin querértelo quitar por la comezón.
- Los trajes claros y las combinaciones sport comunican accesibilidad y no se recomiendan para eventos formales, a menos que éstos sean por la mañana. También las texturas gruesas comunican accesibilidad y calidez y son recomendables las lanas gruesas, el *tweed* y el cashmere.

● A menos que quieras parecer un burócrata corrupto que esconde tortas en los cajones de su escritorio, nunca te pongas un traje café.

Un buen sastre y un buen vendedor de trajes tienen que saber qué traje es el indicado para tus medidas; pero como son seres en peligro de extinción, toma en cuenta lo siguiente:

● El largo del saco debe ir en relación con el largo de tu brazo. La parte donde termina el saco debe ir alineada con los nudillos de tus pulgares con los brazos relajados.

● El largo del pantalón debe caer recto por detrás hasta arriba del tacón del zapato, y por enfrente hacer un ligero pliegue. El pantalón del traje debe fajarse en la cintura y no en la cadera, como le hacemos con los jeans.

● Si al abotonarte el saco se forma una "X" en el abdomen, el saco está demasiado apretado.

● El cuello del saco no debe quedar separado de la espalda de manera que muestre todo el cuello de la camisa, ni tampoco debe estar tan pegado que lo tape. Lo correcto es que quede pegado y muestre aproximadamente la mitad del cuello.

● Las mangas del saco deben permitir que media pulgada (1.25 cm.) de la camisa se asome. La gran mayoría de los hombres usa las mangas demasiado largas.

● Siempre que portes un traje, al ponerte de pie debes abotonarte el saco. La regla es que nunca debes abrochar el último botón de un saco, por lo tanto los sacos se abotonan así:

  ● **Traje de dos botones**: el de abajo nunca, el de arriba siempre.

  ● **Traje de tres botones**: el de abajo nunca, el de en medio siempre, el de arriba depende de tus gustos (actualmente es opcional)

91

y de si el corte de las solapas permite hacerlo con comodidad.

● **Más de tres botones:** son trajes de estilo dramático y el botón de hasta arriba y hasta abajo siempre van desabrochados.

El único traje que puede ser de un botón es el esmoquin y siempre debe mantenerse abrochado. Aprovecho para decirte que un traje negro no se debe poner con corbata de moño tratando de suplantar a un esmoquin.

● Las bolsas de los sacos generalmente vienen cosidas, mantenlas así, pues es un error meter las manos en las bolsas del saco o usarlas para guardar cosas.

● Cuando tomes asiento, jala la parte posterior de tu saco y siéntate sobre él. El saco lucirá sin arrugas y te ayudará a mantener una postura erguida.

La camisa

● Cuando el hombre viste de traje, lo correcto es usar camiseta interior de cuello redondo y manga corta. Como el motivo es prevenir las manchas de sudor y evitar transparencias, no tiene caso ponerte camisetas interiores de tirantitos.

● Usa camisas blancas con puño francés de mancuernillas para comunicar autoridad y poder. Entre más fina, mejor.

● Las camisas de color o con algún patrón (rayas, cuadros) comunican accesibilidad.

● El cuello y los puños de la camisa deben estar muy bien planchados y cerrar de manera perfecta al abotonarlos. Si eres de los que te molesta usar corbata porque sientes que te ahorca, quiero decirte que la corbata no tiene la culpa: tu camisa no te queda. La medida del cuello debe ser exacta, de tal manera que quede confortable sin verse holgado (deben entrar dos dedos entre tu cuello y el de la camisa). A menos que estemos trabajando arduo o sacándole brillo a la pista de baile, es un error desabotonarse la camisa y aflojarse la corbata.

- La camisa con botones en el cuello (*button down*) se debe usar únicamente con combinaciones sport y de preferencia sin corbata.

- Existe algo en el cuello de las camisas que se llama varillas, éstas deben ponerse para que el cuello no se ande doblando y luzca siempre espléndido. Como no se ven pues van por dentro de la camisa, son de plástico, pero un detalle fino es tener unas en plata como accesorio. Sin importar el material, es indispensable retirar las varillas cuando se laven las camisas. Cuando los puños y el cuello se vean viejos, deshazte de ella.

- Existen diferentes tipos de cuellos y no todos le quedan bien a la mayoría. Trata de que el cuello no replique la forma de tu cara; por ejemplo, si la forma de tu cara es redonda no escojas un cuello "francés", que es el que tiene las puntas redondeadas, mejor elige un cuello recto.

- Antes, cuando las camisas eran hechas a la medida, como detalle se bordaban las iniciales del propietario. Hoy en cualquier tienda departamental te pueden hacer lo mismo en la camisa más chafa de la tienda, ¡evítalo!, y más aún en el cuello o el puño.

La corbata

La corbata es la única prenda masculina que no tiene un uso funcional, ¡no sirve para nada! Pero el valor simbólico y estético es tan importante que se convierte en sinónimo de elegancia, seriedad y formalidad. Una buena corbata levanta impresionantemente la calidad de todo un atuendo, y una regla de oro es que un hombre debe saber hacerse su propio nudo de corbata. Por lo tanto:

- Por nada en el mundo se te vaya a ocurrir utilizar corbatas de ganchito. De hecho, ni las corbatas de moño del esmoquin deberían serlo.

- Para comunicar autoridad utiliza las llamadas *power ties* o corbatas de poder, que son lisas en terminados mate y en colores sólidos como el rojo, verde, azul, gris, plateado, dorado y negro.
- Mientras más colores y patrones tengan, más accesibilidad transmitirán.
- Si una corbata comunica seriedad y formalidad, imagínate cómo le das en la torre a todo el atuendo con una corbata "chistosita" de personajes de caricaturas o salsas Tabasco.
- El nudo de la corbata debe ajustar exactamente en el ángulo de cierre del cuello de la camisa, por lo que también éste debe ajustar a la perfección.
- Hay personas que más que corbata parece que traen baberos. La punta de la corbata debe llegar a la altura de la hebilla del cinturón. Si al hacerte el nudo te quedó muy corta o muy larga, **DEBES** hacerlo de nuevo. Lo peor que puedes hacer es fajarte la punta de la corbata en el pantalón.
- El pañuelo en el saco va y viene con la moda. En ocasiones formales te recomiendo usarlo. El de lino blanco colocado de manera recta y paralelo a la bolsa es el más formal de todos.
- Procura mantener la corbata en su lugar. Para evitar que se mueva, en Imagen Pública® hemos creado el Tie Lock®, que es un accesorio invisible que conserva la corbata fija y centrada. Con gusto te daremos información si te interesa.
- Al comer nunca te metas la corbata entre los botones de la camisa, mejor ten cuidado al comer. Otra buena recomendación es lavarse los dientes antes de ponernos la corbata. Las corbatas no se mandan a la tintorería porque las echan a perder, se lavan con un cepillo de dientes y gasolina blanca.
- Aunque no lo creas, en las corbatas hay tallas; esto es para que si eres demasiado pequeño no te sobre mucha tela de atrás, y si eres alto

te pueda llegar a la cintura. Mídete la corbata antes de comprártela y ten en cuenta que la parte delgada de atrás siempre debe alcanzar a meterse en la franja de tela que viene detrás de la parte gruesa.

Existen muchos tipos de nudos, pero únicamente se siguen usando dos: el Windsor, que queda en forma de triángulo y está totalmente pasado de moda (que es el que seguramente te enseñó a hacer tu papá), y el nudo doble, que es el más cool y actual. Este nudo tiene forma cilíndrica y queda medio chuequito, además se le debe formar un pliegue debajo del nudo que aumentará la presencia de la corbata y le da todo el toque. A este nudo doble también se le conoce como *Four-in-Hand* o Victoria, y al plieguecito que le da todo el toque se le conoce como *cuillère*, que significa cuchara en francés.

Como es más fácil verlo que explicarlo, sigue estos pasos y practícalos hasta que te salga el nudo a la perfección.

(**Estimadas amigas:** supervisen a sus seres queridos y no los dejen salir sin antes haber cumplido estas normas. También es momento de que le empiecen a enseñar todo esto a sus novios, papás, hermanos, tíos, amigos y galanes.)

LAS 70 COSAS QUE TODO GÜEY DEBE SABER

Queridos amigos:

Desde tiempos inmemorables, nuestro sexo se ha regido por una serie de leyes no escritas que todo hombre que se autodenomine como tal debería saber. Parte de ese conocimiento está en los genes, además de que lo vamos aprendiendo y reforzando a lo largo de la convivencia con otros seres de nuestra misma especie. Muchas de estas reglas están en peligro de perderse, es por eso que me decidí a recopilar información proveniente de diversos sitios, como libros ancestrales, literatura actual, *mails*, anécdotas reales, leyes de vida y reglas internacionales de la hombría que se traducen a continuación como las 70 cosas que todo güey debe saber.

(**Nota al lector:** las siguientes reglas son verdades absolutas que no están a discusión pues no han sido inventadas por nadie. El autor únicamente ha hecho un trabajo científico de recopilación y no forzosamente reflejan su pensar. Si usted pertenece al sexo opuesto o a cualquier otra denominación de género que no entre en la categoría, puede encontrar incómoda la lectura del siguiente documento. Se recomienda discreción y poca seriedad.)

1. En restaurantes, cadenas de antros, barras, bancos, aviones, taxis y demás, siempre te atenderán mejor si vas bien vestido... igual funciona si te para la policía.

2. Verifica tu peinado antes de cualquier aparición pública, vivimos en una época en que los zapes están a la orden del día.

3. En ninguna circunstancia dos hombres deben compartir un paraguas.

4. Retira el segundo botón de los puños de tu camisa una vez que hayas decidido qué medida de abertura te queda más cómoda. Pocos lo saben, pero es lo correcto.

5 Quien tome fotos en una fiesta de hombres o despedida de soltero, puede ser asesinado y comido por sus amigos sin responsabilidad legal alguna.

6 A menos que ejerzas el noble y glorioso oficio de repartidor de Gansitos, evita el uso de camisa de manga corta con corbata.

7 Por favor no seas de los que usan mocasines con traje oscuro. Cuando se portan códigos de autoridad, se usan zapatos finos de agujetas.

8 Con traje claro se usan mocasines finos con hebilla.

9 Si conoces a un güey por más de 24 horas, su hermana es intocable, a menos que neta te vayas a casar con ella.

10 Al portar traje, evita el desagradable efecto que causa el mostrar tu blanca y peluda pantorrilla al cruzar la pierna. Usa calcetines largos.

11 Los calcetines deben usarse del color de los zapatos o del pantalón. Cuando no sepas qué hacer, úsalos negros. Pantalón negro y calcetín blanco: únicamente disfrazado de Michael Jackson.

12 Chanclas con calcetines, bermudas con calcetines largos y mocasines flojos con calcetín... creo que no queda más qué decir.

13 Quejarte de la marca de cerveza gratis en el refri de tu amigo es imperdonable. Por el contrario, quéjate y regáñalo si la temperatura no es buena.

14 Nunca debes esperar un regalo de cumpleaños de otro hombre, ni debes preocuparte por darlos. De hecho, recordar el día de cumpleaños de tus amigos es totalmente opcional.

15 En viajes de carretera, la vejiga más poderosa marca las paradas a mear, no la más débil.

16 El cinturón y los zapatos deben ser del mismo color, también la correa del reloj.

17 Los relojes de acero quedan con todo. ¿Usar reloj de oro? Sólo para mayores de 40.

18 Si al llegar a un lugar tus amigos están viendo el fut, puedes preguntarles el marcador, pero **NUNCA** quién juega.

19 Ten al menos tres tipos de reloj: uno elegante, uno de acero lo más neutral posible y otro del tipo deportivo.

20 Una buena cartera es símbolo de poder. No descuides su estado ni la traigas llena de cosas que nunca usas. Mientras menos cosas traes, comunicas que más tienes.

21 Sólo está permitido tomar bebidas embriagantes de frutitas o con juguitos cuando estás en la playa y son gratis.

22 A menos que estés en la cárcel, nunca pelees desnudo.

23 A menos que haya cometido un delito grave, debes sacar a un amigo de la cárcel en menos de 12 horas.

24 Amigos, no dejen a sus amigos usar *bikers*. Nunca. Ni aunque sean ciclistas.

25 Los zapatos de 600 pesos te duran la mitad que los de 1 200, pero los de 2 400 te duran toda la vida. Los zapatos de 2 400 sin bolear parecen de 300.

26 ¿Sigues sin querer bolear tus zapatos? Entonces por qué no mejor tampoco te peinas, te rasuras, te limpias los mocos, te cepillas los dientes y te lavas la... ¿en serio tengo que seguir?

27 No hay dolor de pies tan severo ni camino tan largo de recorrer que justifique el usar Crocs.

28 Un hombre nunca debe perforarse el ombligo ni los pezones.

29 Las valencianas del pantalón mejoran la caída de la tela. Sin embargo, evítalas si eres chaparrito.

30 Las pinzas del pantalón van y vienen con la moda. Evítalas si tienes sobrepeso.

31 Si alguien lleva a su novia a reuniones de puros hombres **(dígase a ver el futbol)**, sabe que se atiene a que sus amigos se tiren pedos, eructen o rasquen. Amigos: si un amigo lleva a su novia a reuniones de puros hombres, tírense pedos, eructen y rásquense.

32 No dudes nunca en apañarte la última chela o rebanada de pizza. Tampoco dudes en pelear por ella hasta su destrucción cuando alguien más la apañó.

33 Si en este momento traes puesta una *t-shirt* de unas lagartijitas haciéndolo en varias posiciones, de un gusano de maguey borracho o de un Taz surfeando, y además abajo trae el nombre de tu playa favorita, por favor deja de leer, cierra el libro y regrésalo. Te devolverán tu dinero.

34 Es igual de malo llegar a un evento formal informal, que a uno informal formal.

35 Un puro se ve cool en alguien de 30 pa arriba, farol en alguien de 25 a 30 y ridículo en alguien menor a 25.

36 Nunca agarres un cigarro con el pulgar y el índice, tampoco te lo lleves a la boca con el índice y el mayor de frente como haciéndole *peace and love* a tu boca. Hablamos de tabaco.

37 Los jeans de bragueta de botón son más difíciles de abrochar, pero son más fáciles de quitar y, sobre todo, mucho más seguros.

38 La mujer que responde a la pregunta ¿Qué quieres de regalo? con: "Si me quisieras lo sabrías" obtiene una **PlayStation**. Punto.

39 Cualquier corte de pelo es bienvenido menos los mullets (aunque aceptémoslo, tienen su encanto).

40 Tan esencial como el cepillo de dientes es el recortador de pelos de la nariz y las orejas. Si esto no te hace sentido, dale tiempo; lo tendrá.

41 Si hay algo que no te has puesto en un año, tíralo o regálalo.

42 Utilizar una pluma fina y de marca es símbolo de autoridad y poder. Utilizar la pluma con la que le escribes a la cigüeña es símbolo de diversión y placer.

43 A menos que te quieras ver gordo y torpe, reduce a un mínimo el número de cosas que llevas en las bolsas.

44 Los botones de la camisa, la hebilla del cinturón y la bragueta deben estar alineados.

45 La potencia de un hombre es equivalente a la cantidad de hielos que pueda deshacer al mear.

46 Los lentes de sol no deben ser más grandes que el ancho de tu cara y deben ir de acuerdo con tu *outfit*.

Tip: a la regla del color del zapato, el cinturón y el reloj, añádele los lentes.

47 Un Timex real es mejor que un Rolex *fake*.

48 Es imperdonable estarse meando y sufrir porque no hay un baño (¿qué acaso Dios no nos hizo perfectos?).

49 Para poder hablarle a la exnovia de un amigo debe pasar el mismo tiempo de luto que el que tu amigo anduvo con ella. Ej: Si duró 2 años 3 meses 5 días, deberás esperar ese mismo tiempo para que algo suceda. (Aun así no es plan y tu amigo nuevamente puede desmembrarte y comerte vivo sin responsabilidad legal.)

50 A menos que seas menor de 6 años o menonita, ningún hombre debe usar overol.

51 Hubo tiempos mejores en que las marcas de ropa se llevaban por dentro de las prendas. Brindemos por los viejos tiempos.

52 Algunos logos pequeños son aceptables; éstos son cocodrilitos, hombres a caballo, gaviotas, alces y hojas de laurel.

53 Nunca mearás sentado. (Una vez que lo haces no hay marcha atrás: es más práctico, cómodo y el agradecimiento femenino es infinito.)

54 Más te vale tener una buena razón para barrer a otro hombre con la mirada (una de ellas puede ser el desprecio).

55 A menos que neta seas Cristiano Ronaldo, nunca te pongas un jersey de fut con su nombre para ir a un bar. De hecho, nunca te pongas un jersey de fut para ir a un bar.

56 No debe darte pena quitarte la camisa si tienes mal cuerpo. Debe darte mucha pena quitarte la camisa en un antro tengas el cuerpo que tengas.

57 Si te refieres a cualquier bebida servida en copa ancha como un "martini", estás muy mal.

58 Si en un futuro te llegaras a quedar pelón, rápate. Nunca intentarás el queso Oaxaca.

59 Nunca debes ponerte corbatas, ni suéteres, ni calcetines navideños. Mucho menos si sacan musiquita y mucho menos si no es Navidad.

60 Debes saber disparar un arma incluida la que Dios nos dio, por lo tanto ¡atínale!

61 Es de hombres saber cambiar una llanta, pero más aún saber dar indicaciones mientras otros(as) lo hacen.

62 Debes tener un buen equipo de herramientas y saber usar por lo menos un 80% de ellas.

63 Acéptalo, tú sabes perfectamente si sabes bailar o no. Si no sabes, ok, baila, pero no actúes como si supieras.

64 Tu buen humor nunca debe verse reflejado en tus boxers. Cuando te quitas los pantalones enfrente de una mujer, lo último que quieres es que se ría de ti, por lo tanto tira los de *happy faces* que brillan en la noche y el que trae la leyenda "cuidado con el perro".

65 Si un saco o chamarra no te abotonan, no te los pongas.

66 Un hombre nunca debe criticar la apariencia de otro ni importarle encontrarse a uno vestido igual que él en una fiesta; ¿o alguna vez has escuchado en una boda alguien que diga: "qué horror, hay otro güey con un esmoquin negro"?

101

67 Un hombre siempre debe estar en forma (ojo, **REDONDO** es una forma).

68 Quien diga que los hombres no lloran, es porque seguro su equipo nunca ha perdido la final.

69 Al escuchar este número, mínimo debes hacer un gesto de complicidad con un amigo.

70 Como los caballeros no tienen memoria, cuando tengas dudas, ¡PRE-GÚNTALE A UNA MUJER! Sin duda saben más, y si les gusta tener la razón, es porque la tienen.

ALIÑO PERSONAL (O COMO DIJO LA TUMBA... SE-PULCRO)

Las personas que te rodean pueden sentirse muy incómodas si no le pones atención a la condición de tu ropa y a tu higiene personal. Poner atención al aliño personal demuestra respeto hacia ti mismo/a y hacia los demás. La pulcritud se agradece, pues nadie quiere estar conviviendo con una persona apestosa, sudorosa, sebosa y con las uñas sucias, que además hay que hablarle de ladito. Créeme que hacerte una imagen de persona cochina y descuidada no es nada cool, hay una gran diferencia entre ser original, alternativo y despreocupado, y no limpiarse y arreglarse. Te puedo apostar que Harry Styles se tarda mucho más tiempo arreglándose que Luis Miguel.

Una imagen pulcra y arreglada les dice a los demás que nos cuidamos, que somos organizados y que estamos pendientes de los detalles, lo que nos trae muchos beneficios. Los hábitos de pulcritud siempre pueden ser aprendidos y mejorados, y tener un buen espejo con la adecuada iluminación es un buen comienzo.

Trapitos limpios y a la medida

No importa quién haya diseñado tu ropa y qué tan cara sea, si está sucia y no te queda bien, el diseño y el precio valen gorro. Recuerda que la ropa manda un mensaje y habla por sí sola, por lo tanto ten en cuenta:

- Usa únicamente ropa de tu talla. A menos que seas un rapero o un luchador, la ropa que te queda muy grande o muy pequeña se te verá ridícula.
- Cuida que todos los botones logren con facilidad su tarea. Evita que las camisas o blusas se abran entre botones y muestren tu bella y pálida piel. También cuida que tus pantalones no sean considerados por la justicia como arma blanca por el botonazo.
- Evita a toda costa los "plomerazos" (que es que se te vea la rayita de las *nailons* cuando te agachas) y las "*whale tails*" (que es cuando una mujer está sentada y se le sale todo, haciendo el efecto con su tanga de una ballena sumergiéndose de la que sólo viéramos su cola).
- Resiste la tentación de ponerte ropa sucia o con manchas por más que desees lucir esa prenda en la fiesta. No lo hagas aunque en apariencia se vean limpias: qué tal al día siguiente de la *mega party* que ves tu chamarra muy limpiecita, pero que al ponértela te entra la cruda nada más de olerla. También puede pasar que tú ya te acostumbraste a la peste, pero créeme que los demás sí lo van a notar (igualito que cuando entras al baño después de tu amigo "El Gordo" y no te explicas cómo podía estar ahí dentro).
- Siempre dale un cale a la ropa antes de ponértela (de preferencia a la tuya). Oler la ropa te dirá si es prudente que te la pongas pues aunque aparentemente esté limpia, mucha ropa que lleva tiempo en el clóset puede oler húmedo y rancio. Ten especial cuidado al darle el golpe a los calzones: la canela pica.

● Sé muy exigente con la ropa que debe ser planchada, nunca te pongas algo arrugado (la ropa, no tú) y siempre revisa en la etiqueta los cuidados de tu ropa, pues recuerda que existen ciertas prendas que necesitan de lavado profesional.

● Si ya te manchaste existen muchos remedios: desde el agua mineral con sal, hasta unos lapicitos con detergente que son buenísimos. Pero casi siempre lo que debemos hacer es ofrecer disculpas y no pensar que la mancha pasará inadvertida y cambiarnos lo antes posible.

¿Te chilla la rata?... Olor corporal

¿En serio tengo que decirte que debes bañarte todos los días?... No, ya, es broma, ¿de verdad?...

Bañarse no es solamente pasarse por agua, es todo un ritual que nos ayudará a estar frescos y a tener bajo control los **olores** corporales, por lo tanto:

● Equipa tu baño con todo lo necesario para poderte tallar bien y hasta por donde no te imaginas.

● Utiliza un jabón para el cuerpo y otro especial para la cara pues es más delicada. Utiliza shampoo y acondicionador y no sigas las instrucciones de los envases; lo de lavártelo dos veces es mercadotecnia para que gastes más.

● Ten conciencia ecológica y ciérrale a la llave mientras te enjabones, rasures y te hagas peinados punks.

● Terminar el baño con un regaderazo de agua fría ayuda a tonificar la piel, además de que te despierta mejor que cualquier café.

● **¡SÉCATE MUY BIEN!**, en especial los pies, las axilas y las ingles; la humedad es la principal causante de los malos olores, además de germinar hongos como el del pie de atleta.

104

● Llega una edad en la que todas las personas **DEBEMOS** usar desodorante o antitranspirante. Te vas a tardar en agarrarle bien a cuál es el que mejor te funciona; los hay en barra, en talco, en gel, en aerosol, en roll-on, con alcohol, sin alcohol y veinte mil jaladas más. Los que les funcionan bien a unos, irritan y manchan la ropa de otros. Los desodorantes disfrazan el olor mientras que los antitranspirantes bloquean el sudor, una combinación de ambos es lo recomendable aunque tu mejor opción te la puede dar un dermatólogo, con quien también puedes consultar casos severos de sudoración que se solucionan con productos especiales o inyecciones.

● Si vas a traer el sope al aire, procura no utilizar desodorantes de talco pues la mancha blanca no es muy cool que digamos. Tampoco te apliques mucho desodorante y espera unos segundos a que se seque, pues muchas veces éste es el culpable de manchar la ropa.

Perfumes y colonias

El olfato es el sentido con más memoria debido a lo rápido que viaja al cerebro, es 10 000 veces más agudo que la vista y que el oído; además, es el único de los sentidos que tiene acceso al sistema límbico del cerebro, que es como una central de control en donde se coordina toda la información que envía el resto de nuestros sentidos. Es por eso que lo que se huele se recuerda fácilmente, por ejemplo: cuando olemos la colonia de un ex, la casa de los abuelos, la almohada de la novia o la sudadera que te prestó un amigo, te recuerdan a esas personas.

Si bien la limpieza corporal es nuestra mejor tarjeta de presentación hacia el olfato ajeno, el uso de perfumes y colonias puede agregar un toque interesante a nuestra personalidad. Marilyn Monroe decía que para dormir lo único que se ponía era unas gotas de Chanel #5 para sentirse totalmente vestida. Las recomendaciones son muy sencillas:

- Cada vez que agarres el frasco recuerda esta palabra: moderación. Nadie debe enterarse de que pasaste por ahí simplemente por la estela que dejas.
- Las fragancias se activan mediante el contacto con el calor corporal, por lo tanto las zonas donde se debe aplicar son en las más calientes (y no piensas mal): detrás de las orejas, en el esternón, en las muñecas y en los tobillos, aunque echarte en estos últimos ya es muy mamila.
- La cantidad la dictan los frascos: si trae atomizador, se debe reducir a únicamente una atomización en cada zona. Si el frasco es abierto, se debe voltear presionando con los dedos y aplicar en los lugares mencionados. Nota: La cantidad de colonia que te debes poner de esas que venden en las farmacias patito es de... ¡nada!
- Los aromas frescos, herbales y cítricos son buenos para el día y para usar en la escuela o el trabajo.
- Los aromas fuertes, muy dulces o especiados deben limitarse a usarlos de noche o en ocasiones especiales.
- Tu olor debe reflejar tu personalidad, por lo que busca un perfume o colonia coherente con tu estilo.
- Una buena idea para individualizarnos es crear nuestras propias fragancias. Experimenta y haz mezclas de varias marcas, verás que encontrarás una "receta" que te encante y por favor... guárdala en secreto.

¿Te ruge el océano?... boca y aliento

Si quieres que alguien se la rife a darte un beso, sigue estos consejos:

- Cepíllate los dientes tres veces al día o después de cada comida. Es recomendable hasta cuatro cepilladas, esta cuarta es recién levantado

106

para matar todos los gérmenes nocturnos, para esto es bueno tener un cepillo de dientes en la regadera.

- Lavarnos la boca incluye la lengua, que es en donde se encuentra la mayor cantidad de gérmenes. Cepíllatela de atrás hacia adelante y de preferencia cómprate un limpiador especial de lenguas.
- Después de cepillarte por la mañana y por la noche utiliza enjuague bucal; es toda una diversión aguantar el ardor durante 30 segundos, aprovéchalos para practicar tus mejores pasitos de baile.
- En la última cepillada del día debes usar hilo dental; sí, es una flojera, pero te va a dar más flojera apachurrar los muéganos cuando tengas 60 años.
- Lo ideal sería que siempre cargaras con un cepillo y pasta portátiles para cuando le entres con ganas a los tacos al pastor; pero con que traigas chicles, mentas o cualquier otra monería para el aliento es suficiente.
- Visita al menos cada seis meses a tu dentista y pídele que te explique la manera correcta de cepillarte.
- El problema de los brackets: una de las cosas más molestas de tener brackets es que la comida se te queda atorada entre los alambres y las ligas. Como es prácticamente imposible sacarnos ese ajonjolí con la lengua sin mutilárnosla, lo que debemos hacer es que acabando de comer, o cuando sintamos que algo se nos atoró, disculparnos e ir al baño más cercano a arreglar el problema. No hay que dar explicaciones, la gente sabe lo molestos que son, por lo tanto si tú ves que a alguien con brackets se le quedó comida no lo hagas sentir mal ni le digas que qué asco, bastante sufrimiento trae encima. Ah, y por favor, durante este periodo trata de evitar comer Cheetos.
- ¡Atención, **fumador**!: Paso 1.- Toma un cenicero lleno. Paso 2.- Tírale las colillas y la ceniza. Paso 3.- Lámelo hasta dejarlo limpio y reluciente. Resultados: Ahora conoces la experiencia de lo que se siente darte un beso.

1, 2, 3 por ti que estás detrás del grano

Nunca tienes nada que hacer, pero el tan esperado día de tu súper *date*, de tu graduación o de la foto del anuario, te despiertas ¡y te das cuenta de que te ha salido un grano en la nariz!

Los seres humanos, sobre todo en la adolescencia, somos un coctel de hormonas andante y los cambios hormonales hacen que nos empiece a cambiar el cuerpo y, por supuesto, la piel. Nuestra piel es el órgano más grande que tenemos y por lo tanto tenemos que saber cuidarla, nadie está exento de los granos, pero si seguimos unos cuidados sencillos podremos hacer esta etapa mucho más llevadera:

- Si ves que tienes muchos granos, lo mejor es acudir a un buen dermatólogo (un médico certificado, pues existen muchas personas que se dedican a hacer "limpiezas faciales" y lo único que hacen es darte en la torre).
- Lávate la cara por las mañanas y por las noches con productos especiales o con jabones neutros. Ten cuidado con muchos productos que te pueden quemar con los químicos que contienen, para usarlos acude a un especialista.
- Aunque sea mucha la tentación o sea el hobby favorito de tu mamá, ¡no te los exprimas! ni te los andes tocando. Los granos por sí solos son una infección, no los perjudiques más... mejor maquíllalos.
- Ten mucho cuidado con tallarte o golpearte. Al secarnos con la toalla, ponernos una *t-shirt* o simplemente estarle haciendo al güey te puedes lastimar. En secundaria tenía un amigo que siempre tenía un buen de granos a punto de reventar; un día, echando el fut, cabeceó y terminó con el juego, pues por higiene tuvimos que volar el balón a una barranca.
- Finalmente ten paciencia, de momento sentirás que te mueres y muchas personas te pueden molestar, pero ya verás que en menos de lo que te

das cuenta ya desapareció. Piensa que Ricky Martin y Angelina Jolie han confesado que sufrieron de acné en su adolescencia.

Pelos y pelitos

Estoy convencido de que en los países latinos (y en la adolescencia), si apostamos entre hombres y mujeres a ver quién tiene más pelos en las patas y más bigote, ¡seguro ganan ellas! Esto no es un estereotipo sexista aunque así lo parezca, simplemente es una cuestión natural, por lo que a continuación veremos algunas recomendaciones para mantener el cabello y vello corporal bajo control.

● El mejor corte de pelo es el que no se nota. Debes visitar la peluquería o el salón de belleza al menos una vez al mes, así te evitarás el malísimo chiste de "¿fuiste a la peluquería o te creció la cabeza?".

● No dejes que el peluquero experimente con tu cabeza, no tengas miedo a decirle que no y dale indicaciones precisas de cómo lo quieres. Si no te gustó, ¡dilo!, y no pagues ni te vayas hasta estar de acuerdo.

● A menos que sea nadador profesional, por el tipo de pelo corporal, de preferencia un hombre no debe depilarse. Las partes del cuerpo que un hombre se puede rasurar son la cara y la cabeza. Las partes del cuerpo de un hombre que nunca deben rasurarse son las demás. El pelo del cuerpo puede y debe recortarse, incluso al nivel cero si es el gusto... (sobre todo en ciertas zonas se debe tratar de hacer un trébol con la leyenda "*Lucky You*").

● Estamos en la época de la depilación láser, por eso la que tiene bigote, pelos en las piernas, brazos, espalda y patillas es porque quiere. Si no tienes dinero para la láser, puedes recurrir a la tradicional, el dolor lo vale, ya que los rastrillos hacen que el pelo se haga más grueso y negro además de ser una solución para un par de días.

109

Uñas

El manicure es tanto para mujeres como para hombres. Nuestras manos tienen mucho contacto con las demás personas y son un punto focal dentro de cualquier conversación, por lo que hay que tener en cuenta:

- El básico de cualquier manicure es dejarnos las uñas parejas, remover las cutículas y cortar los pellejitos.
- Revisa diariamente el estado de tus uñas, la mugre entra fácilmente y se debe remover.
- El largo de las uñas de una mujer no debe superar la siguiente regla: mide tus uñas desde el nacimiento hasta donde termina el dedo y divide la cantidad entre dos, esa medida es la máxima que puede tener tu uña desde donde termina el dedo.
- Cuando se te descarapele la pintura de uñas hay de dos: o te las vuelves a pintar o te las despintas todas.
- No hay motivo por el cual puedas traer las uñas descuidadas.
- Las uñas de los pies no se deben dejar crecer (a menos que sea con fines científicos o lúdicos, pero que nadie te descubra).
- Si te comes las uñas, qué asco, mínimo escúpelas. Si te las muerdes y escupes trata por lo menos de limártelas para que no se vean disparejas y astilladas, y no te pierdas más adelante en el capítulo de protocolos la situación dedicada a los malos hábitos.

Los pants y las gorras

Los pants son una prenda meramente deportiva, por lo tanto, si no vas a ir al gimnasio o a hacer ejercicio, ¡evítalos! Sí, ya sé que son muy cómodos y luego no tenemos tiempo de arreglarnos, pero... ¿realmente te tardas mucho más tiempo en ponerte unos jeans que unos pants?

Actualmente muchas marcas de ropa, como Abercrombie & Fitch o Hollister, han creado un tipo de ropa a la que se le denomina Casual-Relax (o sea, el término *fashion* para decir que es ropa para echarla), y dentro de sus líneas incluyen pants y sudaderas con más diseño que la ropa deportiva (y sabiamente los mercadólogos les ponen la marca en las nalgas pues saben que ahí terminarán los ojos). Así pues, es ropa para estar a gusto en tu casa, en una casa de fin de semana con los amigos o para hacer trayectos largos en carretera. No es ropa para ir a clases, al centro comercial o a comer a un restaurante. A su vez, marcas deportivas, como Lululemon, Alo y hasta Nike, han fabricado prendas con la comodidad de las telas deportivas, pero que lucen aptas para ir a la oficina. Sácales provecho si lo que buscas es comodidad.

Las gorras pueden ser un buen accesorio y sobre todo son buenísimas para sacarnos de un apuro cuando traemos un peinado francés a la *Mejetié*; pero son sumamente informales. Evítalas lo más que puedas y trata de que no se conviertan en parte de tu personalidad (estimado Tiger Woods: si estás leyendo mi libro no te preocupes, a ti sí te doy permiso). También recuerda que es de pésima educación comer con gorra y traerla puesta en ceremonias o templos.

Finalmente piensa que te cuesta el mismo trabajo vestirte bien que vestirte mal.

PIERCINGS Y TATTOOS

La verdad sobre este tema es que los tatuajes son un arte y los *piercings* un adorno y una forma de expresión... pero también es verdad que para muchas personas son mutilaciones y algo muy desagradable.

Yo en lo personal soy súper fan de los *piercings* y para mí un buen tatuaje es de lo más cool que hay. La gran mayoría de mis héroes están tatuados y se me hace una excelente forma de expresarnos y de recordarnos de por vida cosas importantes. Yo estoy tatuado y estoy seguro de que no he terminado de hacerlo. También en mi adolescencia y juventud temprana me hice un buen de *piercings*: en la oreja, en la ceja, en el labio y en la nariz y conozco las reacciones que provocan en la gente.

Los tatuajes causan más impacto emocional en los papás, pues aunque sabemos que sí es posible removerlos (aunque no del todo, como veremos más adelante), tiene el significado de que son ¡para toda la vida!, a diferencia de los *piercings*, que te los puedes quitar de un momento a otro y si cicatrizas bien no tendrás ningún registro. Ante el resto de las personas los *piercings* son más impactantes por una sencilla razón: a menos que REALMENTE estés tatuado, la gran mayoría de los *tattoos* están escondidos bajo la ropa casi todo el tiempo; en cambio, la gran mayoría de los *piercings*, al menos los más populares, son faciales o se enseñan, como el del ombligo.

Y acabamos de usar la palabra impactantes pero, la neta, es que ya casi a nadie le sorprende encontrarse a un tatuado o a un perforado. Se ha convertido en una moda de nuestros tiempos que no es exclusiva, como antes, de los rebeldes sociales, los presos o los "rudos"; actualmente hasta tengo amigas fresísimas que, no ellas, sino ¡sus mamás están tatuadas! y no precisamente del delineador de ojos.

Como en todo arte, la cuestión de los tatuajes es muy relativa. Así como en la música tienes el heavy metal y el pop, o en la pintura puedes ver un cuadro de angelitos o uno de demonios, en los tatuajes no será lo mismo una calavera del tamaño de todo el brazo, que una estrellita en el tobillo. En gustos se rompen géneros, pasa lo mismo con los *piercings*: no es lo mismo ponerte un brillantito *fashion* en la oreja, que un "Prince Albert" (ahí te lo dejo de tarea para tu próxima ociosidad en la red). También existen cosas mucho más gruesas como las extensiones, los implantes y las escarificaciones, siendo estas últimas las más cañonas pues son diseños hechos con quemaduras y cortadas que cicatrizan queloide (gordito) a propósito. La decisión es tuya, lo único es que si estás pensando en hacerte un tatuaje o un piercing debes tomar en cuenta las siguientes recomendaciones:

- Espera a tener 18 años para hacértelo, no tanto porque no seas grande para decidir, sino porque en un lugar serio nunca te lo van a hacer.
- De preferencia platícalo con tus papás, así podrás en el mejor de los casos obtener su aprobación, o al menos sabrás cómo van a reaccionar.
- Háztelo porque realmente quieres y estás convencido, no porque todos los de la bolita se lo van a hacer, por presión o porque es la única forma de pertenecer a un grupo.
- Nunca lo hagas de manera intempestiva, como en la peda o cuando andas depre.
- Si te vas a hacer un tatuaje piensa y reflexiona muy bien el diseño, hazte algo que sea simbólico y muy tuyo.
- Olvídate de los tatuajes de moda como los soles, las letras chinas, los gekos y los tribales; muchos los tendrán y es más fácil que te arrepientas.
- Nunca te hagas un tatuaje "de parejitas" y por nada del mundo te tatúes el nombre o la inicial de tu novio o novia: tu ex te perseguirá de por vida. De hecho, los únicos nombres que se recomiendan tatuarse son el propio, el de un hijo y el de un allegado que falleció.
- De preferencia háztelo en un lugar que no veas todo el tiempo ni todos los días, pasarán meses y hasta años sin que te acuerdes de que lo traes. También evita zonas que no puedas ocultar, como manos y cuello.
- Como mujer, piensa que es mucho más difícil esconderlos, sobre todo con vestidos escotados de la espalda, faldas y zapatos abiertos.

- Piensa que entre más piercings y más tatuajes traigas, más cerrarás los canales de comunicación con las demás personas pues te irán percibiendo como más agresivo.

- Inviértele lana, tal vez el mejor tatuador también sea el más caro, pero si a la ropa que te va a durar un año le inviertes lo que le inviertes, imagínate a algo que puede ser para toda la vida. Un tatuador profesional es un artista; un tatuador improvisado es un criminal.

- Checa que sea un establecimiento serio y profesional, que cuente con los requisitos y permisos de la Secretaría de Salud y que el artista tenga un portafolios de trabajos realizados. Nunca lo hagas en el tianguis o en una casa particular.

- Supervisa el procedimiento: las agujas y la tinta vegetal deben ser nuevas y venir selladas, el equipo debe estar recién esterilizado al vapor y el artista debe utilizar guantes quirúrgicos y tapa bocas esterilizados y cambiarlos si toca otra cosa. Al terminar debe tirar todo (menos su máquina) a un bote de basura de materiales peligrosos y darte claras instrucciones del cuidado de tu tatuaje o perforación.

- Los *piercings* deben ser de acero inoxidable, oro o titanio; los primeros son los más comunes. Evita los de plástico.

- Como se usan agujas, si no se hace con higiene puedes contraer sida o hepatitis C.

- Es un mito que si te haces un tatuaje no puedes donar sangre de por vida; la realidad es que no lo podrás hacer durante un año; pero igual pasa con los *piercings* y hasta con la acupuntura.

- Los *piercings* pueden traer infecciones en la piel con pus y sangre, y tal vez uno que otro piense que eso es desagradable.

- Nunca puedes estar seguro de cómo cicatrizarás, tal vez el tatuaje te produzca una reacción y puedes llegar a formar una cicatriz queloide (esas que se ven botadas y rositas), o bien, que el piercing después de quitártelo te deje una marca de por vida. A mí, por ejemplo, me quedó una bolita abajo del labio inferior.

- En muchas empresas piensan que los *tattoos* y los *piercings* son poco profesionales, por lo que en sus políticas de contratación los prohíben. Si no se te ve tendrás que ocultarlo y vivir mintiendo; si se te ve, será un motivo para que no te den la chamba.
- Los tatuajes y *piercings* necesitan de cuidados. A los tatuajes es preferible que no les dé el sol y deben retocarse pues se van haciendo opacos. Los *piercings* deben lavarse y desinfectarse, ya que tardan mucho en cicatrizar y es como si trajéramos una herida abierta. También hay que tener cuidado con jugar con ellos pues nos podemos lastimar; a mí el de la boca me fue bajando poco a poco la encía hasta que me tuvieron que hacer una operación dolorosísima que requería de injertos del paladar, y que por supuesto mis papás no pagaron.
- Si estando en el establecimiento en algún momento dudas en hacértelo, salte de inmediato y medítalo con más calma; puede esperar.

¿Y si ya no lo quiero?

Nunca te hagas un tatuaje pensando en que de todas maneras te lo puedes quitar cuando quieras. Si bien es cierto que te los puedes quitar con láser, checa el siguiente testimonial de mi amigo Memo, quien hoy tiene 31 años y se removió 7 tatuajes:

Duele cañón, impresionante. Si ponértelo te duele 1, quitártelo te duele 40 o más. Además es tardadísimo, yo estuve 3 años y medio de mi vida todos los lunes yendo a sesiones que eran un martirio; y es que te van quemando la piel, y cuando ésta se cura y se regenera, ¡te la vuelven a quemar! Diga-

115

mos que viví más de 3 años con quemaduras de tercer grado por todo el cuerpo. Además no quedas como antes, te queda una mancha y tienes también el riesgo de cicatrizar queloide. De la lana ni se diga, es carísimo porque te cobran por centímetro; no recuerdo exacto cuánto, pero eran alrededor de 2 500 pesos por centímetro.

Al preguntarle a Memo el porqué de la decisión de quitárselos, muy serio me respondió: "Desgraciadamente la gente te juzga mucho por la apariencia, es muy prejuiciosa y se crean una realidad de ti que no corresponde a quien realmente eres. Yo no estaba dispuesto a que por la ignorancia de algunos no le pudiera dar a mi familia lo que se merece".

Por lo tanto, amigos... piénsenlo muy bien.

LENGUAJE CORPORAL

Nuestro cuerpo habla y además no sabe mentir. Cuántas veces no has visto a un güey en una fiesta y sabes que es mamilísima por el simple hecho de cómo camina, la manera en que ve a los demás, los gestos que hace y cómo se mueve en general. Y es que nuestros movimientos corporales generan un camino directo al corazón de las personas, que cuando nos ven empiezan a sentir cosas positivas o negativas acerca de nosotros. Hemos hablado acerca de la importancia de la apariencia física, pero ¿de qué te sirve vestirte como una bomba si la vas a desactivar con tu lenguaje corporal?

El lenguaje corporal incluye nuestra postura, el caminado, los gestos y ademanes, el contacto visual ¡y hasta la manera en que tocamos a los demás! Por ejemplo, no es lo mismo llegar a saludar a alguien normalmente, que llegar a saludarlo y ponerle una mano en la espalda; comunicas cosas muy diferentes. Por lo tanto hay que hacer conciencia de lo que nuestro cuerpo está comunicando y de que nos puede estar contradiciendo. Imagínate que quieres comunicar seguridad y dinamismo, pero estás con la cabeza agachada, sin entablar contacto visual y reclinado hacia atrás en un sillón, ¿te das cuenta de lo que está diciendo tu cuerpo?

LA SONRISA

La sonrisa es un gesto universal. Quiere decir que todas las personas en todas las partes del mundo la interpretan igual y que rompe con todas las barreras de raza, sexo, cultura, edad, religión, nivel socioeconómico y nivel cultural. Todos al ver sonreír a alguien lo decodificamos como empatía, amabilidad y seguridad.

Y la seguridad va por dos vías: por un lado, hacemos sentirse seguras a las personas, y por el otro, nos sentimos más seguros de nosotros mismos. Y es que cuando sonreímos nuestro cuerpo genera endorfinas, también llamadas las hormonas del placer, que también generamos cuando hacemos ejercicio, comemos chocolate, nos estamos divirtiendo, besamos y hacemos otras cositas... Por lo que al sonreír nos sentimos bien, tenemos más confianza en nosotros mismos y proyectamos una imagen más cool ante los demás.

La sonrisa es el medio más importante para transmitir confianza; con ella atraerás a las demás personas y las cautivarás con tu encanto. Ensayemos nuestra sonrisa; sonríe y ésta se te regresará multiplicada. No sonriamos y nos tacharán de amargados, aburridos, mamilas y quién sabe qué otras cosas más.

Si no te gustan tus dientes acude con un cosmetólogo dental. Te sorprenderás de las técnicas modernas, rápidas e indoloras que ahora existen para tener la dentadura y sonrisa de Julia Roberts o Jim Carrey.

EL CONTACTO VISUAL

Junto con la sonrisa, el contacto visual es la acción que abre los canales de comunicación y genera confianza. Cuando vemos a los ojos de otra persona estamos haciendo reconocimiento de su calidad individual, quiere decir que al vernos nos damos cuenta de nuestra existencia y dejamos de ser dos seres desconocidos en el mundo. Al no ver a los otros a los ojos, los estamos "cosificando", o sea, tratándolos y reduciéndolos al mismo nivel de las cosas, como si fueran un mueble o una pared. Esto es muy desagradable y produce una sensación de desconfianza, inseguridad, falsedad y disgusto por el otro. Cuántas veces no te han estado regañando y te dicen la clásica frase: "¡Y veme a los ojos que te estoy hablando!", lo que pasa es que no verlos los enoja mucho más.

El gran enemigo a vencer es la timidez. Como nos sentimos inseguros de mostrarnos ante los demás, le hacemos como el avestruz, que supuestamente cuando tiene miedo mete la cabeza en la tierra pues piensa que si no ve, tampoco lo ven, sin darse cuenta de que tiene todo el cuerpezote por fuera. Establecer contacto visual significa vencer el miedo de conocer y dejar que nos conozcan, porque cuando vemos a los ojos de los demás se construye un puente que va directo al corazón.

La próxima vez que vayas a una fiesta haz el siguiente ejercicio: en lugar de entrar fingiendo demencia y haciéndote el cool hasta encontrar a tus amigos y amigas, prueba ver a los ojos a los integrantes de otras bolitas y sonríeles, verás cómo más de una persona te saluda aunque sea con la cabeza. Seguramente después de que pases todos se preguntarán entre ellos quién eras; pero por lo pronto ya te saludaron. Te darás cuenta de qué fácil es hacer amigos y hasta ligar utilizando la sonrisa y la mirada.

UN INSTANTE Y TODA UNA VIDA

Para cerrar el capítulo de imagen física, vamos a tocar un tema muy delicado que afecta a 2 de cada 10 personas y que se relaciona directamente con nuestra Imagen Interna; vamos a hablar de la anorexia y la bulimia.

(**Nota para los hombres:** chance piensas que estos temas afectan únicamente a las mujeres, pero no es cierto, los hombres —aunque en menor

medida— también están en riesgo de caer en las garras de estas terribles enfermedades, además, tenemos que darnos cuenta de que muchas veces nosotros somos
los principales responsables de estos trastornos debido a nuestros comentarios
y forma de pensar; por lo tanto, este tema también es para ti.)

No soy experto en el tema y mucho menos pretendo abordarlo desde un
punto de vista médico o científico, por lo que no hablaremos de cuáles son
sus síntomas, ni de cómo prevenirlos; personas calificadas ya han escrito mucho sobre estos temas y en internet podemos encontrar muchísima **información** sobre las desgraciadamente llamadas "enfermedades de moda"; por favor
acércate a esa valiosa información pues del conocimiento se desprende la pre-
vención. Aquí hablaremos de los trastornos alimenticios desde el punto de vista
de la **imagen pública**.

¿Qué imagen te creas de alguien cuando te dicen que tiene anorexia?,
¿qué sientes cuando ves a alguien que evidentemente tiene una enfermedad?...
Reflexiona un rato sobre estas preguntas y empezarás a ver la desgracia de la
anorexia y la bulimia desde la óptica de la imagen pública.

El problema más grave de los trastornos alimenticios es la distorsión tan
cañona de la percepción. Quien no está enfermo cambia de manera radical la
manera de percibir a una persona que tiene anorexia o bulimia; y quien padece
la enfermedad empieza a separar abismalmente la percepción de la realidad,
distorsiona la percepción sobre su apariencia, su peso y sobre lo serio que es
padecer una enfermedad mortal, al grado de que podemos encontrar en internet páginas de personas que apoyan y celebran su extrema e insana delgadez
como si fuera algo cool.

Para escribir este capítulo le pedí ayuda a Pé, una excelente Consultora en
Imagen Pública® y amiga que vivió por muchos años la desgracia de la anorexia
y la bulimia, y a quien le pedí que me contara su experiencia y que me respon-
diera a la pregunta: "¿Cómo afectaron estas enfermedades tu imagen pública?".

Pensaba desarrollar este capítulo basándome en las pláticas que tuve con ella, pero después recibí una carta que haría que se quedara corta cualquier descripción que yo pudiera dar. He aquí su testimonial:

Estimado Álvaro:

No sé si he podido responder a todas tus preguntas, tampoco sé si he podido transmitir la cárcel o infierno que es vivir una experiencia como ésta. No he dejado de pensar en lo peor de todo esto... analizarlo desde una visión de la imagen pública.

Cuando una pasa por esto, la enfermedad se convierte en un estigma. Las personas te marcan y te tachan de loca, además de que opacan y demeritan cualquier triunfo que pudieras tener; por ejemplo: "Fue el lugar número uno de su clase... sí, pero es anoréxica". Cuando la gente no lo sabe y te ve, te describe así: "Sí, mira, es la güerita flaquita que parece modelo...". Cuando saben que estás enferma o lo estuviste dicen: "Sí, mira, es la anoréxica esa...", y es que el ser humano es cruel y visto así nadie se atreve a denunciarse a sí mismo.

El círculo de la delgadez es vicioso porque, como cualquier dependencia, al principio te ofrece muchas satisfacciones, estar flaca no cabe duda que gusta, se aprecia y hasta se envidia. Cuando uno comienza a adelgazar todo el mundo te dice cosas buenas y hasta se disfraza de salud y de cuidado personal; me atrevería a decir que hasta de amor propio... Hasta ese momento una se siente en control de la situación y la aceptación también causa vicio, así que por un breve lapso de tiempo (en mi caso) te sientes la mujer más feliz.

Y respondiendo a tu pregunta de que si sabía lo que estaba haciendo... la respuesta es SÍ, estás consciente de que estás dejando de comer, haciendo a un lado lo saludable, una sabe sus técnicas, aprende a conocer su cuerpo, aprende a retroalimentar su vicio, aprende a alimentarse de reconocimientos mal logrados que sabes que son mentiras, y como las mentiras no son correctas, nace la culpa... y a sabiendas te dices: "Bueno, un poquito más...".

Al principio una se debate entre lo que es bueno y malo, pero no importa, la gente te acepta y gustas, y eso hace que te sigas empeñando en la belleza asesina y el éxito encubierto. Sigues y sigues hasta que se te va de las manos y la delgada atractiva se convierte en el esqueleto andante, en la palidez, en la tristeza, en el color amarillento de la muerte.

El cuerpo no engaña y lo que uno piensa, siente y experimenta sale a la luz, en el intermedio te sientes morir y después llega la emoción reinante de la enfermedad: la muerte en vida, y es así como estás, sabiendo que en cualquier momento te vas a morir. Es en ese momento donde una mira hacia atrás y se pregunta: "¿En qué momento he perdido el control?". Y luchas por regresar a como eras antes, no antes de ser delgada, sino a ese momento donde estabas delgada, la gente te aceptaba, gustabas y creías tener el control...

Así comienza la tortura, la perdición, la confusión, el encierro, la soledad, la ansiedad, la desesperación y la matanza. Ya no te reconoces, a decir verdad ya no sabes cómo volver a ser aquella belleza exitosa momentánea y renuncias volver al anonimato, porque en ese momento ya perdiste cualquier capacidad objetiva de mirarte a ti misma, cualquier capacidad de reconocerte...

Es en ese instante cuando comienzas a morir en vida, a perder la capacidad de enfrentar cada día, a perder la ilusión, el interés, todos tus sueños se convierten en pesadillas. No tienes fuerzas para nada, pero algo te dice que si no te mueves te convertirás en la mujer más gorda del planeta. No sé, Álvaro, sólo recuerdo haber llorado mucho, haber gritado contra la almohada mil y una veces, haberme golpeado a mí misma para despertar: no comes, no duermes, no hablas, el vómito es bilis, es sangre, es dolor, la sensación de vacío y hambre es insoportable.

Yo tuve una noche, un instante:

Era la madrugada de un jueves, alrededor de las 4 de la mañana, juraba haber cerrado el libro de la escuela a las 2:15 a. m. Ya me había despertado, ni hablar. Una vez más no podía dormir. Estaba mareada, me dolía todo el cuerpo y tenía muchas náuseas, me levanté al baño, prendí la luz y fui directa al escusado y me incliné como tantas veces frente a él, pero esta vez realmente no podía sostenerme.

Una vez más ahí estaba yo, las piernas me temblaban, tenía mucho frío y mi corazón latía desesperadamente, la luz del techo me daba directo, tanto que podía ver la silueta de mi rostro en el agua de aquel retrete de color rosa pálido; me desvanecí hasta caer de rodillas frente a él aferrándome a sus laterales. A dos metros tenía una pared cubierta de un espejo de techo a piso y, como si me llamase, volteé, me miré... no parecía ser una mujer de 21 años, aquel pantalón de pijama se escurría en mi cuerpo, la camiseta sin mangas dejaba ver cada fibra de aquello que alguna vez fue un brazo saludable... totalmente vencida, derrotada, volví a hacerlo, me incorporé un poco para intentar volver el estómago vacío y muerto de hambre, insistiendo una y otra vez en que saliera algo aunque fuese cualquier cosa, el resultado fue sangre en coágulos; me moría de miedo...

Al ver aquello cerré los dientes y me mordí la mano, la mano que durante tanto tiempo había sido mi herramienta de aquel vicioso trabajo; la mano que tenía los dientes perfectamente delineados en los nudillos de tanto intento. Me derrumbé, me senté en aquel frío mármol, abracé mis piernas contra el pecho y lloré, lloré tanto como nunca lo he vuelto a hacer. Al lado de mí, el enorme espejo en el que algún día me miré y me sentí tan bella y exitosa, esa noche me devolvía una imagen fantasmal: mi cara era del color de la cera, mis ojeras moradas, mi pelo fino y poco, el rostro hinchado, las venas del cuello un delito, mis manos estaban lastimadas y mis uñas... no había uñas, eran muñones y la piel era fina, arrugada y seca, mi rostro había envejecido mil años. La curvatura de mi espalda dejaba ver cada hueso, el pecho era plano y el esternón el único implemento decorativo, los pantalones ya no tenían dónde detenerse: donde hubo cadera había dos huesos a punto de salir de la piel, mis costillas sobresalían del resto del tórax, me costaba respirar y mi corazón seguía a mil por hora... me odié mil veces por estar ahí así, me avergoncé de mí misma.

Me arrastré hacia el espejo y fui poniéndome en pie, me miré detenidamente a diez centímetros de él y sólo pude preguntarle cómo era que había llegado hasta ahí; la sangre seguía alrededor de mis labios... todo me dolía, tenía frío y hubiese dado cualquier cosa por un abrazo... Ahí me quedé mirando aquel fracaso de mujer, de ser humano, y lloré hasta que se hizo de día. Otro día con menos fuerza que ayer, pero con más miedo. No había más que volver a esa muerte en vida.

El espejo me dio la oportunidad de haber visto el resultado de dos años de lucha incansable por ser lo que otros aplaudían y envidiaban, y que yo había disfrutado, padecido y finalmente odiado, pues no sé yo ya a quién odiaba más: si a mí misma o a tantos aquellos que con sus comentarios, halagos y reproches se convirtieron en cómplices de aquel presente; a ese novio y a esos padres que me hacían sentir que pasada de peso no valía... ¡Y lo peor del caso es que nunca fui una niña gorda!, al contrario, estaba como lo que hoy se considera "buenota".

Después de aquella noche que por fin me había dejado ver la realidad, volví al espejo con la esperanza de verme otra vez así de mal y derrotada, con la esperanza de despertar, de salir de todo aquello, pero sólo volví a ver el gordo de mis muslos y la redondez de mi cara... ¿puedes creerlo? Yo tampoco.

Ahora sí estaba perdida, cuántas imágenes de mí, ¡quién era yo! ¿Cuál de ellas sería la realidad? Dos días después mi mamá me descubrió en aquella posición ya tan característica en mí, frente a aquel inodoro rosa y con los dedos en la boca. Creo que inconscientemente hice todo para ser descubierta... y tuve suerte de que hubiese sido así. Mucha suerte porque después del primer regaño me desmoroné, pedí perdón a gritos y recibí ese abrazo que tanto tiempo estuve esperando. Y tuve suerte, mucha suerte.

Los 10 años de terapia no fueron sencillos porque ahí comenzó otro miedo, el miedo con el que hoy sigo viviendo, el miedo consciente porque ya sabes quién acecha y quién mata. Esto no se cura, es como el alcoholismo, te sigue sorprendiendo cada día a cualquier hora, es tarea continua poder reconocer sus disparadores, preverlos y prepararte cuando aparecen. Hoy hay días en que me sigo viendo gorda en el espejo, ¡nadie lo entiende!, nadie puede entender que veas lo que ves, pero aprendes a saber que eso no es la realidad. Al principio de la terapia tenía que evitar los espejos y hasta debía bañarme con la luz apagada para no verme desnuda.

En mi terapia, de 10 mujeres, 3 murieron; una de inanición, otra por complicaciones de las secuelas y otra más que se ahogó con su propio vómito y no pudieron revivirla. De las 7 restantes hubo de todo. En mi caso decidí acabar de morir en vida y volver a empezar con lo que tenía, me replanteé quién era y le doy gracias a la vida porque ahora me gusta lo que veo; me caigo mejor, me quiero más, me valoro más, me cuido más y en definitiva soy más feliz.

Los pocos que supieron sobre mi caso cambiaron su actitud rotundamente, en diferentes formas pero todas negativas. Te miran con desprecio, con lástima y con una enorme desconfianza. Todo lo que hagas de ese momento en adelante será juzgado en detrimento de tu propia persona, cada paso que des será estudiado, analizado y visto como peligroso. Regresas al inicio de tu vida, lo que habías avanzado retrocede, las confianzas ganadas se pierden y ya no tienes credibilidad, ¡y además se te cae la cara de vergüenza!

No hay de otra, es el precio que tengo que pagar por mis acciones, esto siempre será parte de mi pasado, de mi presente y de mi futuro; ya que, como decía, es para siempre. Te quedan secuelas en todo el cuerpo, te puedes recuperar de algunas, pero desgraciadamente otras son irreversibles. En mi caso, la piel sufrió despigmentaciones, se me debilitaron el pelo, los dientes y las uñas (ésas no me volvieron a crecer bien nunca más); aunque quise subir de peso ya no puedo comer como la gente normal, mi cuerpo lo rechaza. Por lo pronto ya me fui olvidando de todo lo animal. Por problemas metabólicos que afectaron mis riñones, ya no puedo tomar alcohol y nunca podré tener un peso normal, porque mi cuerpo ya no puede trabajar al mismo ritmo, amén...

En definitiva no es cool ser anoréxica ni bulímica, no tanto por el rechazo que irremediablemente causas en los demás, sino por el propio rechazo que tú te causas. Hay que aceptarnos como somos, nadie es perfecto, pero todos somos maravillosos. Yo no tuve esta oportunidad de que alguien me dijera que era maravillosamente imperfecta y que todo se definiría más adelante. Yo no tuve esta oportunidad y hoy vivo así, lidiando con secuelas, con fantasmas, guardando un secreto y soportando la amenaza del estigma social...

Ésta ha sido la primera vez que no me echo a llorar frente a alguien al contar mi historia y eso tengo que agradecértelo, has logrado algo grande en mí. Por primera vez he contado esto no para desnudarme ante nadie, ni con la carga que implica saber que los juicios sobre mi persona cambiarán en un instante; esta vez mi historia ha tenido otro motivo: hacerme explicar en la medida de mis posibilidades para ver si te sirve a ti y, desde tu posición, puedas ayudar a tantos jóvenes que van a leer tu libro. Por favor diles que pidan ayuda a profesionales, que de esto una nunca sale sola y que no tienen que sufrir tanto ni hacerse más daño; ¡es posible salir, que pidan ayuda! Ojalá les sirva de algo lo que te he contado.

He evitado detalles que puedan incitar al intento de que se hagan daño, por eso quizá no he podido ser más descriptiva, yo sé bien que en un momento de debilidad cualquier "receta" es válida, y muchas niñas créeme que piensan que es mejor matarse de hambre un ratito, pero ese ratito, ¡ESE INSTANTE SE CONVIERTE EN UNA VIDA!

En fin... te agradezco enormemente la experiencia de no llorar. ¡Ves, todo tiene bendiciones ocultas! Gracias nuevamente, un abrazo...

Pé.

Gracias a ti, Pé. Tu fortaleza y amor por la vida son un **ejemplo** que se ha quedado dentro de nosotros... Ya trascendiste.

¿Te das cuenta de cómo, además de ser un problema de salud, es un enorme problema de imagen pública? Recuerda que nadie más que nosotros dicta nuestra autoestima, todos tenemos cosas que no nos laten de nuestro cuerpo y que nos gustaría cambiar, pero lo mejor es aceptarlas y aprender a vivir **con ellas**.

No te creas mucho lo que sale en las películas, en las revistas ni en las redes, si bien hay personas más agraciadas que otras, no existe la belleza perfecta; pregúntale a Gisele Bündchen y seguro te dirá que hay algo que no le gusta de su anatomía. El problema es que nos dejamos llevar por un estereotipo de belleza, es por esto que el tipo de modelos anoréxicas de finales de los 90 hicieron que el canon de belleza femenino se copiara.

Después, los cuerpos curvilíneos empezaron a desplazar a las esqueléticas siluetas que dominaron el mundo del espectáculo y la moda durante los últimos años... a esto se le llama "la revancha de las curvas".

Las mujeres famosas del medio artístico que están *in* reflejan que el molde de las anoréxicas está *out*. Sólo basta echar un vistazo a la anatomía de las estrellas del momento, como J. Lo, Kim Kardashian, Shakira o Beyoncé.

Están de moda las curvas, y lo importante aquí es que muchas mujeres están aceptando su cuerpo y aprendiendo a sacarle provecho. Da mucho gusto que esto esté cambiando, pues no todas las mujeres pueden estar tan delgadas, y menos las latinas, que por más flacas que estén su estructura tiende a tener más carne (¡Gracias a Dios!).

PROTOCOLOS

L os protocolos no son otra cosa más que las buenas maneras; quiere decir que son todas las normas de conducta y comportamiento que damos por hecho que vamos a observar cuando tratamos con alguien. Muchos de estos protocolos nos son tan cotidianos que hasta nos parecen lógicos, el problema es que al tratarse de actividades tan comunes muchas veces les restamos importancia y atención, afectando así nuestra imagen ante los demás.

Muchos otros protocolos nos generan dudas; por ejemplo, qué cubierto sirve para qué cosa en una cena formal o cómo debo comportarme cuando hago el oso. Y al no saber comportarnos nos ponemos muy nerviosos o hacemos las cosas mal, perdiendo la **imagen cool**.

Por lo tanto, el objetivo de este capítulo es que hagamos conciencia sobre la importancia de las cosas que ya sabemos y que aprendamos mucho respecto de las situaciones que nos generan duda. Una Imagen Cool se conformará de la unión de todos los pequeños detalles que entran en juego cuando tratamos con los demás; y para lograrlo, revisaremos de manera libre muchas situaciones y daremos consejos que nos ayudarán a tener bajo control los protocolos.

Hace años (de hecho, siglos; para ser exactos, en 1853) se escribió un libro que se conoce como "El Manual de Carreño", se le llama así por el apellido de su autor, ya que el título completo es un poquito rebuscado: *Manual de urbanidad y buenas maneras para uso de la juventud de ambos sexos en el cual se encuen-tran las principales reglas de civilidad y etiqueta que deben observarse en las diversas situaciones sociales, precedido de un breve tratado sobre los deberes morales del hombre* (¡ay, güey!, cómo te quedó el ojo). Y este libro se convirtió rápidamente en referencia de lo que "debía ser" en cuanto a los protocolos. ¡El problema es que muchas personas lo siguieron tomando como referencia todo el siglo pasado y algunos lo usan hasta nuestros días!, haciendo que se perci-biera a los protocolos como algo inflexible y de flojera y exclusivo para algunos "elegidos". Como creo que las cosas han cambiado un chirris desde el siglo XIX, antes de empezar déjame decirte

Qué no son los protocolos:

ALGO DEL PASADO: Día con día surgen nuevos protocolos, desde cómo usar el teléfono celular hasta el tratamiento de los grupos de WhatsApp. Además, muchísimos principios de comportamiento de épocas más remotas a Carreño siguen vigentes el día de hoy.

REGLAS RÍGIDAS: Recuerda que en las Netas de la Imagen Cool dijimos que ésta es dinámica y relativa. Los protocolos cambian con el tiempo y deben adaptarse a distintas situaciones. No son reglas, sino recomendaciones para hacer que los demás se sientan bien y librarnos de problemas.

ALGO DE LA REALEZA O DE LOS MUY RICOS: Los protocolos son para todas las personas y no excluyen nivel socioeconómico, edad, sexo, raza o cualquier otra característica. Nadie es inmune de ser mejor percibido mediante las buenas maneras.

Mamilez: No se trata de ser refinado en exceso o de comportarse diferente a los demás como diciendo "yo soy más que tú, ya que tú no tienes clase"; al contrario, se trata de comportarnos como deberían comportarse todas las personas.

Entendido esto, analicemos 30 situaciones por las que comúnmente atravesamos y demos recomendaciones sobre cómo actuar ante ellas para lograr la tan deseada **Imagen Cool**.

CÓMO SER COOL ANTE ESTAS 30 SITUACIONES

SITUACIÓN #1: La puntualidad

No hay nada más molesto que un impuntual. Qué tal cuando quedan de pasar por nosotros a las ocho y media para ir a una fiesta y estamos listos, puntuales, pero debemos esperar una hora como imbéciles a que se dignen a pasar por nosotros; o cuando se arma el plan de fin de semana y te quedas de ver a X hora con tus amigos en casa de alguien y siempre hay uno que retrasa la salida pues se le hizo tarde... ¡simplemente te cae gordo! Y es que la falta de puntualidad es una total falta de consideración y respeto a los demás.

El tiempo es una de las mayores riquezas que poseemos y por lo tanto debemos cuidarlo. La puntualidad siempre será un valor agregado en nuestra imagen pública y un destructor de ésta si no la cumplimos. La puntualidad es extremadamente importante, sobre todo cuando se trata de una buena primera impresión (una *date*, una comida con los nuevos suegros o una cita de trabajo). El problema es que en Latinoamérica somos sumamente impuntuales, al grado que en las invitaciones de las bodas publican que el evento empezará media o una hora antes de lo real, y como ya nos sabemos el "truquito" ¡seguimos llegando tarde! La gente llega tarde al cine, conciertos, teatro y comidas, lo que no sucede en otros países en los cuales te cierran las puertas y ya no puedes entrar por respeto a todos. Ahora bien, a veces nos puede pasar que nos olvidemos de la hora que es, que estemos clavadísimos en el celular, que calculemos mal el tiempo de una jeta o que simplemente nos retrasemos a causa de un imprevisto, como el tráfico o una llanta ponchada. Estas excepciones son fácilmente tolerables por los demás, pero ojo con lo que dice: EXCEPCIONES, pues las personas que siempre se retrasan pueden llegar a desesperarnos y les daremos una imagen de irresponsables, irrespetuosos y egoístas.

He aquí unos simples consejos que nos ayudarán a ser puntuales y, por lo tanto, a tener una mejor Imagen Cool:

- Adelantar nuestros relojes cinco minutos y vivir sobre ese horario. Es bien importante no hacer trampa, ya que si tomamos conciencia de que el reloj está avanzado pues no sirve de nada. De esta forma llegaremos puntuales a todos lados pues esos cinco minutitos son vitales. Y sí, puedes hacer esto en tu celular y cualquier dispositivo con la sencilla programación de desactivar el horario automático.
- Llegar a cualquier cita con 10 minutos de anticipación es una buena costumbre, pero anticiparse más es de mal gusto y podría incomodar a la otra parte (además de que serás percibido como que no tienes nada mejor qué hacer). Trata de no adelantarte demasiado, pero ante todo, nunca llegues tarde.

  Programemos antes de dormirnos nuestra agenda, rutas y tiempos del día siguiente. Organicemos nuestros días sin congestionarlos, teniendo previsión aun de lo imprevisto; si ponemos dos compromisos en el mismo día y sabemos que a uno de ellos llegaremos justos o un poco retrasados, mejor posponemos uno para no quedar mal.

● Si por imprevistos fue imposible llegar puntual solamente ofrece disculpas, y no des explicaciones y excusas. Pretextos como culpar al tráfico,
al clima y demás sólo harán que la otra parte se cuestione "¿y por qué
yo sí pude llegar a tiempo?".

● Si se presentan retrasos, un mensaje avisando que vamos a llegar tarde
puede resolver la mayoría de las situaciones, pues la otra persona puede hacer más cosas y no estar esperando como güey.

Seguro puedes llegar a pensar en por qué esforzarnos en ser puntuales si
todos los demás son una bola de impuntuales. Quiero que sepas que si te empiezas a hacer una imagen de que tú sí eres puntual los demás respetarán tus
tiempos, pues saben que contigo hay que ser puntuales.

SITUACIÓN #2: ¿De tú o de usted?

Es común que nos encontremos en la incómoda situación de no saber si a una
persona que acabamos de conocer debemos hablarle de tú o de usted. Si bien
en los tiempos actuales se ha perdido la cortesía de hablarles de usted a todas
las personas, en la actualidad, y sobre todo como jóvenes, el mantener el respeto ante ciertas personas en el primer contacto puede darle puntos a nuestra
imagen pública.

Muchos, al momento en que les empieces a hablar de usted, de inmediato
te pedirán que los tutees, por lo que debes tomarles la palabra, pero es muy
importante que ELLOS TOMEN LA INICIATIVA, por lo que si no lo solicitan el
trato deberá seguir siendo formal. Las personas a las que debes hablarles en
primera instancia de usted son:

● A todas aquellas que no sean de tu generación y pertenezcan a una
mayor. Para que mejor lo entiendas, si piensas que alguien podría ser

tu papá o mamá, háblale de usted; si crees que podrías haber ido a la universidad en el mismo periodo o no se vería mal si fueran pareja, háblales de tú.

- A los que realmente veas ya muy viejitos, tipo abuelito de cuento (porque actualmente hay abuelos muy bien conservados), el trato siempre debe ser de usted y podemos anteponer el Don o Doña.
- A los papás de nuestros amigos es bueno decirles Señor o Señora. Esta misma regla se aplica a los suegros (aunque muchas veces prefieras decirles "jijos de su...").
- A las autoridades académicas y maestros, sin importar la edad. El clásico "Oiga, prof...".
- A policías y militares sin importar el rango, aunque sea el casetero de la privada al que le dices: "Cómo le va, mi poli...".
- A los ministros religiosos de cualquier creencia... bueno, a los de la Iglesia de Maradona no.
- A tus jefes del trabajo (aquí también se antoja el "jijo de su...").
- A los trabajadores de atención al cliente como meseros, recepcionistas, vendedores de tienda, elevadoristas, recamaristas. Un clásico es dirigirse al mesero, aunque sea un viejito, bajo el nombre de "Oiga, joven, le encargo...".

Finalmente, si dudas aplica siempre el usted. Más vale quedar como apretados que como irrespetuosos.

SITUACIÓN #3: ¿De beso, de mano o de abrazo?

Cuando tenía 13 años me fui a un *camp* a Estados Unidos. Transcurridas unas semanas nos convocó la directora a todos los latinos para llamarnos la atención, pues muchas alumnas gringas se habían quejado de que las saludábamos de beso y porque veían que todas las mañanas así nos saludábamos entre los latinos. Esto puede ejemplificar las confusiones que a veces se dan en un protocolo tan sencillo como saludar debido a las diferencias culturales, pero también puede suceder dentro de nuestra propia cultura por muchas situaciones. **Es por eso que hay que saber cómo saludar.**

El saludo es un protocolo que también es parte del lenguaje corporal, ya que, como vimos, la manera en que tocamos a los demás comunica, pero en muchas ocasiones si rebasamos la línea de lo permitido podemos hacer sentir incómoda a la otra persona y dañar nuestra imagen. Al saludar, mediante el contacto físico le estamos comunicando a la otra persona que es bienvenida y aceptada en nuestra vida, además de mostrar aprecio por su presencia; es por eso que es tan fuerte negarle el saludo a alguien.

La confusión nos entra pues sabemos que de repente hay quien nos saluda de mano; otros, a quienes saludamos de beso y hasta otros con los que nos damos un abrazo. Pero ¿qué es lo correcto? Para saberlo debemos explicar primero que saludamos de dos diferentes maneras: la social-cortés y la de amistad-calidez.

- La social-cortés es cuando saludamos a alguien simplemente por educación, por ejemplo: cuando llegamos a un lugar con mucha gente, cuando nos presentan a una persona o cuando son cosas del trabajo.
- La de amistad-calidez es cuando ya conocemos a las personas y existe confianza, por lo que además de saludar por educación también lo hacemos por gusto; por ejemplo: cuando vemos a nuestros amigos y conocidos o en las comidas familiares.

Por lo tanto, lo correcto en el social-cortés es que entre hombres y mujeres el saludo sea de mano. Cabe destacar que en los niveles socioculturales medio y alto está permitido que entre mujeres y hombres se saluden de beso, siempre y cuando sea en el ambiente social. A nivel profesional (en los negocios y el trabajo) no hay género, por lo que hombres y mujeres deben siempre saludarse de mano, a menos que en el transcurso se entable una relación de amistad.

Dentro de la amistad-calidez se permite que entre hombres y mujeres se saluden de beso; y si hace mucho que no se ven o se tienen aprecio, es normal que intercambien abrazos. En los niveles socioculturales medio y alto está permitido el beso entre hombres cuando existe una relación familiar o muy cercana.

Sea cual sea el caso, el saludo es una de nuestras tarjetas de presentación, por lo que tenemos que considerar lo siguiente:

El saludo de mano

- Mantén la mano limpia y libre de sudor.
- Saluda viendo a los ojos y sonriendo.
- Extiende ampliamente la mano derecha con el pulgar hacia arriba y el resto de los dedos juntos.
- Desliza la mano dentro de la del otro hasta que se produzca el contacto completo de la unión de los pulgares. Si ves que se dieron mal la mano (que además se siente desagradable), hazlo saber y repítanlo.
- Aprieta firmemente sin lastimar, sacudiendo la mano del otro no más de un par de veces.
- En caso de que te estén presentando a alguien, escucha el nombre de la persona que acabas de saludar para posteriormente repetirlo después de un "hola", causando de esta forma una muy buena primera impresión mediante el saludo.

Se deben evitar los siguientes saludos:

- Bomba de Agua: No te sueltan la mano y te la sacuden varias veces. Se interpreta como falso.
- El Truenahuesos: El que quiere presumir su fuerza y hacerse el muy machote apretándote los dedos al máximo. Se interpreta como una intimidación y como complejo de inferioridad. Es muy molesto para las mujeres, por los anillos. Si te topas con uno de éstos apriétale más fuerte, a ver quién gana.
- De Princesa: Poniendo únicamente la punta de los dedos con la palma hacia abajo; ¡ay, no ma....!
- El Sándwich: El que te sostiene con las dos manos por un largo periodo. Se interpreta como compasivo y sobreprotector, por lo que también se le conoce como el "De Padrecito".
- De Pescado Muerto: Frío, mojado y aguado. Es ese saludo débil que como que no te aprieta la mano y es muy desagradable (como de viejita dando la paz). Se interpreta como falta de entusiasmo y energía.

El beso

- El beso siempre se da por el lado derecho, de esta forma nunca chocarás cabezas. Dirás que esto es lógico, pero ve siempre lo que pasa cuando alguien llega a saludar a una mesa y las personas están sentadas.
- El beso social es juntando los cachetes y tronando el beso al aire; es un error poner los labios sobre la cara de la otra persona. La única forma de poder poner los labios es cuando existe una relación de amistad-intimidad, que sería a una persona que le podrías llegar a dar un beso por gusto en cualquier momento y no sólo cuando la saludas.

- Evita los besos en la frente a menos que seas mafioso.
- A menos que estés en Europa, nunca se te ocurra saludar de doble beso porque se te hace "chic". Versión 2.0.- A menos que seas la pedante curadora de una galería de arte conceptual en New York, nunca se te ocurra dar dos besos al aire sin tocar el cachete porque se te hace "chic".
- Si de plano no quieres que te saluden de beso (porque está muy gacho(a) o te da repelito) estira tu mano muy firme y lejos; si aun así se te avientan para darte el beso, dáselos sin soltarles la mano, pero trata de que en vez de juntar cachetes junten orejas... entenderá el mensaje.
- Es una falta de respeto tomar a las personas de la cabeza o cuello mientras las saludas. Estudios de la Northwestern University mencionan que nos sentimos más intimidados y abusados ante esta acción que si nos dieran una nalgada.

El abrazo

Tienes que saber a quién abrazar. ¿Nunca te ha pasado que hay un güey que te saluda y abraza, y no tienes idea de quién es; o que te encuentras a un amigo que te saluda de abrazo y viene con otra persona que también lo hace pues se siente comprometido? ¡Los abrazos tienen que ser sinceros y sentirse! No dudes en abrazar a alguien si es que así lo sientes, **nunca lo hagas por compromiso**.

- Abraza, pero evita las fuertes palmadas en la espalda que equivaldrían al saludo Truenahuesos.
- Al abrazar, inclínate hacia adelante y evita juntar las pelvis (esos abrazos son para otras cosas).
- Cuando un hombre saluda con abrazo a una mujer debe hacer el pecho hacia atrás para no apretarle las *boobs*.

Finalmente, sea como sea el saludo, si quieres tener una excelente Imagen Cool, SIEMPRE PONTE DE PIE CUANDO VAYAS A SALUDAR A ALGUIEN.

SITUACIÓN #4: Después de usted: la cortesía

Éstas son las reglas más sencillas y las que primero aprendemos en la vida, pero como son tan usuales, también son las que más rompemos pues se nos olvida que vivimos en un mundo compartido y tratamos de buscar únicamente nuestro beneficio... ¿Cuántas veces no te ha caído alguien en la punta del hígado por hacer algo que consideras inaceptable, pero después te encuentras haciendo exactamente lo mismo? Por ejemplo: estás haciendo cola y alguien que llega se encuentra a un conocido que está más adelante y entre que lo saluda y platica se mete en la cola; vas corriendo hacia un elevador que se está cerrando y nadie adentro es para detener la puerta; dejas pasar un coche en el tráfico y ni siquiera es para darte las gracias... Caen gordos, ¡pero también nosotros lo hacemos!

La cortesía no es otra cosa más que los actos con los que se demuestra la atención y el respeto hacia los demás, nunca pasará de moda y siempre será un detalle determinante de nuestra Imagen Cool.

Palabras mágicas

Lo primero que nos enseñan nuestros papás en relación con la imagen pública es a utilizar ciertas palabras, y para que entendamos la importancia de las mismas siempre hacen hincapié en que son "Palabras Mágicas". Por desgracia crecemos, se acaba la inocencia y con ella la magia; y desafortunadamente dejamos de usar estas palabras. Por lo tanto, si quieres tener una buena imagen pública deja que la magia vuelva a vivir en ti... (Uuuuuuf, ¡qué cursi me vi!)

"Por favor": Es mucho más placentero escuchar estas palabras que una orden. Al decirlas expresamos respeto y consideración, además incrementa la respuesta favorable en las personas que actuarán ante una petición educada. Es más efectivo decir "Por favor, se nos hace tarde", que "¡Vámonos!". Por favor utilícenlas más.

"Gracias": Sin duda somos buenísimos para dar las gracias cuando nos regalan algo, nos felicitan o nos hacen un favor, pero muy pocas personas agradecen las cortesías que día a día tienen con nosotros: el portero que nos detiene la puerta, el mesero que nos retira un plato, el maestro que nos entregó conocimiento o la persona que nos cede el paso en el terrible tráfico. Las pequeñas cortesías pasan casi inadvertidas, estamos tan acostumbrados a nuestro bienestar que pensamos que es "lo normal". Expresarle gratitud a cualquiera que tenga una consideración con nosotros es el principio de la civilidad, por lo que hay que apreciar también cuando nos las den (las gracias) con un "De nada".

"Perdón": Ofrecer disculpas o pedir perdón expresa a los demás que estamos conscientes de que algo puede molestarles o les molestó. La gran mayoría de las veces, más que molestia es inconveniencia, pues la persona tiene que dejar de hacer algo para atender nuestro llamado. Usa "disculpa" o "perdón" en las siguientes situaciones:

- Cuando interrumpas: "Perdón que interrumpa, te hablan por teléfono". (No: "Ahí te hablan").
- Cuando pidas algo: "Disculpe, ¿me podría decir por favor para dónde está Reforma?". (No: "¿Pa' Reforma?").
- Admitir un error: "Perdón, pensé que no estaba ocupado". (No: "¡Existen los seguros!").
- Hacerle saber a alguien algo molesto o embarazoso: "Perdón, es que creo que traes algo en la nariz". (No: "Hay Kleenex, güey").
  Cuando tenemos que retirarnos: "Me disculpo, tengo que regresar temprano". (No: "Me largo, ahí se ven").

● La palabra perdón también sirve ante situaciones fuertes donde real- mente la regamos. Usarla siempre suavizará el problema y por lo ge- neral es el punto y aparte del mismo. Aunque nos duela, acepta cuando la cajeteaste: "Sí, papá, perdóname por favor, el valet estaba llenísimo". (No: "Bájale, pa', fue culpa del valet").

Por supuesto que sabemos que la Imagen Cool es relativa y sabemos que hay un tiempo y lugar para todo, te recuerdo nuevamente que no son "leyes" sino cosas que funcionan.

Cortesías básicas

El simple hecho de salir a la calle hace que día a día nos enfrentemos con si- tuaciones en las que debemos ser corteses. Si bien por mucho tiempo muchas de ellas eran exclusivas de los hombres, actualmente también se espera de las mujeres. Más que como un deber, toma las siguientes acciones como lo que debería ser normal, verás que poco a poco las harás en automático:

● En lugares públicos, al llegar a una puerta cede el paso. Si bien la tra- dición dicta que los hombres deben abrir la puerta a las mujeres y de- jarlas pasar, actualmente la regla funciona para ambos: cuando cruces una puerta fíjate si alguien más viene atrás y sostén la puerta hasta que la agarre. Si los dos llegan al mismo tiempo, quien llegue primero debe empujar la puerta y desde adentro dejar pasar al otro (recuerda que en los lugares públicos las puertas se abren para los dos lados). Si llegan al mismo tiempo pero uno de un lado y otro del otro, quien llegue primero debe jalar la puerta y dejar pasar al otro desde su lado. En todos casos se debe tener conciencia y preferencia por las personas que se encuentren en desventaja: por la edad, porque van cargando algo, porque traen carriolas o niños pequeños o porque tienen alguna discapacidad. Sonríe a las personas en este proceso de las puertas, darás una excelente imagen.

- Sé decente al hacer fila y no te metas en las colas. Encontrarte a un conocido no cuenta como si te estuviera apartando, por lo tanto tampoco metas a nadie en la fila si te lo encuentras. Si en el súper o en una tienda abren una caja nueva, no salgas corriendo a ganar el lugar, cede el paso a las personas que estaban antes que tú. Si ves que alguien delante o detrás de ti está en apuros, ofrécele apartarle el lugar; cuando te lo soliciten, acepta con gusto.

- Las reglas para los elevadores son sencillas. Primero salen todos los de adentro y después entra la gente. Quien llega primero entra primero, por lo que si hay muchos elevadores y una persona ya estaba esperando frente a uno pero se abre otro tiene preferencia. Al entrar al elevador, después de picar el botón muévete hasta el fondo para ir dejando lugar. Al salir tienen preferencia los que estén pegados a la puerta; cuando van dos o tres personas, la cortesía general es que salgan primero las mujeres y luego por edad. Si estás al frente y alguien de atrás quiere salir pero no hay espacio, debes salir momentáneamente del elevador para dejar pasar. Si te tocó estar donde los botones, mientras salgan las personas debes apretar el de "puertas abiertas" o detener la puerta con el láser; también si hay mucha gente fungirás con gusto como elevadorista. Resiste la tentación de apretar el botón de cerrar puertas, por unos segundos puedes hacer esperar a alguien minutos (de hecho, en EUA y Canadá por ley los elevadores tienen desactivado este botón). Si la puerta se está cerrando y ves a alguien que se acerca debes hacer lo posible por detenerlo. Por último, si alguien fue descortés y no siguió estas reglas... pícale todos los botones al bajarte.

● En las escaleras eléctricas la gente se sube conforme va llegando y sólo hay dos reglas: 1.- Si no vas a caminar, párate del lado derecho para que quien quiera ir más rápido pueda utilizar el izquierdo. 2.- Cuando llegues al final no te quedes como güey viendo pa' dónde jalas, hazte a un lado de inmediato para no hacer tapones.

● Cuando vayas caminando en la calle o en un centro comercial, trata de ir recto y no zigzagueando. ¿Cuántas veces no has querido rebasar a alguien y parece que te está toreando? Si caminas en grupo generalmente vas lento pues platicas; no obstruyan todo el pasillo o la banqueta. Cuando haya muchas personas trata de no ir metiéndote entre la gente; ten paciencia. Mantén una distancia de tres pasos con los de enfrente y cuida que tus bolsas no golpeen a los demás. Trata de no "Vervear" a la gente (término surgido del famoso video de la canción "Bitter Sweet Symphony" de la banda británica The Verve, en donde su vocalista Richard Ashcroft va golpeando con el hombro a quien se topa de frente), puede ser un accidente común pero siempre voltea y pide perdón; quien no lo hace queda como imbécil.

Y así podríamos seguirnos con cosas como recoger la caca de tu perro cuando sales a pasearlo o dejar los dos antebrazos al asiento de en medio en un avión, daría para todo un libro este capítulo, por eso únicamente recuerda una frase que has escuchado mil veces: NO LES HAGAS A LOS DEMÁS LO QUE NO TE GUSTA QUE TE HAGAN.

Ser caballeroso está de moda

Si bien las normas de etiqueta entre hombres y mujeres se han igualado, en el ambiente social aún es muy bien recibida la caballerosidad sin exageraciones y los buenos tratos. Sigue estos sencillos consejos y te ganarás puntos extras con las mujeres:

- Abre las puertas y déjalas pasar primero. Cede el paso en escaleras y elevadores.
- En rampas, bajadas, superficies resbalosas y terrenos irregulares, pasa tú primero y tiéndeles la mano.
- Si traen algo grande, pesado o muchas cosas cargando, ofrécete a llevárselo. Nunca lo hagas con cosas pequeñas como su bolsa, la mochila o las bolsas del shopping (ése es su martirio por comprar tanto).
- Ábreles la puerta para subir al coche; no es necesario que lo hagas para que se bajen (es más, cuando se bajen del coche aléjate de su lado pues si traen falda se les complica no dar show). En comidas sociales, sobre todo en restaurantes, ponte de pie cuando lleguen a la mesa.
- Jálales la silla para que se sienten; no es necesario que se las empujes una vez sentadas.
- Aunque inconscientemente lo hacemos, cuando caminamos el hombre debe tomar el lugar que da hacia la calle.
- En lugares estrechos (como por ejemplo el pasillo de las butacas de un cine), si el camino está libre la mujer debe pasar primero. Si hay obstáculos o mucha gente (el pasillo del cine está lleno o ya apagaron las luces), el hombre debe pasar primero y abrir el camino. En lugares aperrados (un antro), el hombre camina por delante abriendo paso, y si es necesario, la toma de la mano.

● Manéjales, préndeles el cigarro a las fumadoras, ofréceles tu chamarra a las friolentas (y pónselas deteniéndoles el pelo) y lleva a las cansadas a su casa.

De vez en cuando te encontrarás a alguna que te diga "¿Qué crees que yo no puedo?", son las menos y ante tal situación ofrece una disculpa. Pero a la gran mayoría le encantan estos detalles.

SITUACIÓN #5: Mis malos hábitos

Es curioso observar cómo todos tenemos ciertos hábitos negativos de conducta que, realizados de manera espontánea frente a los demás, lo único que consiguen es restarle brillo a nuestra Imagen Cool; y es que estamos tan acostumbrados a hacer algunas guarradas que molestan a los otros, que es posible que estemos cometiendo graves errores y nosotros ni enterados.

Un hábito es una forma de actuar que agarramos por la repetición de las mismas acciones, ésta se queda tan grabada en nuestra manera de comportarnos que cuando se presenta uno lo hace de manera inconsciente e involuntaria. Los malos hábitos son una forma negativa de protocolo que impacta desfavorablemente en la manera en que los demás nos perciben. La única manera de destruirlos es reconocerlos y así evitarlos para lograr una buena imagen. Algunos son:

● **Mascar chicle (y para colmo, hacerlo con la boca abierta pa' que se escuche):** si bien después de una comida podemos masticar uno para el aliento y la limpieza, es un error tronarlo, hacer bombas, traerlo en apariciones públicas y hablar con él para que todos se enteren de qué color es.

- **Morderse las uñas (y también arrancarse los pellejitos de los dedos):** además de ser desagradable y darles en la torre a nuestras manos, este hábito comunica una personalidad nerviosa y con problemas. No hace falta que te vean mordiéndotelas, con que te vean las manos lo sabrán y comunicarás lo mismo.
- **Rascarse o hurgarse de manera muy visible:** las orejas (peor aún si utilizas un lápiz y todavía le quitas el pedacito de mugre que salió de la punta), sacarse los mocos (es toda una diversión ver al del coche de al lado y adivinar qué va a hacer con él) o rascarse la cabeza, la entrepierna o por ahí... que más que rascarse parece que le quiere sacar fruta a la piñata.
- **Sorber la nariz ruidosamente y después tragar lo obtenido:** este hábito es elegantísimo.
- **Hablar a todo volumen:** es súper molesto estar en un lugar y tener que soplarte la plática de los de atrás. Pasa lo mismo con las risas fuera de control y el simple hecho de hablar en lugares donde no está permitido, como el cine o una ceremonia. ¡Simplemente desespera!
- **Escupir:** ¿En serio te tengo que explicar por qué está mal escupir? ¿Es broma, verdad... sí es broma?
- **Echar pasión en público:** ¡Váyanse a un cuarto! No hay nada más molesto que estar en un bar, parque, fiesta o cine y tener a una parejita atascándose.
- **Ponerle altísimo al volumen:** no importa cuánto te guste una canción, a los demás no nos interesa. Ten consideración en tu casa, en el coche, en la oficina, en la escuela y donde sea.
- **Quitarse los zapatos:** la verdad no entiendo por qué lo hacen, pero analiza debajo de una mesa, en el salón de clases o hasta en un cafecito y siempre verás a un descalzo que se quiere refrescar

el sudor. Niñas en las bodas: ¡cómprense zapatos de su talla! ¿Por qué siempre acaban descalzas en las bodas y en los antros no? Pierden todo el estilo y, además, ¡no nos gustan sus patotas sucias!

● **Bostezar en medio de una plática:** lo único que comunica es que el otro te está produciendo tal aburrimiento que preferirías dormirte; aunque así sea no lo hagas, y si se te sale avisa que no es por la compañía ni la plática.

● **Tronarse los dedos u otros huesos:** este hábito produce sensaciones desagradables parecidas a la del gis en el pizarrón. (¡Ahhhhhhh...!)

● **Tirar basura:** es impresionante que en plena era de la conciencia ecológica todos los días vemos a alguien que tira basura en la calle, y eso sí, ¡seguro luego se queja de que se tapan las coladeras! Si no ves un bote de basura a la mano, guárdala, ya encontrarás uno.

● **Mover las piernas incesantemente al estar sentados:** produce nerviosismo y desesperación en los demás... ¡Ohsssstate quieto!

● **Fumar:** por alguna lógica razón es que ya no permiten fumar en muchos lugares. Pide permiso para prender tu cigarro; y si en algún momento dudas si es correcto o no fumar, ¡no lo prendas! No tires las colillas al piso y menos las pises para apagarlo; además de que también son basura, estás manchando el piso o quemando la alfombra. Ten mucho cuidado en los antros, al menos yo traigo el brazo marcado por borrachos fumadores.

SITUACIÓN #6: De cada cuatro palabras que digo cinco son güey y mi hortografía es pézima

Te vas a sorprender... aunque parezca mentira, de entre tantas cosas que pudieran darnos pánico: arañas, alturas, oscuridad y borrachos que regalan rosas en los antros, el miedo número uno de la humanidad es... ¡Hablar en público!

Algo que pareciera tan fácil como pararnos enfrente de alguien y transmitir un mensaje se nos hace aterrador y el cuerpo empieza a hacer que la pasemos peor: suda, no sabe qué hacer con las manos, empezamos a ver para todos lados y hasta ganas de hacer pipí nos dan.

Un fenómeno del habla en los seres humanos es el de empezar a hablar de una manera peculiar para individualizarnos, separarnos de los demás y relacionarnos con los otros para pertenecer. Por lo regular la generación adolescente es la que crea sus propios códigos de comunicación verbal que se van transmitiendo y contagiando en la escuela, las fiestas, los programas de televisión y las películas, al grado de que actualmente podríamos hablar de que algunas expresiones adolescentes son globales. A esta peculiar forma de hablar se le conoce como *slang*.

Cuando la generación crece, mucho de su *slang* crece con ellos, haciéndose viejo y dejando de ser cool (de hecho, este libro está plagado de *slang* mexicano de mi generación, y si no perteneces a ella o si lees este libro 20 años después de que lo estoy escribiendo, muchas de mis expresiones te sonarán raras, rucas y hasta repelosas, así es el lenguaje); otras palabras se transmiten de generación en generación y unas más cambian su sentido. Por ejemplo: en los 60 se usaban palabras como "simón" (sí), "la torta" (novia), "cámara" (ok) o "el cebo" (el coche), que si bien escuchas algunas de vez en cuando, casi todas están muertas. Palabras como "rola", "reven" o "nel" también surgieron en esa época y se conservan hasta nuestros días. Y otras como "chido" o "antro" cambiaron su significado: chido en los 60 lo usaban únicamente las clases muy populares para referirse a algo padre; décadas después cambió a que lo chido era lo naco (y Botellita de Jerez lo reforzó con su frase "Todo lo naco es chido"), y actualmente se utiliza nuevamente como palabra de aprobación que hasta los más fresas usan. Por su parte, en los 60 un antro era un lugar de baja calaña, con ambiente pesado, en donde probablemente te asaltaban o violaban; y hoy un antro puede ser el lugar más cool y de moda. Así es el *slang*.

También es común que en la vida nuestro lenguaje se plague de muletillas, que son esas palabras que no tienen sentido y que decimos de manera repetida, como esteee..., ahmm..., como que..., tipo... y así..., surgiendo espontáneamente en nuestro hablar; pareciera que nuestro cerebro nos dice "Tú ponte hablar en lo que a mí se me ocurre algo que decir", entonces decimos frases como ésta: "Tipo que llega y esteee estábamos en la barra y como que se pone a bailar y así, pero no me habla y tipo que al ratito como que me tira la onda y esteee..." y así seguiría.

Muchas palabras del *slang* se convierten a su vez en muletillas. La primera muletilla que aprendemos a decir es "Mamá". Y la utilizamos para todo: "Mamaaaá, leche", "Mamaaaá, pipí", "Mamaaaá, popó". Hasta llega un momento en el que de niños ya sólo utilizamos la pura muletilla: si el niño dice "¡¡Mamá, mamá, mamá!!", eso quiere decir que se está haciendo del 2. Pero si el niño únicamente dice "¡¡¡Mamaaaaaaaá!!!", eso significa que ya es demasiado tarde...

Pero llega una edad en la que a los hombres nos salen pelos en las piernas y en la que las mujeres se ponen de pelos, y nos damos cuenta de que, aunque queramos, no podemos seguir diciendo "Mamaaá...". Entonces empezamos a utilizar el *slang* y muletilla que caracteriza a nuestra generación: "Güey". Y así empezamos a decir "¿Qué onda, güey? Pus nada, güey, ¿y tú, güey? Pus aquí haciéndome güey, güey...", y así sucesivamente.

Lidiando con el *slang* y las muletillas

El *slang* no hace daño, no existe razón alguna por la cual no podamos usarlo, pues finalmente es un lenguaje que nos pertenece y nos caracteriza. El problema es que usado en exceso y con audiencias que no utilizan nuestras palabras puede llegar a interferir con nuestra habilidad para darnos a entender. También si lo utilizamos en momentos inadecuados, por ejemplo en una cita de trabajo o en un examen oral, vamos a dar la impresión de que somos poco responsables y hasta infantiles. Por lo tanto hay que saber utilizar nuestro *slang*, explotándolo al máximo donde podamos y moderándolo con audiencias que pudieran ofenderse, malinterpretarnos o no entendernos. Seguramente en tu bolita de amigos tienen su propio *slang*, la única recomendación es que descartes cualquiera que pueda ser ofensivo, racista o clasista. Por ejemplo, en Estados Unidos se puso de moda decirles *bitch* a todas las mujeres, y hasta las mismas mujeres se llaman así entre amigas o se autoproclaman *bitches*, y eso no es muy elegante que digamos.

Las muletillas, más que correr el riesgo de ser ofensivas o de que no nos entiendan, pueden llegar a ser molestas y a desesperar. Si usamos muchas muletillas daremos la impresión de que somos poco capaces e inteligentes, por lo que tenemos que hacer un esfuerzo para quitárnoslas. También podríamos decir "Dime qué muletilla usas y te diré cómo eres", por lo que si alguien se la pasa diciendo "súper", "hiper", "mega", "o sea", "para nada" o "hellooooo", seguramente sabrás que es extremadamente fresa. Si a otro lo escuchas diciendo "eseeee", "dice" o "traaanza", pues sabrás que no es muy letrado que digamos. O las personas que al final siempre dicen ¿me entiendes?, o ¿me explico?, sabremos que tienen complejo de superioridad o de inferioridad. Por lo tanto trabaja con tus muletillas, no son otra cosa más que las pausas que nos pide el cerebro para pensar... ¡Vamos a dárselas!

La ortografía

Aceptémoslo... ¡¡¡No sabemos escribir!!! Y es que nos enseñan las reglas ortográficas en la primaria y nunca más las volvemos a ver. Si a esto le sumamos que estamos acostumbrados a los autocorrectores y a que pocas veces escribimos a mano, el resultado es que nuestra ortografía es para llorar.

Pero resulta que las computadoras no piensan y no saben el sentido que les estamos dando a las palabras; además tampoco nos redactan los documentos, ni nos sacarán de la gran bronca y vergüenza cuando tenemos que escribir a mano, por lo que quiero que sepas que una de las cosas que más afecta nuestra imagen pública es tener faltas de ortografía.

A los estudiantes que quieren entrar a la Maestría en Ingeniería en Imagen Pública® se les pide que redacten una carta, si a alguno se le encuentra una falta de ortografía se le regresa la solicitud con la siguiente frase: "Menos Maestría y más ortografía". También sé que las grandes empresas que encuentran una falta ortográfica en el currículum de un postulante la toman como motivo suficiente para descartarlo.

¡El grave problema es que nos estamos acostumbrando! El otro día, platicando con una prima de 20 años, me dijo que tenía un amigo que era de flojera pues era como señor, pues escribía con acentos, comas y ponía todas las letras de una palabra. ¡¡¡Komo maestro me e enkontrado x-amenes n los ke me scriben así!!! Y en una prueba de ortografía básica que apliqué a estudiantes de prepa y primeros semestres de universidad, ¡todos salieron reprobados!

Por lo tanto, tenemos que esforzarnos pues es un mal de nuestra generación. A nuestros abuelos les enseñaron ortografía, redacción y caligrafía (buena letra), a nuestros papás únicamente ortografía y redacción; y a nosotros sólo nos dieron ortografía y mal. Tenemos que estar conscientes de que habla muchísimo de nuestra imagen; está bien que con tus amigos te mandes mensajitos abreviados, ¡pero no lo hagas a nivel escolar o profesional! Tener un buen uso de la palabra oral y escrita es un requisito indispensable para triunfar en la vida. Una persona que sabe expresarse bien siempre tendrá ventaja sobre los demás ya que será percibida como más capaz; lo único que necesitas es tener el deseo de superarte, la voluntad de estudiar y la disciplina para practicar, puesto que se trata de un arte que mientras más se usa mejores resultados nos trae.

SITUACIÓN #7: Las groserías afectan muy cabɛ̃tón tu imagen pública

Uno de los principales errores es pensar que las groserías nos hacen ver cools; de hecho, uno de los principales indicios para reconocer a alguien que se está haciendo el cool es porque empieza a decir groserías cuando no vienen al caso.

Las groserías nos liberan, sirven muchas veces mejor que mil palabras para explicar las cosas y se convierten también en un *slang.* ¡La cuestión es que hay que tener gracia para decirlas! No hay nada peor que una persona a la que se le escuchan las groserías forzadas, pues te das cuenta de inmediato que no le están saliendo del corazón (si es que de ahí provienen) pues se ven estudiadas y fuera de lugar. Últimamente hombres y mujeres jalan parejo con las peladeces, y podré sonar abuelo pero me vale, en mis épocas de adolescente había ciertas groserías que nos reservábamos únicamente para los hombres, como seguro también las decían las mujeres cuando estaban solas.

Y es que hay de groserías a groserías. Actualmente existen muchas de ellas que son tolerables y socialmente aceptadas en cierto nivel, como todas las que tienen que ver con "madre" (menos la que te la recuerda), como por ejemplo: "a toda madre", "su perrito chihuahua es una madrecita así", "sabe a madres" o simplemente "¡¡¡madreeeeeeeessss!!!". También se toleran las palabras cortadas a la mitad como "uuuta", "caon" o "che" ("uuuuta, che frío hace, caon") o el clásico "uleeeeero, uleeeeero" del estadio. Luego hay otras que son más explícitas y por lo tanto hay que saber con quién decirlas y cómo decirlas para no ofender, éstas serían las groserías anteriores completas o las variaciones de la palabra que te dicen cuando te mandan a chiflar a tu "pin pon papas". Y ya por último tenemos **"The "V" Word"**, que debe limitarse a lo más privado de nuestro círculo íntimo y de preferencia no debemos acostumbrarnos a decirla porque sí se escucha de la **"V" Word.**

Hay lugar y tiempo para todo. Si bien los tiempos han cambiado, en el proceso de atracción entre hombres y mujeres aún no conozco a ninguna mujer a la que le guste que le falten al respeto; ni tampoco conozco a un hombre que se sienta atraído por una mujer que hace lucir a Polo Polo como bien hablado. Por lo tanto, limítate con las groserías. ¿Enfrente de quién no las debes decir aunque se trate de las groserías tolerables? Regrésate a la Situación #2 y con todas las personas a las que les tenías que hablar de usted procura no decir groserías. A éstas, súmales tus papás, abuelos y tíos mayores, también agrega a tu pareja (referirte a tu pareja con groserías es violencia), y por último a los niños chiquitos.

Con el resto de las personas procura que las groserías vengan al caso y no rebases el límite de la buena educación, pues recuerda que puede dañar muy cañón tu imagen pública si te la ma...

SITUACIÓN #8: etiquet@ electrónic@

Llegaron a nuestra vida sin avisar y se quedaron para esclavizarnos de por vida... Estoy hablando del celular, del *mail* y de las redes sociales. Si un día salimos de nuestras casas sin nuestro teléfono celular o se nos acaba la batería, nos sentimos desnudos y desprotegidos, empezamos a tener ansiedad por la falta de comunicación y nos malviajamos gruesísimo pues no sabríamos qué hacer en caso de una emergencia. Ocurre lo mismo con nuestras redes o el *mail*; si pasa más de un día sin checarlos empezamos a sentirnos desconectados del mundo, pensamos que algo importante está sucediendo y nos lo estamos perdiendo, sufriendo una gran paranoia si vamos de vacaciones a un lugar y no hay internet. Yo me pregunto, ¿cómo le hacía con mis amigos en la adolescencia para ponernos de acuerdo para ir a una fiesta si no teníamos redes, *mail* ni celular?, ¿qué hacíamos si había un cambio de planes de último minuto?, ¿cómo nos encontrábamos en la fiesta...?

Sin duda estas herramientas nos vinieron a hacer el paro y tienen sus pros y sus contras, pero ¡nadie nos enseñó a usarlas con educación! Pensamos que somos libres de usar nuestro teléfono, correo y redes como mejor nos convenga, pero no nos damos cuenta de que la gran mayoría de las veces estamos molestando a los demás, es por eso que debemos empezar a pensar en una etiqueta electrónica.

El contacto humano aún es importante: si para hablar con tu familia te comunicas más por el chat grupal que en persona y viven en la misma casa, estás en problemas. Hay cosas que se tienen que discutir en persona, como un malentendido entre amigos o el tronar con el novio o la novia, no lo hagas por dispositivos electrónicos. En vez de preocuparte por cuántos amigos tienes en Facebook, Twitter o la comunidad que esté de moda este mes, preocúpate mejor por cuántos amigos tienes en la vida real.

El celular

Los celulares son sin duda una bendición para la comunicación, nos dan la seguridad de poder tener contacto con quien queramos en el momento que queramos y que también nos encuentren con la misma facilidad; han incrementado la productividad en las empresas y nos permiten avisar si vamos retrasados o si se nos olvidó algo; también hay miles de historias en las que han salvado vidas durante una emergencia. Pero por otro lado también se han convertido en el gran interruptor de los tiempos modernos y en el principal invasor de nuestra intimidad, y del espacio y tiempo de los demás.

En los mejores restaurantes del mundo tienes que dejar tu celular en la recepción pues son "libres de teléfonos", ya que molestan a muchos. Qué tal cuando estamos en el cine y a un inútil se le olvidó apagar su celular, no falta que en el momento más dramático de la película empezamos a escuchar el *ringtone* del reggaetón del momento a todo volumen ¡y además al invertebrado ese se le ocurre contestar! Por lo tanto tomemos en cuenta lo siguiente:

- Actualmente desde el ejecutivo más exitoso hasta el campesino más humilde tienen teléfono celular, por lo que seguir pensando que es cool y de prestigio tener uno es un error. Muchas veces al tener nuestro primer celular nos sentimos importantes y queremos lucirlo en todo momento, pero ¿sabes qué?: a nadie le importa.

- No des por hecho que la persona a quien le marcas te puede contestar y hablar contigo, si dudas de que pueda estar haciendo algo importante y tu llamada tardará más de un minuto, siempre pregúntale si puede hablar o si está ocupada.

- No permitas que tu teléfono interrumpa una conversación; si estás hablando con alguien y recibes una llamada, no la contestes, harás sentir a la persona que te está contando algo como si no fuera importante. Si realmente necesitas tomar la llamada, hazle saber que es importante y que la has estado esperando y discúlpate.

- Si estás con compañía y recibes una llamada, aíslate y vete a un lugar más privado; a nadie le interesa si tus papás van a salir a cenar por lo que te dejan la llave en la maceta o lo mucho que amas a tu corazoncito. A su vez, acostúmbrate a hablar lo más bajo posible, en lugares públicos es molesto estar escuchando la conversación de otro.

- De preferencia tráelo siempre en alerta vibratoria para que sólo nosotros nos enteremos de que nos llaman y no molestemos a los demás. Si eres mujer y en la bolsa no sientes las vibraciones, ten un ringtone discreto.

- Al menos que estés con tus amigos, evita los tonos chistositos. El vendedor de tamales, la vaca o la mujer en éxtasis pueden tomarse como

155

infantiles en una cita de trabajo o irrespetuosos en la comida con la familia de tu novio o novia. Los tonos de espera (esos que cuando le marcas a alguien en vez de sonar el clásico tuuuu... tuuuu... tuuuu... te cuentan un chiste o te hacen como que te hipnotizan) está comprobado que desesperan a la gente pues no saben cuántas veces te ha sonado el teléfono. Si vas a poner en tu buzón de voz un mensaje chistoso ten cuidado con quién te marca. Hace tiempo, en mi buzón cantaba una canción ridícula hasta que un cliente importante me dijo que no conocía esa faceta mía y me dio muchísima pena.

● Siempre ponlo en modo de silencio en el cine, teatro, ceremonias, clases y demás, y deja que tu buzón de voz conteste para después reportarte (ojo, dice modo de silencio y no de vibración, ya que este último puede ser igual de molesto que un timbre en lugares silenciosos... ¡Bzzzzz, bzzzzz, bzzzzz!). Si se te llegara a olvidar y suena, cállalo lo antes posible y ¡por nada del mundo se te ocurra contestar! Respeta los lugares donde por ley no puedes hablar, como el banco o las gasolineras.

● Nunca lo pongas sobre la mesa al comer, mandas un mensaje de que si suena no dudarás en tomar la llamada por lo que le restas importancia a los que te acompañan; en una de ésas ni te suena y ya te quemaste. Si necesitas contestar, retírate de la mesa y al regresar discúlpate.

● A menos que seas totalmente manco, no necesitas traer el manos libres todo el tiempo como si fuera un accesorio, ¿qué no ves que te ves ridículo? El aparato se llama manos libres, repito... ¡manos libres!, por lo que se usa cuando tienes las manos ocupadas y no cuando vas caminando por la calle con las manos en los bolsillos. Hay personas que piensan que dan la impresión de que son muy importantes pues reciben muchas llamadas; un mensaje para ellas: las personas realmente importantes tienen gente que les contesta el teléfono. Además, a las personas que van caminando solas por la calle, hablando en alto y soltando manotazos, toda la vida se les ha conocido como "loquitos".

- ¿Por qué la necedad de traerlo en altavoz!? Si es molesto escuchar la conversación de una persona imagínate lo que es tener que escuchar la plática completa.

- Por ley y por seguridad no puedes hablar mientras manejas, a menos que traigas un manos libres, pero aun así es peligroso marcar. Aprovecha los altos o estaciónate a un lado del camino para hacerlo. Si traes un sistema de altavoz para el coche, siempre que hables y traigas compañía hazle saber a la otra parte que hay más personas escuchando para que no la vaya a regar.

- Utiliza los bloqueos de seguridad para tu teléfono y la agenda. Nunca pongas, por seguridad, nombres como papá, mamá o abuelos.

- La regla cuando se corta una llamada es sencilla: siempre tiene que volver a marcar la persona que la hizo inicialmente, así se evita que los dos se estén tratando de marcar al mismo tiempo.

- Revisa tu correo de voz cuando tengas llamadas perdidas y únicamente repórtate a las que te hayan dejado un mensaje de voz y así lo soliciten. Nunca dejes en un buzón un mensaje y tu teléfono pidiendo que te llamen si la persona no te conoce.

- Con los mensajes de WhatsApp haz lo siguiente: usa cortesía básica como hola y gracias. Trata que el mensaje sea corto y no hagas preguntas que obliguen al otro a responderte mucho. Ten mucho cuidado al escoger a la persona a la que lo mandas, lo hacemos tan rápido que con un ligero error de dedo le podemos mandar el mensaje a la persona que menos se tenía que enterar. Si sabes que alguien no te tiene registrado en su agenda, empieza los mensajes con tu nombre: "Hola, soy María...".

Si la persona no te contesta, no le marques, si no lo ha hecho es porque está ocupada. Responde de recibido a todos tus mensajes aunque sea con un "ok", pues si no quien te lo mandó se quedará con la duda de si lo leíste o no. Los mensajitos son para avisos, preguntas rápidas o detalles y no para mantener conversaciones; si ya se tienen que mandar más de dos mensajes mejor llámense o mándense *voicenotes*, es más rápido. Es la misma falta de educación tomar una llamada cuando no podemos que estar con los ojos en el teléfono y clavadísimos en las teclas.

- Elige bien a quién mandas una invitación por grupo de WhatsApp: ¿de qué sirve avisarle a tu amigo que vive en Argentina que se van a juntar a comer hoy en el restaurante de la esquina?

- Resiste la tentación de enviar chistes, cadenas y demás a todos tus contactos. Si vas a mandar algo que no tiene un propósito informativo, ¡fíjate muy bien a quién se lo mandas o a qué grupo de WhatsApp! Así como hay personas a las que les gusta recibir stickers motivacionales con un Piolín que te desea un buen día, ¡otros lo detestamos! Pasa lo mismo con los chistes, debemos conocer el tipo de humor y deliberar que no vaya a ser ofensivo. También te voy a confesar un secreto, pero no se lo digas a nadie: si rompes esa cadena mágica no te quedas sin lana, no se te llena la cara de granos, no te da una enfermedad venérea o un virus maldito sale de la pantalla y te embaraza; por lo menos aún no hay casos registrados.

- No satures a tus amigos, un videíto o chiste de vez en cuando te puede hacer el día; pero te lo arruina si al ver tu celular tienes 75 notificaciones de la misma persona.

Finalmente, recuerda que el teléfono se inventó para acortar distancias y no para alargar conversaciones, procura que tus llamadas duren lo menos posible.

Mail y Mensajitos

Si bien el celular es aún territorio virgen para los protocolos, el correo electrónico es como la dimensión desconocida, por lo que debes tener en cuenta:

- Cuida mucho lo que dices y cómo lo dices: la comunicación escrita
  suele ser fría e impersonal, por lo que es muy fácil que te malinterpre-
  ten. Actualmente hay mil broncas porque las personas piensan que les
  dijeron algo en un sentido y quien se los mandó no tenía esa intención.
  Cuida mucho las reglas básicas de cortesía.
- Cuida mucho tu ortografía y redacción pues ya sabemos que habla muchísimo de nuestra imagen. Si bien en internet se ha desarrollado un
  lenguaje universal lleno de símbolos y emoticons (como :) o :(, entre
  otros), ten cuidado con quién los usas, ya que le puedes romper la cabeza tratando de descifrar tu lenguaje lleno de K's o de abreviaciones
  en inglés y español como: GPI, POV, BTW, LOL, HoM, Q~, XOXO, ETC...
  Y por ninguna razón saques este lenguaje a la vida real, como en exámenes y demás.
- Cuida mucho dónde pones las direcciones, si quieres que todos se enteren quién está en la lista ponlas en la barra de "To" o "CC" (para y con
  copia) si quieres que sea más personal usa el "BCC" (con copia oculta).
  Recuerda que hay muchas personas que no quieren que su *mail* ande
  rolando. Al ponerle *send* no hay marcha atrás, por lo que no la vayas a
  regar mandando algo a quien no debías.
- Siempre pon un asunto o *subject* en tus correos para avisar de qué se
  trata, la gran mayoría de la gente borra los que le aparecen con "no
  subject" como título, pues piensan que fue un error o puede ser un
  virus. A su vez, no abras correos de direcciones que no conoces, aunque
  el asunto pueda ser tentador.

● Trata que tu dirección sea sencilla y no la andes cambiando constantemente. Si te pones un nombre chistosito u ofensivo recuerda que habrá
muchas personas a las que no se la podrás dar, complicándote la vida
de a gratis.

● Todos los correos electrónicos y mensajes directos que recibas se deben
responder. Trata de que no pase más de un día sin contestar un correo
importante; si eres de los que checa su *mail* una vez a la semana hazlo
saber a tus contactos.

Al responder correos masivos fíjate bien si únicamente le debes contestar al que te lo mandó o a toda su lista, es un error siempre poner
Reply to Everyone. También fíjate quién se encuentra en la lista cuando
vayas a contestar un *mail* a todos los contactos de un correo, me han
tocado muchas situaciones de amigos que contestan cada jalada sin antes haberse dado cuenta de que venía copiada la mamá y hermana de
quien lo mandó.

● NO GRITES AL ESCRIBIR... El usar únicamente mayúsculas da la sensación de que estás gritando y hace agresivo nuestro mensaje.

● Los mensajes deben ser cortos y concisos, pero amables y corteses. Evita hablar como telegrama o, por el contrario, echarte un súper rollo. Si
quieres escribir una carta hazla formalmente en Word y mándala como
attachment. Aprovecho para decir que siempre que adjuntes un archivo
debes incluir una nota que así lo indique. Programa tu firma electrónica
para que no tengas que ponerla cada vez que mandas un *mail*.

● No confundas estos medios como comunicaciones íntimas y privadas,
más gente de la que tú crees va a ver ese *mail* o mensaje y si trae información confidencial, una foto atrevida o un buen chisme el mundo
entero se enterará.

Redes sociales

Dejémoslo claro desde el principio. No existe tal cosa como "El Mundo Real" y el "Mundo Virtual". El problema es que pensamos que existe una vida en la que vamos a la escuela, al trabajo, salimos con los amigos y hacemos muchas otras actividades terrenales en un "Mundo Real"; y que luego tenemos perfiles en redes sociales que creemos habitan en otra dimensión o en un "Mundo Virtual", por lo que navegamos por ellas de manera inocente sin saber lo aplastantes que son para la construcción de nuestra imagen pública. ¡Las redes sociales son el mundo real!, ¡son nuestro mundo!, pues la era digital vino a cambiar la forma como interactuamos con las demás personas. Por lo tanto tenemos que entender que el mundo ya cambió... ¿y tú, ya cambiaste?

Hoy al pensar en nuestra reputación, tenemos que pensar invariablemente en nuestra reputación en internet, que no es otra cosa más que lo que aparece en Google cuando tecleamos nuestro nombre. ¿Qué resultados aparecen primero?, ¿en qué fotos apareces?, ¿en qué artículos o notas te mencionan?, ¿qué búsquedas hay relacionadas a tu nombre?, etcétera, al día de hoy, para muchos, somos lo que aparece en internet sobre nuestra persona. Y seguramente alguna vez escuchaste la famosa frase que dice que "Lo que pasa en Las Vegas se queda en Las Vegas" (excepto el herpes, yo recalcaría), pues bueno, al día de hoy e inspirándome en esa frase, podría asegurarte que: "Lo que pasa en tus redes sociales se queda en... ¡Google! ¡Para siempre!".

Esto hace que cada vez que publiquemos algo (o que alguien publique algo relacionado con nosotros) vayamos dejando un rastro..., una huella... ¡Nuestra nueva "huella digital"! Por eso puedo asegurarte que LAS REDES SOCIALES SON UNA EXTENSIÓN DE NUESTRA PERSONALIDAD.

Al día de hoy cuando conocemos a alguien lo primero que hacemos es agregarlo a Facebook, seguirlo en Twitter o recorrer por su historial de fotos en Instagram. También en cuestiones del corazón, cuando alguien nos gusta, lo primero que hacemos es ver qué tanta información podemos encontrar de él o ella en sus redes, y si por algo las tuviera configuradas como privadas, nos las ingeniamos para tener acceso a ellas. Al ligar, ya no nos interesa sacarle el número de teléfono a la otra persona... ¡Queremos su Instagram!

(Aquí aprovecho para hacer un paréntesis. Mujeres, según varios estudios: ¿saben qué es lo primero que busca un hombre que está interesado en ustedes cuando tiene acceso a su Facebook o Instagram?... ¿No?... Piénsenle un poquito... Hombres: ¿Ustedes sí saben, verdaaaaad?... ¡Pues claro! ¡Sus fotos en traje de baño! Tenemos un escáner en los ojos que puede detectar rápidamente los paisajes de playa, alberca y demás, que no importa que tan rápido vayamos pasando las fotos siempre acabaremos en ellas... Y hombres: ¿saben qué es lo primero que ellas buscan de nosotros?... ¿Nuestras fotos en traje de baño?, ¡Jajajaja, no seas iluso!... Lo primero que buscan son ¡las fotos en las que aparecemos con mujeres!, ¡claro!, ¡desean ver la competencia!

Sea cual sea el caso, aprovechemos este paréntesis para reflexionar sobre que al día de hoy los seres humanos somos unos *stalkers* con permiso. Sí, con el permiso de nuestro acosado. Somos unos voyeuristas a los que unos exhibicionistas nos dan acceso a su intimidad. ¡Qué fuerte!... ¿O acaso nunca te has encontrado de "expedición" 65 semanas atrás en el *timeline* de Instagram de alguien, pasando fotos con un cuidado casi arqueológico y pensando "no le vayas a dar doble click, no le vayas a dar doble click..."?).

Pasa también en las entrevistas de trabajo. Cada vez es más común que al solicitar empleo el entrevistador nos pida acceso a nuestras redes. Si bien hay mucho debate sobre si esto es legal o no, la realidad es que lo están haciendo (además de también hacer una exhaustiva búsqueda de nuestra "huella digital"). Lo hacen para ver cómo reaccionamos ante la solicitud: pues al negar el acceso, algo ocultamos. Si les damos acceso limitado o con reservas, también algo ocultamos. Y si damos nuestras redes tal y como son, seguramente mostraremos parte de nosotros que queríamos mantener oculta en esa entrevista, pues nuestras redes dan mucha más información de la que nos podrían preguntar. ¿Ya te vas dando cuenta de la importancia del tema para nuestra imagen pública?

Y ya hablamos al principio del libro en Las Netas de la Imagen Cool de la importancia de las primeras impresiones, por lo que para este punto ya podrás también percatarte de que al día de hoy las primeras impresiones se están extendiendo hacia nuestras redes sociales... ¡Incluso muchas veces las primeras impresiones se están dando por ellas! Podría ponerte muchos ejemplos, pero seguramente algún día te has visto en la siguiente situación: estás en una sobremesa con amigos y alguien saca a la plática:

—Pues me enteré de que Fulanito está saliendo con Sutanita.

—¿Fulanito?, ¿quién es ése?, no lo conozco...

—Ay, claro que alguna vez lo has visto. Mira, es él...

Y te pasan un smartphone con el perfil de Facebook del mentado Fulanito, en el que te puedes quedar horas mirando sus fotos, amigos en común, qué le gusta, etcétera... ¡convirtiéndonos nuevamente en un stalker! Pero... ¿con el permiso de Fulanito?... ¡No! Por lo tanto no pienses que la información sólo la verán "tus amigos".

Hace un rato al decir que la información de nuestras redes sociales se queda en Google para siempre, no estaba exagerando... al decir para siempre me refiero a ¡PARA SIEMPRE! Por eso siempre digo que si las redes sociales hubieran existido en mi adolescencia o en mis veintes bajos... ¡Seguro hoy no sería Consultor en Imagen Pública!

Afortunadamente yo entré a las redes cuando ya era adulto y con mi formación como especialista en el manejo de la percepción, pero aun así, todos los días aprendo algo nuevo de ellas, pues llegan nuevas redes y otras se van, y con cada red surgen protocolos especiales y reglas de imagen específicas para cada una de ellas. A todos estos protocolos se les denomina "Netiquette", que es el juego de palabras entre net (red) y *Etiquette* (la palabra en inglés para definir Protocolo), pero sin importar a qué red hagamos referencia, siempre debemos tener en cuenta las siguientes recomendaciones que englobo en el **"DECÁLO-GO DE NETIQUETTE"**:

REGLA #1: Nunca olvides que estás interactuando con humanos: recuerda, es el mundo real. Somos muchas personas interconectadas mediante nuestros dispositivos e interactuando a nivel social, profesional, académico, etc. Aunque esta regla te suene lógica, el no estar frente a frente con los demás, hace que esto se nos pueda olvidar, comportándonos de formas extrañas y olvidándonos del principio básico de la comunicación: el mensaje tiene un receptor. ¿Al postear estás consciente de todos los posibles receptores que tu mensaje podría tener?, ¿con algún receptor podrías tener conflictos que dañen tu imagen? Ante la duda a estas preguntas, ¡mejor abstente!

REGLA #2: Adhiérete a los mismos estándares de comportamiento en línea que tienes de manera presencial: ¿nunca te has encontrado con alguien que en sus redes o grupos de WhatsApp es muy participativo, atrevido, confianzudo y hasta chistoso; pero cuando convives con él en persona es introvertido y hasta gris?... ¡Saca mucho de onda!, no sabes si es tu amigo o no, o si es un conocido de confianza o un perfecto desconocido.

La comunicación cara a cara siempre ha sido más difícil que la comunicación a distancia, pues desde tiempos ancianos siempre ha sido más fácil declarar el amor y la guerra por carta que en persona. Hoy más que nunca estamos usando ese escudo protector que nos da la comunicación a distancia.

Aquí también hay otro punto importante: ¿gritarías en tu oficina o en el salón de clases todo lo que opinas de ese jefe o maestro que tanto odias?

¡Seguramente no!, pues sabes que te traería consecuencias negativas. Entonces... ¿por qué sí lo haces en tus redes sociales?

REGLA #3: Ten diferentes redes sociales para tus diferentes audiencias: ¡esta regla vale oro y sin duda es el mejor consejo que puedo darte en este capítulo! ¿Recuerdas que la Imagen Cool es relativa? (si no, regrésate al capítulo de las Netas de la Imagen Cool y revisa la #6), en ella decíamos que no hay cosas buenas ni malas sino lo que debe ser de acuerdo a tu esencia, objetivos y necesidades de tus audiencias.

Las personas jugamos diferentes roles. Por ejemplo, yo no me comporto igual en mi rol de maestro del Colegio de Imagen Pública que en el de "mejor amigo asistiendo a una boda". Es lógico, si bien mi esencia no cambia, sí se adecua a las necesidades de mis diferentes audiencias para dejarlas satisfechas y no perjudicar mi imagen. Como tú seguramente tampoco te comportas igual cuando estás en el trabajo o en la escuela que cuando estás con tus mejores amigos o cuando juegas el rol de hijo, hermano, padre, madre, o cualquier papel que pudieras desempeñar. Pero entonces... ¿qué pasa si nada más tenemos un perfil de Facebook en el cual aceptamos a todo mundo?... ¡ES MUY FÁCIL ROMPER EL PROTOCOLO!, pues seguramente una foto o comentario que es coherente en un rol, sea totalmente incoherente y mal visto en el otro.

Sigamos ejemplificando: si un maestro les pide a sus alumnos que lo agreguen a Facebook, argumentando que por ahí pueden tener una comunicación muy dinámica con fines académicos, pero en ese mismo Facebook el profesor sube fotos de la boda del fin de semana (o lo taggean) en las que aparece en los hombros de su compadre, con un sombrero de bufón y haciendo "la viborita" mientras el novio le vacía una botella de tequila en la boca... no creo que vaya a generar una muy buena imagen entre sus alumnos. Pues lo primero que harán será bajar la foto y mandarla por sus múltiples chats, haciéndole burla a su maestro, generando memes y realizando comentarios que irían del "qué ridículo", hasta el "uyyy... se ve que el profe es bien pedote"; trayendo como consecuencia que se caiga su autoridad moral como maestro y que al siguiente lunes sus alumnos no puedan dejar de verlo en clase con gorro de bufón y hasta dudando de que seguramente sigue crudo. ¡Cuando siendo sinceros el maestro no estaba haciendo nada malo!, está en todo su derecho de divertirse como cualquiera. El problema se da en la incoherencia de roles. ¿Lo entendiste?

Entonces, al decirte que tengas diferentes redes sociales para tus diferentes audiencias, no te estoy diciendo que seas hipócrita o doble cara, simplemente te estoy diciendo que no te limites a tener un solo Facebook, Twitter, Instagram o la red social que sea... ¡Ten las que consideres necesarias según tus roles! Mi recomendación es que tengas al menos dos tipos de redes: las personales y las profesionales, en las que utilizarás las formas correctas de acuerdo a cada tipo de audiencia.

Así por ejemplo, en tu Facebook personal, sólo aceptarás a aquellas personas que REALMENTE son tus amigos y personas de confianza, que son todas aquellas personas que podrías dejar solas en tu casa y que no te importaría que vieran tus fotos o abrieran tus cajones (¿verdad que el número de amigos se reduce muchísimo?). Y en tu Facebook profesional, aceptarás a todo el mundo con el que socializas casualmente (¡o no socializas para nada!... ¿o acaso crees que aunque nunca hayamos platicado y simplemente por haber tomado esa materia juntos en la universidad somos amigos?... ¡entonces por qué me mandas solicitud de amistad!), convirtiéndose este Facebook profesional en el perfil que darás con toda seguridad durante una entrevista de trabajo (y que hasta en tu currículum lo pondrás) o con el que el maestro podrá interactuar con sus alumnos.

Ya después de tener tus redes personales y profesionales, puedes ahora sí pensar en tener tus redes familiares (esas que el adolescente les dará a sus papás o tú a tu abuela), perfiles muy limitados para un selecto grupo de amigos, páginas de contenidos en las que a través de un seudónimo hablas sobre algún tema; o hasta crearte un troll para sacar el odio reprimido y decir lo que normalmente no dirías escudado en el anonimato.

Las fotos, lenguaje y contenidos variarán de una red a otra y no dejarás de ser tú, ¡al contrario!, simplemente seguirás haciendo lo que durante la historia siempre hemos hecho los seres humanos: comportarte de acuerdo a la ocasión. La realidad es que las redes sociales nos llegaron tan rápido, que esta regla muy pocos la siguen.

REGLA #4: Posee una pulida ortografía y redacción: regresa a la Situación #6 de este libro o relee las recomendaciones para el *mail* y recordarás los porqués. Pero ya que estamos hablando de lenguaje, aprovecho para decirte que los #hashtags son #comandos de #vinculación para #agrupar #contenidos que #hablan sobre lo #mismo. #NoLosUsesParaCualquierCosa.

REGLA #5: Muestra el lado bueno de tu persona mientras estás en línea: algún día escuché que las redes sociales son el psicólogo de los pobres ¡y no me queda la menor duda! Pues las utilizamos como válvula de escape para liberar todo lo que traemos dentro, dándoles un uso catártico y encontrando en ellas el gran buzón de quejas y sugerencias hacia el mundo. Y si bien de vez en cuando puedes dar tus opiniones encontradas sobre algún tema, a nadie le gustan los *haters*, no seas tú uno de ellos.

REGLA #6: Comparte tu conocimiento y da un valor agregado: "Estoy en el baño y no hay papel" es un post que poco aporta a la comunidad. "No tuitees por tuitear", podríamos generalizar, por lo que siempre piensa: ¿qué grado de utilidad tiene lo que estoy compartiendo?

En redes nos gusta seguir, recibir y compartir todo aquello que aporta. Siendo "lo que aporta" todo lo que nos da información de valor, lo que nos enseña o capacita, o lo que simplemente nos entretiene. Por lo que si algún día estás en el baño y no hay papel, un artículo sobre lo que puedes hacer ante esta penosa situación ¡sería información de altísimo valor y vaya que te aportaría!

Y ya que estamos hablando de compartir contenido de valor, aquí te dejo mis reflexiones sobre los posts más molestos para que los evites:

- ¿Cómo es posible que por un lado me digas que estás muy ocupado, mientras por Facebook recibo tus constantes invitaciones para jugar a la granjita y las notificaciones de que acabas de pasar a un nuevo nivel de Candy Crush Saga?

- No te preocupes, la red no empezará a cobrarte si no envías el siguiente mensaje a todos tus contactos. Tampoco esa imagen milagrosa te castigará si no le das like y persuades a tus amigos para que también lo hagan. Y no, tampoco por darle click a esa liga podrás ver quién visita tu perfil.

- Papás: ¡nos alegramos mucho de que tengan hijos y les deseamos lo mejor!, pero no necesitan compartir cada movimiento del niño. Desde aquella foto del frijolito amorfo del ultrasonido en la que jurabas que era igualito al papá, ¡no has parado en reportarnos sobre tu tesoro cada media hora!

- Ahora bien, si los bebés me valen gorro... imagínate lo que pienso de tu perro.

- ¡Qué bonito es el amor! (Sí, entre dos personas y en privado). Sólo tú y tu amorcito piensan que es hermosa esa foto de portada donde aparecen dándose un beso. Y un consejo: existen los mensajes directos. Supongo que no lo saben por los 20 000 recados cursis entre ustedes con los que nos bombardean todo el día.

- Hay un rumor que dice que ir al gimnasio y no hacer check in, tomarse fotos sudados frente al espejo y subir comentarios del tipo: "I don't dream about success, I work for it! #training #FitIsTheNewSkinny #ChicagoMarathonHereIGo!" también cuenta. No sé, inténtalo. En una de esas hasta quemas más calorías.
- Mientras no me pongas la receta con el paso a paso para prepararlo o me extiendas la invitación formal para degustarlo, la foto de ese platillo aún no me crea sentido. ¿Acaso estás llevando un calendario fotográfico de lo que comes?, si es así, bien por ti, pero... ¿por qué me lo compartes?
- Y, por último, el que intriga: "Cuando creí que las cosas no podían estar peor, me pasa esto...". ¿En serio, así lo vas a dejar?... ¡Qué te pasó!... y lo peor de todo, las amigas que le dan juego respondiéndole: "Amiga, ¿estás bien?", "Bebé, ¿te ayudamos en algo?", "O sea, güey, ¡nos preocupas!". ¡Ah!, y no nos olvidemos de los que le dan like al comentario... ¿Les gusta su desgracia?... Ahora que lo pienso, se lo merece.

REGLA #7: Respeta la privacidad de terceras personas: no grabes, transmitas o taggees a otros sin su permiso, no subas fotos que sean comprometedoras o desfavorecedoras para alguien más, no difundas información de carácter personal o sensible que no te pertenece, respeta el "muro" de los otros y, en general, no postees nada que no te gustaría que postearan de ti.

REGLA #8: No ayudes a la propagación de rumores: si bien el refrán dice que "cuando el río suena, agua lleva", también Schopenhauer dijo que "la cantidad de rumores inútiles que un hombre puede producir y soportar es inversamente proporcional a su grado de inteligencia".

Por su inmediatez y por la forma en la que todos podemos opinar sin realmente saber, las redes sociales se convirtieron en un campo fértil para que germine la desinformación. Cada vez es más común que a alguien se le ocurra decir que un famoso acaba de morir, para que a la media hora sea Trending Topic y que hasta los medios de comunicación compartan el rumor. Trata de no ayudar a la viralización de información sin antes verificar su autenticidad.

REGLA #9: Configura tus redes sociales: y aquí hablamos de privacidad y de diseño. En cuanto a privacidad, tú decides si las haces públicas o privadas y cuánto acceso le das a cada quien. La situación es que muy pocas personas se meten a estudiar sobre la configuración de sus diferentes redes y aplicaciones. Tómate tu tiempo en estudiarlas, configurarlas y en revisar todas sus políticas de usos y manejo de información (sí, todas esas letras chiquitas a las que generalmente les damos: "sí, acepto", sin saber que muchas veces le andamos vendiendo nuestra alma al diablo). Y recuerda, lo que pasa en las redes sociales se queda en Google para siempre, por lo que por más candados de privacidad que les pongas, la información siempre estará vulnerable a hackeos, *screenshots*, traiciones por personas de "confianza" y robos de contraseñas y hasta descuidos personales.

En cuanto al diseño, ten en cuenta los siguientes elementos:

1. Tu Nombre: al día de hoy ubicamos más a las personas por su @SuNombre que por cómo se llaman en realidad. Trata de que tus nombres de usuario sean lo más cercano a tu nombre real y evita apodos o nombres "chistocitos" en tus redes profesionales.

2. Tu Avatar: sabemos que nadie es tan feo como en su licencia de conducir ni tan guapo como en su foto de Facebook. Pero más que pensar en si salimos guapos o no, empecemos a pensar en los mensajes que estamos enviando con esa foto. La palabra *avatar* viene del sánscrito

avatâra y en la religión hindú representa la encarnación de un dios. Se tomó ese nombre por la clara referencia a que la foto de perfil es una representación digital de nuestra persona. ¿Cómo te gustaría que los demás te vieran o qué mensajes son los que deberías comunicar?, la respuesta a estas preguntas sólo tú la tienes, pero empieza a hacer más conciencia sobre la misma. Estas recomendaciones llévalas también a tus fotos de portada y demás elementos de diseño.

③ Tu Bio: son esas pequeñas líneas descriptivas que explican quién eres, lo que haces y lo que puedes aportarle a la comunidad. Es fundamental para tu imagen pública pues es la forma como te autodescribes, lo que, sin ser psicólogos, se presta mucho a que te analicen porque entre líneas puedes estar diciendo muchas cosas. Aquí también aprovecho para decirte que las personas y cuentas que sigues, así como a todo lo que le das like, habla muchísimo de tu persona pues las imágenes se permean.

④ Tu Contenido: si bien en la tercera regla de este decálogo ya comentamos que los contenidos son relativos a nuestras audiencias, siempre piensa en la "línea editorial" que deberían tener tus publicaciones. Sí, como si fueras una revista que debe respetar un estilo, un tipo lenguaje, un diseño de fotografías y una matriz de contenido en general. Conviértete en un experto y piensa: ¿en qué soy bueno, qué me gusta y sobre qué temas sé? Convertirte en referencia sobre algún tema en medios digitales es sumamente valioso.

REGLA #10: ¡Piénsalo muy bien antes publicar!: antes de mandarle esa foto íntima a la persona que según tú nunca te va a defraudar, antes de postear ese comentario ardido que sabes causará conmoción en tu círculo social, antes de darle retweet a ese chiste políticamente incorrecto y antes de subir esas fotos con los "divertidos" desfiguros de la borrachera de ayer; piensa... ¿realmente vale la pena o te lo puedes evitar? Yo siempre recurro al siguiente "truco" y me funciona, tal vez también a ti. Antes de publicar siempre me pregunto: ¿Me gustaría que esto lo viera mi abuela?... ¡Imaginármela con cara de decepción es mi mejor filtro!

Finalmente te digo que las redes sociales son la plaza de linchamiento del siglo XXI, y si bien aún existen muchos vacíos en cuanto a su legislación y castigos formales, ¡SÍ ESTÁ EL CASTIGO DE LA OPINIÓN PÚBLICA HACIA NUESTRA REPUTACIÓN!

Quiero que reflexionemos sobre el uso que como humanidad les estamos dando a las redes sociales. En mi opinión, las redes sociales son un enorme basurero municipal en el que se encuentran escondidos preciados tesoros. Si nos conformamos únicamente con consumir y generar esa basura digital que día con día nos invade, nunca encontraremos las joyas escondidas que sin duda pueden hacernos más productivos, inteligentes y unidos como sociedad. Pensemos que con las redes podemos convertirnos en agentes de cambio y hacer de este mundo un mejor lugar para vivir. Nunca antes los seres humanos habíamos tenido tanto poder para transformar lo que no nos parece, para combatir las injusticias o para acabar con los grandes problemas que nos aquejan como sociedad. Sólo se trata iniciar la chispa con la que las demás personas propagarán el fuego utilizando las mieles de la viralización. Propongo que más que preocuparnos por difundir el nuevo meme que ataca o ridiculiza al político, mejor nos preocupemos en difundir lo que podemos hacer para que ese político deje de abusar. Sugiero que en vez de difundir o darle like a la foto del perrito maltratado (¿acaso te gusta?), mejor crees un movimiento de protección a los animales que lleve beneficios palpables. Exhorto a los maestros a que en vez de prohibir el uso de las redes sociales en sus clases, mejor se preocupen por ver cómo las van a integrar en sus materias... En fin, no quiero extenderme pues mientras lees esto el mundo sigue cambiando. En el 2007 que escribí la primera edición de este libro, este capítulo no existía pues no era tema. ¿Qué estará sucediendo el día de mañana?, no lo sabremos. Lo único seguro es que las redes sociales llegaron para quedarse, convirtiéndose en pilares de nuestra vida y por lo tanto de nuestra imagen pública.

Por último, mezcla las recomendaciones para celular, para *mail* y para redes sociales y sabrás cómo se deben usar los smartphones y demás dispositivos *handheld*. Como día con día salen nuevas cosas, los protocolos electrónicos están en constante evolución, por lo que siempre ponte al tanto de las maneras correctas para su uso.

SITUACIÓN #9: No entiendo a mis jefes

No te preocupes, ellos tampoco te entienden a ti. Y es que hay momentos en la vida en los que los papás se convierten casi por definición en anti-cools y tratamos de separarnos de ellos al máximo, la bronca es que casi siempre lo hacemos de la manera más conflictiva: llevándoles la contraria. Si no les gusta el pelo largo, te lo dejas; si les gusta largo, te rapas; si te llevan a un lugar a comer, qué flojera; si te llevan al lugar que te gusta, qué oso que estén contigo, y así seguiría la lista por 800 hojas, ¡y esto confunde a tus jefes! Y es que, a menos que ya hayan tenido un hijo adolescente, la experiencia también es nueva para ellos, sienten como si de un día a otro hubieran estado limpiando pañales y al día siguiente la vomitada de tu primera borrachera.

Durante la infancia no ponemos ninguna resistencia pues pensamos que las cosas son como nuestros papás lo dicen; pero al crecer y darnos cuenta de que hay más de dónde elegir en esta vida, buscamos separarnos y entramos en una batalla constante para lograr nuestra individualidad. Nuestros papás reaccionan ante esto de dos maneras ¡que también nos confunden!, pues un día se comportan muy abiertos y amigables como si nos entendieran a la perfección, pero ese mismo día por la noche se convierten en tiranos que nos esclavizan y nos dicen lo mal que estamos.

Créeme que los papás también la sufren, piensa que eres lo más importante que tienen y sólo desean tu bienestar y que no te pase nada, por lo tanto trata de seguir estas recomendaciones para hacer este crecimiento en conjunto más llevadero:

(**Nota:** Quiero recalcar que al decir papás estoy haciendo referencia a la persona o personas de autoridad que estén a tu cargo, pues, como sabemos, existen diferentes tipos de familias.)

- No olvides que son tus papás y que merecen respeto: no busques la individualización mediante la confrontación. Lo más hiriente para un padre es que su hijo lo ofenda, que le eche en cara sus defectos, o que le diga que no lo soporta o lo odia. Sabemos que eso no es cierto y que únicamente nos estamos haciendo los cools.

- Exprésales tu cariño y convive con ellos: una de las cosas que más afecta a los papás durante la adolescencia es que, de pasar todo el tiempo con sus hijos, de repente los dejan de ver. Guarda un tiempo especial para ellos en el que les cuentes de tu vida y les preguntes por la suya, dales las gracias por todo lo que te han dado y hazles saber lo mucho que los quieres.

- Enséñales sobre tu individualidad: una de las frases más usadas por un adolescente es: "Es que no me comprendes". Si a tus jefes no les gusta cómo te vistes, peinas, decoras tu cuarto o la música que oyes, DATE A COMPRENDER. Cuéntales por qué te late cierto tipo de música, qué significa vestirte o peinarte de cierta manera o qué es lo que está de moda; en una de ésas hasta fans los haces.

  Coopera en casa: Sigue las reglas y tradiciones que la casa siempre ha tenido, como levantar tu cuarto, comer a x hora o asistir a las re-uniones familiares. También cumple las reglas nuevas, como las horas de llegada, días de salidas y demás; ya verás que si cumples sus reglas podrás también poner las tuyas del tipo: no revisen mis cajones, no tires mi ropa sin mi autorización o si me saco 10 no me niegues los permisos.

- No les hagas sentir que escondes algo: cuando te preguntan qué te pasa, no los evadas ni te enojes; tal vez en ese momento no quieres hablarlo o es algo que no les interesa, como que acabas de hacer el oso con alguien que te gusta; diles simplemente que no es nada malo pero prefieres no hablar de eso. Nuestros papás temen que nos estemos drogando o que nos hayamos metido en problemas fuertes como un embarazo o amenazas de vida, por lo que si les decimos que no es nada malo entenderán y respetarán nuestra privacidad. Tampoco te la pases todo el día encerrado en tu cuarto y con el seguro puesto. Si bien hay cosas que preferimos que mejor no vean, éstas no duran las 24 horas (y si sí, estás muy dañado).

- Platica con ellos cualquier duda que tengas y pídeles ayuda cuando tengas broncas: a los papás les cuesta trabajo tomar la iniciativa pues dudan de cómo puedas reaccionar; si tú eres el que se acerca a pedir consejo los dos saldrán ganando.

- No traiciones su confianza ni les digas mentiras: si ya te dieron chance de organizar una fiesta en la casa, no la destruyas ni te pongas hasta las manitas... nunca más te dejarán organizar otra. Nunca les prome-tas algo y después no lo cumplas: "Te juro que llego antes de las 12" y llegamos a las 2. Tampoco les digas algo para hacerte el bueno cuando realmente tienes otros planes: "Voy a quedarme a dormir en casa de (pon el nombre de tu mejor amigo(a)) para estudiar", cuando realmente

175

hay una megafiesta porque sus jefes no están; si te cachan, adiós confianza. Mi papá siempre me decía que prefería que un día le hablara para pedirle ayuda diciéndole que estaba en un antro de mala muerte, pedísimo y sin lana, a que anduviera así y que le dijera que todo estaba bien.

● Mantén contacto: una cosa es ser independiente y otra muy diferente es la seguridad. Avisa dónde estás, con quién estás, a dónde vas y a qué hora llegas. De todas formas tus papás te van a preguntar todo esto, por lo que les puedes facilitar el trabajo mientras te ganas su confianza. Reporta cualquier cambio de planes; cualquier papá prefiere que sus hijos les llamen y les digan que se van a quedar una hora más, que andar preocupados porque no llegan.

● No te hagas el cool con tus amigos: a los adolescentes les encanta farolear que casi casi les truenan los dedos a sus jefes, por lo que cuando están con sus amigos les hablan mal, les dan el avión o les cuelgan el teléfono, para además después hacer malos comentarios sobre ellos; esto nadie lo percibe como bueno. No hay nada más cool que ver a alguien que se lleva perfecto con sus jefes, que se tienen confianza y que se quieren mucho.

SITUACIÓN #10: ¡Mamaaaaaaá! Llevando la fiesta en paz

Es normal que surjan situaciones que rompan con la armonía familiar. Estas situaciones se dan por la acumulación de pequeños detalles que molestan a los integrantes de la familia durante la convivencia diaria. Los problemas más comunes surgen entre hermanos, pues después de llevar una infancia tranquila y a disposición de nuestros papás, se nos otorgan ciertas libertades que muchas veces pensamos que pueden rebasar a los otros miembros de la familia.

El problema de no poder llevar "la fiesta en paz" es que nuestros papás se terminan desesperando y optan por quitarnos las libertades que nos habíamos ganado con la edad, lo que se traduce en castigos, menos permisos para salir y excesivas reglas de control familiar. Si a esto le sumas los problemas que pueden llegar a darse con nuestros jefes (y que vimos en la situación anterior), el resultado es tener que vivir sobre un campo minado en el que en cualquier momento puede estallar la bomba.

Por lo tanto, veamos las situaciones que pueden volver loca a una familia para prevenirlas:

- No te olvides de las reglas básicas de cortesía y de las **"Palabras Mágicas"**. Aunque nos veamos diario, las buenas costumbres de respeto, higiene y modales deben prevalecer. Una buena recomendación es saludarse todos los días por la mañana y despedirse por las noches.
- Respeta los espacios: puede ser que compartas un cuarto o un baño, pero si tienes la suerte de no hacerlo ¡de todas formas sigues compartiendo una casa! Mantén limpios los espacios y accesorios comunes cuando los utilizas; por ejemplo, no dejes la pasta de dientes abierta y chorreada o la taza del baño sucia. Mantente fuera de clósets, cajones y recámaras que no te pertenecen y no te "apoderes" de las cosas y los lugares comunes (como la computadora o el cuarto de la tele) como si fueran tuyos. También respeta el espacio de convivencia cuando alguien tenga amigos invitados y no estés entrometiéndote. A su vez, respeta el espacio sonoro no molestando con tu música.
- Respeta las pertenencias: no agarres sin permiso lo que no es tuyo. Uno de los conflictos típicos entre hermanos es que uno se puso la ropa del otro, que el otro se comió lo que tú habías comprado, o que alguien prestó algo que no era suyo.

● Sé condescendiente y democrático: quiere decir que cuando te pidan prestada la ropa lo hagas con gusto, nada más pide que te la cuiden pero sin amenazar; ya verás que la próxima vez que tú quieras usar algo que no es tuyo con mucho gusto te lo prestarán. Y la democracia va en el sentido de las actividades que se comparten, como qué programa de tele ver, a qué restaurante ir o a quién le toca ir adelante en el coche; si tú cedes una vez la próxima ocasión te saldrás con la tuya.

● NUNCA critiques ni hagas sentir mal a alguien de tu familia: si tienes un hermano o hermana gorditos, chaparros, narizones, con granos o cualquier otra preciosidad que se te ocurra, no la utilices como una herramienta de ataque cuando se enojen ni tampoco te dediques a hacerle burla. No critiques a sus amigos ni a sus parejas y nunca le hagas sentir que es inferior. Las autoestimas dañadas casi siempre empiezan por el trato en casa.

● No los apenes en frente de otros: "¿Sabían que (poner nombre del hermano) tiene hemorroides?" no es un comentario que tus hermanos vayan a apreciar cuando estén con sus amigos. Tampoco las anécdotas penosas de cuando éramos pequeños ni cualquier situación que deba mantenerse en la intimidad familiar.

● Respeta el tiempo de los demás: no te tardes mucho tiempo bañándote, no hagas esperar a todos porque no te has terminado de arreglar, y sé puntual en las comidas y actividades comunes.

● COOPERA: es clásico que en reuniones familiares donde el trabajo en equipo es indispensable hay uno que no hace nada y se rehúsa a atender a los invitados, abrir la puerta o recoger los trastes. Ése siempre les cae muy gordo a todos. También es molesto el que no coopera con favores sencillos como recoger a un hermano de la fiesta (sólo por fregar, pues sabe que si no hace el favor no podrá ir) o mover un coche que está estorbando para salir.

● No abuses ni saques ventaja: si te están haciendo el favor de recogerte, no te tardes una hora en salir de la casa de tu amigo. Si te prestan la ropa no la regreses rota o sucia, ni te la apropies todos los fines de semana. Si te alivianan con billete, no te tardes seis meses en pagar. En resumen, si te hacen un favor no abuses de él y no te niegues cuando a ti te lo soliciten.

Hay que considerar a las personas que trabajan en tu casa

Si tienes la suerte de tener a alguien que trabaje en las tareas de la casa debes aprender a valorarla, ya que desgraciadamente pensamos que es algo "normal" cuando en realidad es un privilegio. Aquí te va una serie de consejos que te harán ser mejor persona y te ayudarán a caerle bien.

● No te olvides de las reglas básicas de cortesía y de las "Palabras Mágicas". Háblales con respeto y pide favores, no órdenes.

● Averigua cuándo es su cumpleaños y dale un regalo; haz lo mismo en Navidad o fin de año.

● Si tienes ropa en buen estado que ya no uses, ofrécesela.

● No niegues ni hagas diferencias con los alimentos ("nosotros comemos de esto y tú de lo otro").

● Si algo está mal (una prenda en un cajón que no le corresponde, un alimento mal preparado), enséñale, no la reprendas.

● Si el transporte público no pasa cerca de tu casa, si tienes la opción, ofrécele un *ride* a la parada.

SITUACIÓN #11: ¿Puedo ir a la fiesta?

Llega por fin el esperado fin de semana... la escuela estuvo pesadísima pues fue semana de exámenes... te urge reventar... es la fiesta del año hoy por la noche... va a ir ya sabes quién... ¡Y tienes que pedirles permiso a tus papás!

Como no te la puedes perder, aplica lo siguiente:

- Si sigues al pie de letra todas las recomendaciones de las Situaciones #9 y #10 no hay de qué preocuparse, por supuesto te dejarán ir.
- Hay una relación directa entre buenas calificaciones y permisos. Si bien ya no encontrabas una buena razón para echarle ganas al estudio, piensa que es tu boleto de entrada para cualquier festejo.

  Las primeras salidas son IMPORTANTÍSIMAS, pues de ellas dependerá todo el futuro de los permisos. Cumple con todas las reglas que te pongan tus jefes, así te irás ganando su confianza y poco a poco te vas a ir ganando más libertades.
- Intercambia eventos: ésta funciona de maravilla. Hay actividades que a nuestros papás les encanta hacer pero que a nosotros no tanto, por lo que aquí se aplica la famosa frase de "dando y dando". Frases como "Ándale, pá, si me dejas ir a la fiesta, el domingo nos vamos con los perros a pescar" o "Mira, má, yo me voy a la fiesta, pero mañana te llevo a comer un helado de los que te gustan" siempre funcionan.
- Anticipa permisos: no te esperes hasta el último minuto para pedirlo. Si crees que arreglarte y después pedir permiso como chantaje funciona, estás muy equivocado, únicamente das la sensación de que no te importan las reglas. Aprovecha tus logros (como una buena calificación) para pedir un permiso a futuro, así cuando te digan que no puedes ir les dices: "¿Te acuerdas que me dijiste...?".

- Otra opción más arriesgada de anticipar permisos es la técnica del "Monte Splash" de los Simpsons. Se acercan las vacaciones y Bart y Lisa quieren que los lleven al parque acuático Monte Splash, pero Homero dice que no, por lo que con mucho tiempo de anticipación le empiezan a decir las 24 horas del día: "¿Nos llevas a Monte Splash?", "¿Nos llevas a Monte Splash?", "¿Nos llevas a Monte Splash?"... es lo primero que escucha Homero al despertar y lo último cuando se va a dormir, incluso cuando se baña sigue escuchando el "¿Nos llevas a Monte Splash?", "¿Nos llevas a Monte Splash?", "¿Nos llevas a Monte Splash?", hasta que se desespera y les dice que sí por el simple hecho de que se callen. Digo que es arriesgada porque te atienes a que te amarren y te pongan un calcetín en la boca.

- Usa a papá o a mamá de intermediarios: siempre hay uno que decide los permisos, utiliza al otro para que le diga por qué es muy importante que vayas a esa fiesta y que además le recuerde lo buen hijo o hija que has sido en los últimos meses...

- Al regresar platica con ellos: cuando llegues a casa tómate unos minutos para contarles cómo te fue y qué tal te la pasaste. Cuéntales alguna anécdota chistosa y omite las broncas y a los borrachos. Finalmente, dales las gracias por dejarte ir.

- Si de plano te dicen que no, primero sé sincero y evalúa si tienen razón de dejarte ir o no; si les acaban de avisar que estás en peligro de reprobar el año o si regresaste de la última fiesta rodando, debes entender que estás pagando las consecuencias de tus actos. En cambio, si no encuentras una razón aparente, discútelo SIN ENOJARTE. Entiende las causas y trata de poner una solución. Si es porque piensan que es muy peligroso y no quieren que algo malo te pase, promételes que te cuidarás y les avisarás cómo estás cada hora ¡y cúmplelo! Si es porque al día siguiente tienen un evento y no quieren que estés crudo o desvelado, asegúrales

181

que no beberás de más y que llegarás temprano... Finalmente, si ves que no te dejan ir por pura necedad, recurre al chantaje, ellos se lo buscaron, diles que si no vas te van a bajar a tu *date*, que ya no te van a invitar a las demás fiestas, que vas a perderte de un evento que se recordará por siempre o cualquier otra cosa que se te ocurra...

● Por último, pase lo que pase no te enojes, no les hables mal o armes un berrinche, pues no solamente dejarás de ir a esa fiesta sino a todas las demás.

SITUACIÓN #12: Te invito a mi casa

En la juventud hay dos quejas seguras: que nunca estás en tu casa, o que tus amigos o amigas siempre están en la tuya. Y es que la cercanía y complicidad de un amigo funciona en todo momento: para estudiar o para echar la flojera, para reír o para llorar, para arreglarse para ir al antro o para ayudarse a regresar a la cama, para dormirse contando historias y para despertarse y comentar el punto del día anterior... y así sucesivamente. También es común que durante esta época nuestros amigos y amigas nos inviten a pasar un fin de semana o unas vacaciones con ellos y su familia... Pero como dicen que el muerto y el arrimado a los tres días apestan, aquí te van estas recomendaciones que serán como perfume para que siempre seas bienvenido en las familias de tus amigos y no seas el apestado:

● No olvides agradecer: como prácticamente vivimos en casa de nuestros amigos, la confianza puede hacer que se nos olviden algunas reglas básicas de cortesía, como decir gracias. Siempre que vayas a casa de un amigo agradece que te haya invitado, pero sobre todo da las gracias a sus papás.

● Sigue las reglas de la familia sin quejarte: si en viajes de carretera no les gusta hacer escalas o si el desayuno lo sirven muy temprano, aguántate y no juzgues sus costumbres pensando que lo que hacen en tu casa es mejor.

- No te quejes de la comida: si hay algo que no te gusta pide que te sirvan sólo un poco pues no tienes mucha hambre; nunca digas que no vas a comer porque no te gusta, pues harás sentir mal a la familia, y por ninguna razón pidas que te hagan algo especial. Cuando salgan a restaurantes, trata de pedir en las mismas cantidades que tu amigo o amiga; por ejemplo, si ves que no ha pedido otro refresco, tú tampoco lo hagas.
- Ofrécete a ayudar: cada vez que veas una oportunidad de ayudar hazlo; ya sea para levantar los platos o para colgar un cuadro, tu ayuda siempre será bienvenida y muy bien vista.
- Mantén siempre los baños y áreas comunes limpias: no dejes platos sucios y ropa regados por toda la casa.
- Respeta mucho el refri y no tomes nada de la casa sin antes pedir permiso.
- Cuida mucho tu higiene: que vean que te lavas las manos antes de comer, que te bañas diario y que no tienes malos hábitos. Si te quedas a dormir, siempre arréglate para la hora del desayuno y estira la cama.
- No retrases a la familia: trata de estar siempre listo a las horas acordadas aunque tu amigo o amiga no lo esté. Sé entusiasta y adáptate a los planes, estate listo para hacer de todo... o para no hacer nada.
- Si te invitaron de viaje debes llevar un detalle de agradecimiento o hacérselos llegar a tu regreso.
- Si por accidente rompes algo o lo echas a perder, debes ofrecer disculpas y preguntar de qué manera lo puedes remediar. Si un amigo tuyo rompe o descompone algo, no debes hacerlo sentir mal y lo correcto es decirle que no se preocupe pues se trató de un accidente. Debes tratar a tu invitado como si fuera parte de la familia. Si tú hubieras roto o descompuesto algo por accidente, ¿te lo cobrarías?

● Traten de turnarse las visitas: si te la vives en otra casa, tus papás pueden sentirse lastimados de que siempre prefieres estar en otro lugar, y si siempre está alguien contigo, tus papás pueden pensar que si acaso ese niño o niña no tiene casa, pues ya es hora de que tú también te vayas a ensuciar de vez en cuando a otro lado.

● Finalmente, no hagas nada que no harías en tu casa o enfrente de tus papás.

SITUACIÓN #13: Caerles bien a los maestros

El maestro que te diga que es totalmente justo para evaluar está mintiendo. Esas frases tan usadas que dicen "Es que reprobé porque le caigo mal al maestro" o "Es que el profe me tiene ganas" son ciertas... Sí, ya sé que soy la primera persona que te da la razón pues siempre nos dicen que son puras excusas; pero yo fui alumno y ahora soy maestro, y la teoría funciona muy sencilla: cáele bien al maestro y éste hará lo posible por ayudarte; cáele mal al maestro y verás que se las ingeniará para reprobarte aunque saques 10. ¡Suena lógico! Por lo tanto toma nota de lo siguiente:

● Ten mucho cuidado, ya que existe una delgada línea entre cuidar nuestra imagen con el maestro y hacerle la barba. No la rebases pues el profesor tiene sensores contra lambiscones y si se le activan será contraproducente.

● Averigua sobre el profe o la maestra: pregúntale a alguien que haya tomado clases con él o ella cómo es, qué le gusta (casi siempre ponen ejemplos con sus gustos), qué es lo más importante de su clase, qué es lo que le enoja y hasta cuándo es su cumpleaños. Esta información la usaremos durante todo el curso.

- Agárrale la onda: pon mucha atención los primeros días de clase, ahí te darás cuenta de qué estilo tiene, qué reglas pone, qué comportamiento espera de nosotros y cómo es de trato. Estas cosas debemos tener muy en cuenta durante su clase; por ejemplo, si dijo que la participación es importante, trata de hacerlo lo más posible.

- **Preséntate:** aunque haya pasado lista, al final del primer día de clases acércatele, recuérdale tu nombre y platica un poco con él o ella; usa la excusa de que quieres saber cómo le gusta que le entreguen las tareas (con portada, en fólder, esto te hará ver como alguien responsable) y trata de sacar un comentario en relación con su especialidad o las cosas que averiguaste que le gustan; por ejemplo, si le gusta el fut dile algo así como: "Oiga, prof, ¿le gusta el fut?" y después de su afirmación puedes preguntarle a qué equipo le va y hasta bromear con apuestas teniendo un poco de camaradería. Como aún no conoce a nadie, verás que la siguiente vez que pase lista cabeceará buscando al que dice presente, pero en tu caso volteará directo hacia ti.

- Siéntate al frente: los profesores tienen mucho más presentes a los alumnos que se sientan al frente y tienen más interacción con ellos, por lo que se configuran una imagen de que fuimos más atentos y participativos que los del fondo.

- Sé puntual y asiste: no hay nada que más le moleste a un maestro que un alumno que no asiste a clases o que llega tarde. Si te esfuerzas en este punto, verás que prácticamente tienes aprobada la materia.

- Ofrécete a ayudar: es clásico que falla un proyector o no hay gises o plumones. Toma la iniciativa de decir que tú los consigues, al profesor inconscientemente se le queda grabado que lo ayudaste y seguro te recompensará; aplica esta técnica lo más que puedas. Otra clásica es que tú saques las copias del material que dejó para repartirse, o la

185

más clavada es la de ofrecerte como jefe de grupo (pero siempre da más flojera).

● Pon atención y participa: o al menos finge que pones atención. Nos da lo mismo reposar en la banca recargados hacia atrás y con los brazos cruzados, que apoyados hacia el frente con los codos en la mesa, la única diferencia es que la primera comunica desinterés y la segunda atención. Participa cuando lo solicite, pon ejemplos si los pide y aporta a la clase. Aquí la técnica clavada es adelantar conocimiento: si sabes qué tema van a ver la próxima clase, investiga algo en internet para que cuando pregunte o pida ejemplos podamos poner uno bueno. También está la clásica aportación nerd que el profe siempre agradece, como "Una vez leí que también las monocotiledóneas..."

● Haz las tareas: no importa si están bien o mal pero tú cumple puntual (y de preferencia que estén bien). Dales una buena imagen visual: portada con el nombre del maestro (les encanta que les des su lugar), engargolada, imágenes... La pura forma hará que piense que te esfuerzas. La técnica clavada aquí es poner un poco más de lo que pidió: hacer referencia a alguna lectura que encontraste, dos ejercicios más de los que pidió, etcétera.

● Hazte presente con dudas: si no sabes o no eres bueno en la materia, al menos da la impresión de que te importa aprender. Acércatele antes o después de clase para que te explique algo que no te quedó muy claro o preséntale un ejercicio y pregúntale si de esa forma se puede resolver.

● Fechas importantes: en su cumpleaños, en el día del maestro (15 de mayo), en Navidad o fin de año y hasta en Halloween y el 14 de febrero, llévale un detalle. No un regalo ostentoso que lo pueda tomar como soborno, sino algo pequeño como una paleta o una postal. Para su cumpleaños, un detalle que tenga que ver con la docencia será bien recibido.

- No lo **atosigues**: estas recomendaciones se deben llevar de manera sutil y no se trata de estar encima del profesor o la maestra. Si te conviertes en el alumno fastidioso que todos los profesores tenemos, más que quererte te van a alucinar.
- No le discutas enfrente de la clase aunque pienses que tienes la razón. Algo que nunca debes hacer es pegarle en el orgullo a un maestro. Somos muy celosos de nuestra autoridad y seguramente te usará para demostrarle al grupo que no se anda con rodeos y que con él no se juega. Si algo no te pareció, trátenlo en privado después de clase.
- Acepta tus errores: cuando la riegues y te cachen, no te hagas güey; el castigo será menor si aceptas rápido tu responsabilidad, ofreces disculpas y propones un arreglo. Dentro de mis reglas como profesor tengo un castigo muy severo para quien le suena el celular: les bajo un punto final. Siempre que alguien rompe esta regla soy inflexible pues siempre me ponen excusas (es que es nuevo y no sé cómo callarlo; según yo lo había apagado pero anda fallando, etc.), pero el otro día le sonó a una alumna y al terminar la clase se acercó, me pidió perdón, dijo que la regó pues conocía las reglas de la clase, pero que se le pasó y que me proponía hacerme un trabajo sobre cómo han evolucionado los protocolos del celular. Por supuesto lo acepté y no le bajé el punto.
- Agradécele antes y después del examen: el último día de clases antes de la semana de exámenes, cuando oficialmente hayan terminado el temario, al concluir la clase acércatele al maestro y dale las gracias por el tiempo, dedicación y por los conocimientos adquiridos. Al finalizar tu examen vuélvele a agradecer y dile que se estarán viendo por la escuela (dándole a entender que estás seguro de que pasarás). Te prometo que si no te fue tan bien, verá cómo puede ayudarte.

Por último quiero que sepas que estas recomendaciones ¡¡¡no te excluyen de estudiar!!! Si combinas esto con buenas calificaciones te crearás una excelente imagen como alumno, y ya sabes la importancia de la reputación. Así como los alumnos platican y se quejan de los maestros, éstos también platican y se quejan de los alumnos; si te generaste una mala imagen, tu nuevo profesor llegará programado de que eres malo. Pero si haces lo aquí descrito verás que clase con clase irán aumentando tus bonos y se te hará más fácil la escuela. También recuerda que la gran mayoría de los maestros ama su trabajo y lo hace con la única motivación de hacerte una mejor persona. Valora eso y siéntete siempre afortunado de tener la oportunidad de recibir una educación que, aunque no lo creas, está motivada por el amor.

SITUACIÓN #14: Imagen sobre ruedas

¿Sabes manejar?... ¿¡Realmente estás seguro de que sabes manejar!? Utilizar correctamente un coche es mucho más que saber prenderlo, acelerar, frenar y usar el volante; es seguir una serie de normas que se dividen en tres categorías: Buenas Maneras = Seguridad, *Road Rage* (furia al volante) y Cortesía al Volante.

Buenas maneras = Seguridad

Un 80% de los accidentes de tránsito son producto del factor humano, eso deja un margen muy bajo de culpa al coche y a las condiciones del terreno; por lo tanto, tenemos que ser conscientes de que traemos en nuestras manos una máquina pesadísima y potencialmente asesina que debemos saber operar, pues quiero que sepas que a nivel mundial los choques son la principal causa de muerte entre los jóvenes. Las buenas maneras que nos dan seguridad se pueden resumir en cuatro:

- Ponte el cinturón de seguridad: el cinturón salva vidas; no importa cuánto te incomode o qué bizcas se te hagan las *boobs*, ¡siempre debes ponértelo! No importa si vas manejando, de copiloto o en los asientos traseros, debes tomar conciencia de que el cinturón de seguridad está ahí por algo. ¿Sabías que únicamente el 23% de los muertos en accidentes de tráfico traían puesto el cinturón? Por lo tanto, amárrate a la vida y por regla no dejes que nadie se suba en tu coche si no trae puesto el cinturón, ya que finalmente si les pasa algo tú eres el responsable de su seguridad.

- No manejes borracho ni dejes que nadie más lo haga: dejemos algo muy en claro:

  EL PROBLEMA NO ES BEBER SINO MANEJAR BEBIDOS.

  Es normal que quieras echarte unos drinks en la fiesta, pero es totalmente anormal atentar contra tu vida y la de los demás manejando borracho. Sobre este punto profundizaremos en la Situación #24. También aquí te digo que manejar cansado es equivalente a que te hayas echado cinco chupes.

- Respeta los límites de velocidad y los señalamientos: al principio puedes pensar "ah, qué rico es pisarle, la adrenalina se siente cañón y además todos me la pe...", pero debes saber que mientras más aceleras menos ves, más tardas en reaccionar y detenerte, menos adherencia tienes al pavimento y tienes un 75% más de probabilidades de matarte si chocas. Chécate estas dos gráficas que nos explican cómo a mayor velocidad disminuye nuestra visión y aumenta la distancia para detenernos:

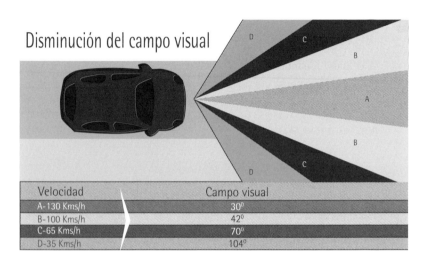

Disminución del campo visual

Velocidad	Campo visual
A-130 Kms/h	30°
B-100 Kms/h	42°
C-65 Kms/h	70°
D-35 Kms/h	104°

Tiempo de reacción: 3/4 de segundo a 1

Distancia de reacción + distancia de frenado =

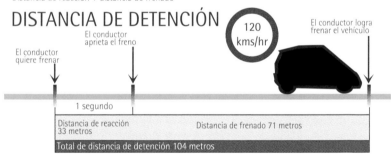

DISTANCIA DE DETENCIÓN

El conductor quiere frenar

El conductor aprieta el freno

120 kms/hr

El conductor logra frenar el vehículo

1 segundo

Distancia de reacción 33 metros

Distancia de frenado 71 metros

Total de distancia de detención 104 metros

También tienes que respetar las señales de tránsito: amarillo en un semáforo significa frena, no acelérale porque sí pasas. No rebases con línea continua en carreteras de dos vías y si lees que adelante vienen curvas peligrosas es por algo. Mantén tu distancia con el coche de enfrente y cuando llueva no le pises, ya que manejar se vuelve 60 veces más peligroso con el pavimento mojado.

● No te distraigas mientras manejas: después del alcohol la principal causa de accidentes son las distracciones, por lo tanto no marques por
tu celular ni mandes mensajitos, no comas, no te vayas maquillando, no
traigas mascotas en los asientos y no te pongas a buscar canciones en
tu smartphone. Tampoco vayas haciéndole al güey con tus amigos ni
jugando a molestarse.

Road rage

"Iba en mi coche cuando un tipo se me cerró cañón, yo me ardí y empecé a
tocarle el claxon como enfermo y a pegármele mucho; él se frenó en seco
delante de mí y me empezó a pintar dedo, lo que hizo que me encab... más,
por lo que lo rebasé por la derecha, lo insulté, me le cerré con todo y empecé a
avanzar súper despacito. El güey se frenó y se bajó del coche y me hizo señas
de que le sacaba. Yo en vez de irme y no pelarlo me bajé también dispuesto a
madrearme. Lo que no sabía es que él traía una pistola y nada más me bajé,
me disparó y huyó asustado. Afortunadamente la bala me dio en el pie y
no me hizo mucho daño, pero sé que por una pend... podría estar muerto."

SERGIO, 27 AÑOS

¿Te has dado cuenta de cómo hasta la más dulce viejecita se transforma en
un maniático asesino cuando hay tráfico? La furia al volante o *Road Rage* se ha
convertido en un mal de nuestros días cuando cada vez hay más coches, menos
tiempo, más tráfico y menos conciencia social. Más adelante, en la Situación
#16, veremos cómo controlar nuestro enojo en cualquier situación, pero vea-
mos algunas recomendaciones para evitar conflictos al manejar:

● No toques el claxon por cualquier cosa: úsalo sólo para avisar algo importante y no como un método de insulto. Es normal que si alguien está

en la baba en un semáforo que ya está en verde le avisemos con un ligero pitido, pero no lo hagas inmediatamente después de que cambió la luz... tú también te tardas en reaccionar. Esta misma recomendación aplica para los cambios de luces.

- Si alguien hizo algo que te molesta, no te le quedes viendo al rebasar ni le hagas gestos o ademanes que lo insulten. Si alguien te toca el claxon a ti o te está viendo al rebasar, ignóralo.

- No te les pegues mucho a los coches y menos si vas a alta velocidad como para decirles que se quiten; además de ser peligrosísimo, lo único que lograrás es que vayan más despacio.

- No bloquees pasos, puertas de entrada o carriles; es un factor determinante pa' que te la mienten y te ardas.

- Cuando empezamos a manejar o un amigo por fin tiene coche, es común ir por la calle molestando a los otros conductores y a los peatones. Todos hemos aventado huevos, globos, gotchas o dado tapetazos... esto es estúpido, aunque parezca divertido estamos hiriendo profundamente el ego de las demás personas y el mundo actual está muy loco como para rifárnosla haciendo estas payasaditas.

Cortesía al volante

Las buenas costumbres deben conservarse aun cuando vamos manejando. Cuando vamos en el coche también les podemos caer bien a las personas y formarnos una Imagen Cool, sólo basta con tener buena educación y seguir estas recomendaciones (ojo, además también tienen una estrecha relación con la seguridad):

- Cede el paso: si alguien quiere pasar dale chance, no vas a llegar antes por aventarle el coche a alguien que quiere pasar; sé aún más considerado si alguien te está poniendo la direccional para avisarte que quiere pasar. Si ves a alguien tratando de salir o entrar de una casa, frénate y déjalo maniobrar. Si hay tráfico y ves coches tratando de incorporarse a la fila pues vienen, por ejemplo, saliendo de un estacionamiento, cuando avancen los coches hazles señas de que pueden pasar delante de ti (con dejar pasar a uno estás siendo cortés, para el resto debes confiar en la educación del conductor que viene detrás de ti). En cuellos de botella debe aplicarse la regla del "uno y uno", que quiere decir que si de dos carriles se hace uno solo, los automóviles deben pasar intercalándose.

- Sonríe y da las gracias: cuando alguien sea cortés contigo, sonríele y agradécele con un ademán. No hay nada más molesto que dejar pasar a alguien y que ni te voltee a ver; te dan ganas de no ser cortés nunca más.

- Usa las direccionales: es un principio básico de educación además de que tiene que ver con la seguridad. Avisa cuando vas a dar vuelta y también cuando te cambies de carril, verás que te acostumbras rápido a usarlas y luego lo haces inconscientemente. Es de mediocres pensar que si usas las direccionales los otros no te dejarán pasar. También usa las intermitentes o *flashers* para avisar situaciones de peligro o que vas a detenerte por completo.

- No te quedes a media calle: si hay tráfico y te toca un semáforo, no avances hasta estar seguro de que libras por completo la calle que atraviesa mientras dura el verde. Aventarte porque ya se va a poner el rojo y estorbar a los que ahora tienen el siga es desconsiderado y hasta peligroso.

- Usa los carriles de la derecha: en vías rápidas y carreteras usa sólo el carril de la izquierda para rebasar. Si vas por el carril de alta velocidad y alguien te hace el cambio de luces o te pide el paso con la direccional, déjalo pasar, aunque no vaya respetando el límite de velocidad está en su derecho; además, lo más seguro es que al rato lo veas con una patrulla a la orilla de la carretera.

● Respeta al peatón: las personas que van caminando tienen los mismos derechos de pasar que tú, por lo tanto no bloquees el paso de cebra y déjalos pasar cuando des vuelta en un alto.

● Sé considerado con los otros tripulantes: aunque sea tu coche, pide permiso para fumar, pregunta si quieren aire acondicionado o si les molesta el aire de las ventanas; no pongas la música a todo lo que da y trata en general de ser un buen "anfitrión".

● Cortesía al estacionarnos: en estacionamientos no apañes lugares, siempre fíjate si no había nadie esperando antes que tú, no te metas en sentido contrario para ganar lugares y, por supuesto, no te estaciones en lugares reservados para personas con discapacidad o que no van de acuerdo con el tamaño de tu coche. No bloquees las puertas de los otros coches y ten cuidado con los portazos al bajarte. Si estás de salida y hay alguien esperando no te tardes en salir, son odiosas las personas que, aun viendo que hay alguien, se ponen a hablar por teléfono, a acomodar cosas y a tardarse años en prender el coche.

● Tu coche habla por ti: se convierte en una extensión de tu personalidad, por lo que si lo traes sucio, descuidado y en mal estado, pensarán que tú eres así. Revisa periódicamente los niveles de los fluidos y de la presión de las llantas y recuerda que es tu responsabilidad mantenerlo en buen estado.

Finalmente, siempre **MANEJA A LA DEFENSIVA**. Tú puedes ser un fregón, pero el otro puede ser un irresponsable, venir borracho o ser un conductor agresivo. Recuerda que la audacia, la pericia y la superioridad no se deben demostrar al manejar, siempre recuerda que el fin de cualquier automovilista es **LLEGAR VIVOS A LA META.**

SITUACIÓN #15: ¡Qué oso!

"Era el primer día de la universidad y estaba llenísima la explanada donde se junta toda la gente. Yo traía una botas nuevas e iba bajando las escaleras para juntarme con mis amigas. No sé qué pasó, pero el chiste es que para cuando me di cuenta ya iba rodando y además salió volando la carpeta que traía en la mano; todos se empezaron a reír y me puse rojísima."

PAU, 18 AÑOS

"Invité a salir a una niña que me latía cañón e íbamos en mi coche cuando me dieron ganas de estornudar perro, me puse la mano en la boca, estornudé y sentí que me había salido algo, pero no tenía manchada la mano. En eso la niña empezó a decir: 'Guácala, qué asco, ¿qué es eso?'. Cuando vi que señalaba el volante me di cuenta de que había un gallo verde asqueroso pegado a él. Nunca más salí con ella."

RODRIGO, 22 AÑOS

"Estábamos en una reunión y entré al baño de visitas de la casa. Cuando estaba en lo peor de lo peor, abrió la puerta el niño que me gusta y me vio todo. Sé que a él le dio pena también pues nos evitamos toda la fiesta. Según yo le había puesto seguro."

ELOÍSA, 17 AÑOS

"Un amigo me invitó a su casa y entrando a la privada donde vive vi una casa pintada de un color espantoso, yo comenté burlón que qué onda con el colorcito de esa casa... era la suya."

JONÁS, 14 AÑOS

¿Cuántas veces no has hecho el ridículo y lo único que quieres es que alguien venga a salvarte? Hacer el oso es normal y puede afectar nuestra Imagen Cool si no lo sabemos manejar. Un pobre amigo mío, cuando teníamos siete años, se enfermó de la panza y se hizo en plena clase; 20 años después, le seguimos apodando "El Cacas".

Hay muchos tipos de osos:

Los Accidentes: cuando nos caemos, nos pegamos, tiramos algo, chocamos estúpidamente o se nos rompe la silla. El de Pau es uno de ellos.

Los Escatológicos: tiene que ver con fluidos y sonidos corporales. Ejemplo: se te sale uno, te haces pipí, traes un moco, te baja... El de Rodrigo es uno y por supuesto también el de "El Cacas".

Los Pudorosos: tienen que ver con nuestra intimidad o sexualidad; se te rompe el pantalón, se te cae el bikini, traes la bragueta abierta, te cachan echando pasión o sin querer le tocas por ahí a alguien. El de Eloísa es un claro ejemplo.

Los Fuera de Lugar: es lo que le pasó a Jonás. Le dices a una mujer con sobrepeso que si está embarazada, un hombre saluda de beso a otro pensando que es mujer o asustamos al papá de un amigo pensando que era él.

Cuando estemos ante una de estas situaciones sigamos los **"4 Pasos Para Manejar el Ridículo"**:

1. No justifiques lo injustificable: ve cómo en el futbol cuando un jugador la falla cañón y hace el oso siempre se voltea a ver los tacos o se agacha para amarrarse las agujetas como si eso hubiera sido el problema. Pasa igual, no hay que dar explicaciones como "es que las botas son nuevas" o "era una broma, ya sabía que era tu casa". El ridículo ya lo hicimos.

2. Mantén la calma: no falta la que se le rompe la silla y se levanta como resorte como si nada hubiera pasado, o al que se le sale un moco y huye

despavorido... Lo que se tiene que hacer es no perder el cool, debes respirar profundo y pensar: "Acabo de hacer el oso cañón pero no pasa nada". En el caso de los accidentes la peor reacción es hacerte la víctima o decir que estás lastimado cuando no es cierto, haces el oso el doble.

3. Entabla contacto visual: lo más normal es que no queramos existir en ese momento, y si pudiéramos hacernos invisibles, lo haríamos, es por eso que evitamos el contacto visual; ¿se acuerdan del avestruz? Recuerda que ver a los ojos transmite seguridad, y créeme, en ese momento la necesitamos.

4. Ríete de ti mismo: hay que aprender a disfrutar hasta de esos momentos; si la tomamos con humor, la situación quedará como una anécdota chistosa en vez de un osote. Además recuerda que al sonreír producimos endorfinas.

Por último piensa lo incómodo que es hacer el ridículo, por lo tanto cuando otro lo haga no hay que hacerlo sentir peor.

SITUACIÓN #16: ¡No te ardas!

"El que se enoja pierde." Seguramente has escuchado esta frase mil veces, pero es verdad. ¿Te acuerdas del testimonial de Sergio, al que le dieron un balazo en la Situación #14?, o ¿qué tal cuando te peleas con tus papás y luego no te dejan ir a la fiesta?

Porque todos somos diferentes, cada uno de nosotros maneja el enojo de distintas maneras. A veces lo manifestamos de tal forma que nos hace sentir bien en el momento porque nos desahoga, pero más tarde nos causa más problemas y nos hace sentir de la fregada. Y en otras ocasiones nos guardamos nuestro enojo porque no queremos crear problemas... ¡pero habernos quedado así nos hace sentir peor! Por lo tanto, para manejar el enojo primero tenemos que detectar qué es lo que nos arde para así poder dominarlo. Aquí te pongo 12 situaciones que arden a cualquiera:

- Que nos dejen plantados.
- Tráfico insoportable.
- Que hagan bromas sobre un tema que es delicado para nosotros.
- Que nos acusen o regañen injustamente o sin fundamento.
- Tener que ordenar o limpiar lo que otra persona desordenó o ensució.
- Que te roben algo o que te lo rompan o descompongan.
- Que alguien critique nuestra apariencia o que se burlen de nuestro físico.
- Que nos mientan.
- Que alguien nos haga quedar mal enfrente de otros o que nos avergüencen.
- Que nos hagan chismes o que se traicione una confidencia.
- Que nos hagan una broma pesada o que nos peguen aunque sea de juego.
- Que encuentres a tu novio o novia poniéndote los cuernos con todos tus mejores amigos o amigas a la vez (sí ardería un poco, ¿no?).

Enojarse es natural y humano, el problema es cuando la emoción del enojo se siente con demasiada intensidad, con demasiada frecuencia o se expresa de manera inapropiada. Esto causa estrés físico, además de dañar nuestra Imagen Cool. Recuerda que un principio básico de lo cool es ser tranquilos y evitarse problemas.

La expresión inapropiada del enojo tiene inicialmente muchas recompensas aparentes, por ejemplo, la reducción de la tensión, el control sobre otros y la sensación de triunfo; pero a la larga estas recompensas conducen a consecuencias negativas. Existen 2 mitos acerca del enojo:

- **Mito #1.** El enojo conduce automáticamente a la agresión. No es cierto, existen otras maneras más constructivas y asertivas para expresar nuestra ardidez.
- **Mito #2.** Siempre es recomendable expresar el enojo. Durante muchos años se creía que la manifestación agresiva del enojo, como gritar o pegarle a la almohada, era terapéutica y saludable. Sin embargo, los estudios actuales han encontrado que las personas que expresan su enojo de manera agresiva simplemente llegan a ser mejores... ¡en su función de sentirse enojadas! En otras palabras, expresar el enojo de una manera agresiva refuerza la conducta agresiva y hace que nos enojemos más.

Por lo tanto, he aquí tres formas de controlar el enojo:

- **TIEMPO FUERA:** consiste en respirar profundamente y pensar en lugar de reaccionar de inmediato. Es el famoso "cuenta hasta 10", pero si es necesario, ¡cuenta hasta 1000!, o aléjate de la situación que te esté enojando. Es mejor darte la media vuelta e irte, que insultar y herir con palabras y hasta golpes.
- **EL CARA DE PIEDRA:** no respondas. Mientras menos digas, mejor. Se trata de darle a entender a la otra persona que no estamos de acuerdo, que estamos enojados y no nos parece la situación que se está viviendo ¡pero sin palabras! Entabla contacto visual y pon un gesto serio y duro, después de un tiempo retírate y desahógate a través del ejercicio o comentándolo con un amigo o amiga que no esté involucrado en la bronca.

● **EL MINIMIZADOR:** recuerda que nada es para tanto. Bromear acerca de ti o de las circunstancias que te están enojando alivia la tensión. Si Sergio hubiera minimizado la situación del güey que se le cerró y mejor hubiera pensado "anda pásale, has de ser muy importante y tener mucha prisa", seguramente no le habría pasado nada.

SITUACIÓN #17: Ligando, saliendo, andando y tronando

Ligando:

Conquistar a la persona de tus sueños puede que te parezca imposible, pero quizá no sea tan complicado. Hay que quitarnos de la cabeza que muchas personas son inalcanzables; si no me crees, ve las portadas de revistas en donde hombres y mujeres no tan favorecidos se hacen acompañar de famosos y modelos casi perfectos. Las mujeres reconocen que el hombre perfecto es aquel que es auténtico, seguro, capaz de hacerla reír. Y todos los hombres reconocen que, más que un buen cuerpo o una cara divina, lo que buscan es una niña que no sea insegura, que lo consienta, que lo haga sentir importante, que lo apoye y sea detallista. Por supuesto, también dicen que si está guapo o guapa, mejor... pero realmente ¿qué es la belleza? Por lo tanto... ¡si no ligas es porque no quieres!

¿Yo también le gustaré?

Por simple lógica es mucho más fácil ligar con alguien a quien ya le gustas, pero chance tú ni siquiera te has dado color de la situación. También hay muchas veces que te enteras de que le gustas a una persona que en la vida habías visto y te das cuenta de que también es tu tipo; es por esto que hay señales que debes saber detectar para darte cuenta si alguien quiere contigo, aunque nunca te lo vaya a decir. Checa esto:

- Se te queda viendo y te sonríe: créeme que no se está burlando, te está coqueteando y quiere contigo cañón.

- Busca excusas para estar contigo o hablarte por teléfono: ya sea para pedirte la tarea o hasta lana para el lunch, cualquier excusa es buena para poder llamarte o para platicar contigo. Si esto se repite mucho y a ti también te gusta... ¡qué esperas!

- Cuando estás cerca habla más fuerte: se quiere dar a notar y hasta lucirse.

- Cuando están juntos busca el contacto físico: ¿te toca el brazo, te agarra la mano o te toma por la espalda al saludarte...? Se me hace que esa persona quiere tocar un poco más. Muchas veces este toqueteo es con la excusa de algún jueguito estúpido, como leerte la mano.

- Al platicar inclina la cabeza de lado como mostrando el cuello y juega con el pelo o se rasca la cabeza.

- ¿Se la pasa molestándote?: una señal del enamoramiento es comportarnos como que no nos gusta la otra persona, por lo tanto si te hace burla, te pellizca, te asusta y en general se la pasa fregándote... ¡le gustas, le gustas...!

- No quiere decirte quién le gusta: cuando le preguntas si le gusta alguien nunca te lo va a decir; pero su lenguaje corporal te da a entender que si no te lo dice es porque eres tú.

- Él o ella sí quieren saber todo el tiempo quién te gusta a ti: te preguntará con quién sales o quién es la persona que más te gusta del colegio o la oficina. Como insistirá hasta que se lo digas, pues ya dile: "Eres tú".

- Cuando salen en grupito no se te separa: busca estar contigo en la fiesta o en el antro y te picha chupes o termina bailando contigo. También pareciera que su meta es empedarte.

● Critica a los otros güeyes o chavas: sobre todo si a ti te gusta ese otro u otra, tratará de verle todos los defectos a la competencia, que de pura casualidad, son opuestos a sus virtudes.

● Sabe todo sobre ti: ya averiguó tu cumpleaños, tu comida favorita, tu equipo de fut, tu *mail* y hasta tu tipo de sangre.

● Se tatuó tu nombre con una navaja... aléjate, es obsesión.

Ahora que si tu meta es gustarle a alguien aquí te van unos tips para que sepas ligar:

● **Muestra tu seguridad:** tanto a hombres como a mujeres les encantan las personas que son súper seguras. Ser indecisos no es nada bueno al momento de querer iniciar una relación pues la otra persona nos percibirá como débiles y poca cosa. No dejes pasar las oportunidades para ligar, si te tardas mucho en acercártele, alguien más le va a caer y te vas a arrepentir. Aborda a las personas y nunca pienses que es inalcanzable o demasiado para ti.

● **Busca el momento adecuado para acercarte:** trata de hacerlo cuando la persona esté sola y parezca que no tiene nada que hacer; si te acercas cuando está con sus amigas bailando o con sus cuates en la barra, seguro no te pelará. Hay muchos otros lugares en donde se liga más fácil que en el antro: en la escuela, el centro comercial o las fiestas es más fácil, sólo que muy pocos se atreven.

● **Quédatele viendo y sonríele:** ya hemos visto qué comunica el contacto visual y la sonrisa, mándale un mensaje de amabilidad y empatía, y evita las miradas sugerentes o cachondas. El contacto visual al ligar no puede ser muy breve ni tampoco tan largo que intimide; mantén la mirada el tiempo que necesitaríamos para decir esta frase: "Hola. Te estoy viendo

202

y me gustas". Después voltéate y al rato checa si se te queda viendo. Para ligar bien se debe ver únicamente a los ojos: "barrer" a las personas las hace sentirse menos o se puede malinterpretar como algo meramente sexual, lo que les dará repele.

- **Usa tu lenguaje corporal y lee el suyo:** tu postura debe ser abierta y de frente a la persona que te gusta, no te le pongas de ladito ni cruces los brazos o metas las manos en las bolsas. Cuando te acerques a platicar, inclina ligeramente el cuerpo hacia adelante y trata de tocar un poco siempre bajo los límites del respeto. Ahora bien, si ves que a quien te quieres ligar cruza los brazos, se encorva, ve hacia todos lados y se toca la nariz o se cubre la boca al hablar, olvídalo, no tiene interés en ti.

- **Sean sinceros:** este punto es muy importante ya que muchas personas por baja autoestima creen que son poca cosa y al conocer gente inventan mil historias para tratar de impresionar. No presumas lo que no tengas, evita las mentiras por quedar bien y quédate con las ganas de inventar historias fantásticas para ligar. Mejor explota todo lo bueno que tienes y al final recibirás tu recompensa.

- **Verbo mata carita:** esto lo has escuchado **MIL** veces y funciona tanto en hombres como en mujeres. Cuando platicas con una persona y resulta que es súper divertida, inteligente e interesante, se convierte en alguien irresistible sin importar tanto su físico.

- **Echa piropos:** y no me refiero a que te aprendas las frases cursis del tipo "¿Estoy en el cielo?, es que pensé haber visto un ángel", o las gatadas del tipo "Qué bonitas piernas... ¿a qué hora abren?", se trata de halagar a la otra persona con buenos comentarios. Piropear el físico es lo más común y seguramente no serás la primera persona en decirle que tiene algo bonito (más si es evidente), por lo tanto trata de fijarte en los pequeños detalles y alábalos. (**TIP** para hombres: las mujeres cuidan muchos detalles al arreglarse y no están acostumbradas a que los hombres se fijen en ellos pues saben que nuestro cerebro funciona viendo el conjunto y únicamente diciendo: fea o guapa. Por lo tanto, empieza a chulear detalles como las uñas o el maquillaje. Si a una mujer le dices que te encantan sus uñas se va a poner feliz y seguramente te dejará agarrarle la mano.)

- **Imagínate que ya conoces a la persona:** y además que se conocen de hace mucho y se quieren. Éste es un juego mental que se trata de imaginar que con esa persona tuvimos una relación excelente hace varios años, pero que por algo la dejamos de ver y de repente nos la topamos. Obvio que no se trata de hacerle creer a la otra persona que realmente la conocemos, sino que sirve para darnos una nueva actitud y nos ayuda a tener un lenguaje corporal confiado, el mismo que usarías con las personas que conoces. Además, quiero que sepas que si tú piensas que esa persona ya te agradaba, ella o él sentirán lo mismo.

- **Explota el sentido del humor:** si puedes hacer reír a una persona ya la hiciste; la risa es el mejor afrodisiaco. También ríete de ti mismo pues las personas con humildad siempre caen bien.

- **¡Baila!:** durante el baile es cuando más se avanza en el ligue pues se involucran los sentidos de la vista, el oído, el tacto, el olfato y en una de ésas... hasta el gusto. Por lo tanto aprende y atrévete a bailar.

- **Sé impredecible:** trata de proponerle hacer cosas diferentes y no te comportes igual durante todo el ligue pues la persona se aburrirá. Si bien hay que ser amables durante el ligue, también es recomendable tener cierto punto de sinvergüenzas (para no decir de "ojeis"), lo peor que podemos hacer es pasar por tetos tratando de ser demasiado educados, románticos o empalagosos.

- **Date a desear:** durante el ligue es el único momento en el que está permitido hacerse el cool. Una vez que la persona se haya interesado en ti, empiézate a hacer del rogar un poco, pero cuida que no se te pase la mano pues te mandará a volar. Se trata de hacerte indispensable y luego, cuando menos lo espere, quitar de golpe todo el interés. Si ya ligaste no le hables a primera hora del día siguiente, espérate un rato y se clavará mucho más; también para que se clave rompe el ritmo, o sea, un día dale cuerda y ponle toda la atención del mundo y al día siguiente desaparece.

● **Cuidado, hombres, no se hagan su mejor amigo:** la peor frase que te puede decir una mujer con la que quieres es "yo también te quiero... pero sólo como amigo". Eso significa que para ella tú eres el más simpático del mundo, el que mejor la escucha, el más divertido... pero que no va a salir contigo. Lo que pasa es que para ellas un amigo se rige por las mismas reglas que un Tampax: puedes nadar con él, montar a caballo y bailar... lo único que no puedes hacer con él es tener relaciones sexuales. Para ellas la verdadera amistad entre hombres y mujeres sí existe, por lo que si algún día te dice que eres su mejor amigo significa eso y punto.

Ten en cuenta que todos estos consejos son sólo para orientarte en el difícil arte del ligue, lo más recomendable es mostrarte tal y como eres, y que le gustes a la persona sin tener que recurrir a ninguna estrategia o plan maestro. Poder ligar está ligado a la autoestima (cuántas ligas), finalmente siempre encontrarás a esa persona que te aceptará y le encantarás tal y como eres, todo es cuestión de saber que esa persona está allá afuera y salir a buscarla. Si según tú el ligue ha sido un éxito, llega el momento de dar el siguiente paso...

Saliendo:

Hace muchos años, en un reino no muy lejano, él la invitó a salir a solas y después pagó por todo, después la hizo su novia, luego su mujer y vivieron felices para siempre... ¡Cómo han cambiado las cosas! Actualmente tener un *date* es mucho más casual y no siempre implica que si están saliendo es porque quieren ser novios. También las *first dates* ya no son normalmente a solas y a cenar, hoy las parejitas que salen por primera vez siempre jalan con toda la banda a una fiesta o a un antro, y ya después de dos o tres salidas empiezan las idas al cine y a cenar en solitario.

Si bien pareciera que hoy en día las citas simplemente "se dan", tenemos que saber que el romanticismo sigue muy vigente y que hay muchas técnicas para que tu experiencia de salir con alguien resulte súper cool. He aquí algunas de las básicas:

- **Aprende a invitar a salir:** tienes que ser muy directo (o directa, pues hoy las mujeres pueden dar el primer paso). Evita frases como "¿Qué vas a hacer el viernes?", mejor di algo como "El viernes hay una fiesta buenísima y quiero que me acompañes". Si la respuesta es positiva empieza a hacer en ese momento todos los arreglos del tipo de dónde se ven, si pasas o te pasan a recoger, si se arma un precopeo, etcétera. Siempre pregunta de manera personal, ya sea de frente o por teléfono, aunque en persona es más fácil saber si realmente quiere o no salir contigo por su comunicación no verbal; nunca mandes a intermediarios ni lo hagas por *mail*, cartita o mensajito.

- **Sé puntual:** ya lo hablamos en la Situación #1, pero aquí también sé extremadamente puntual cuando quedaron en pasar por ti o cuando tú vas a pasar por alguien. Eso de hacer esperar al galán está *out*.

- **Sé realista:** no puedes hacerte a la idea de que tu *date* será la media naranja que tanto buscas. Si te creas expectativas muy altas sobre cómo debe ser tu pareja ideal, seguramente nunca la encontrarás.

- **No te la pases quejándote:** por hacerse los cools muchas personas se ponen de pesimistas en las primeras citas: que si no me gusta esta comida, que si está haciendo mucho frío, que si no soportas esa canción, que si el antro está de flojera... y así toda la noche; lo único que lograrás es que sea debut y despedida, pues a nadie le gusta alguien que se la pasa quejándose de todo.

Tip para mujeres: si te lleva a comer o a cenar... ¡come!

Tip para los hombres: no te hagas el padrote. Todos podemos conseguir la mejor mesa en un antro o llevarla a cenar al mejor restaurante con champagne... siempre y cuando soltemos mucha lana. Por lo tanto no farolees a menos que ése vaya a ser el estilo de vida de cada salida; recuerda que se tiene que enamorar de ti y no de lo que tienes. Recuerda también que ser caballeroso está de moda.

- **Sé flexible:** se están conociendo y aún no saben los gustos del otro; adáptate a cualquier situación y disfruta la cita como una oportunidad de conocer gente nueva y lugares diferentes. Evita preguntas inocentes como "quién más va" o "qué tal va a estar" pues hacen sentir a tu *date* que no estás pasándola bien.

- **Aguas con la plática:** una de las principales preocupaciones es de qué van a hablar, y con mucha razón, ya que dependiendo de la plática que se dé ese día dependerá el resto de la relación. Una buena forma de empezar a hablar es "repasando" el plan, por ejemplo diciendo a dónde van a ir, o cuál sería el mejor camino para llegar. Una vez iniciada la conversación es normal preguntar sobre la escuela, el clima, la noticia de moda y demás, cuidando de no hacer preguntas muy personales. Más que pensar en qué vas a decir, escucha mucho y pon atención a claves que te pueden orientar la plática; por ejemplo, si hablando del clima dijo que le llovió cañón en un concierto ya sabes que le gusta la música y por ahí puedes llevar la conversación. La plática es como el tenis: sólo es divertido cuando los dos se pasan la bolita, si uno quiere acaparar la conversación el otro se va a aburrir y lo tachará de egoísta.

Temas sobre los que debes evitar hablar o preguntarle a tu *date*:

Relaciones pasadas: no es interesante saber las jaladas que te hizo tu ex, ni nadie se siente cómodo con la pregunta de cuántos novios has tenido y quiénes eran en las primeras citas.

Lana: es de pésimo gusto hablar de temas de dinero y de lo que cuestan las cosas. También hablar de nuestro estatus económico es malo, sobre todo si se hace para farolear.

Chismes: una cosa es hablar sobre el chisme del espectáculo, y otra es criticar y chismorrear sobre la gente que conoces. Nunca se sabe qué tan pequeño es el mundo y además quedas como una persona traicionera.

Religión y política: son temas muy íntimos y que implican creencias personales. Estos temas sólo deben tratarse cuando hay confianza y no se prestan a discusión.

● **Sé detallista:** no nos referimos a dar peluchitos o rosas en el antro, sino a estar pendientes de que se la esté pasando bien. Traerle un chupe de la barra, llevar su chamarra al guardarropa o simplemente hacerle reír son detalles. También te da muchos puntos si esa misma noche o entre semana le mandas un mensajito diciéndole lo bien que la pasaste.

- **No le abandones:** si salen en bola no te olvides de que traes *date*, lo peor que puedes hacer es dejarlo(a) solo(a), sobre todo si no conoce a nadie más. También olvídate de ligar cuando estás saliendo con alguien; aunque no haya nada formal, es una falta de respeto.
- **Manos quietas:** que estén saliendo no significa que puedas tocar. Abrazarse, agarrarse de la mano o la cintura y tratar de darle un beso son cosas que se sienten, no un derecho por simplemente haber aceptado una cita.
- Si te dicen que no, aprende a tomar ese no como respuesta y no interrogues a la persona sobre el porqué no quiere salir contigo. Aprende a leer su comunicación no verbal a la hora de decirte que no; los gestos, la mirada y el tono de la voz delatarán si sí quiere salir pero no puede, o si de plano no quiere aunque pudiera. Además, si realmente desea salir contigo te dará una explicación: "Es que el sábado tengo una boda con mis papás..." y dejará un silencio para que propongas otra fecha, o bien, tomará la iniciativa de proponer una nueva *date*. Si tú eres la persona que quiere rechazar la cita, en la Situación #27 sabrás cómo hacerlo.

Andando:

Por fin te llegó o le llegaste y te sientes en las nubes... Estás enamorado y piensas que ser ridículamente cursi es súper cool, por lo que no te importan las burlas de tus cuates; o estás tan perdidamente enamorada que si te empezara a tirar la onda Brad Pitt le harías el feo pues no puede compararse con tu amorcito. Así se siente el amor, pero te tengo una muy mala noticia... ¡esa sensación se acaba pronto! (y aquí imagínate un globo enorme en forma de corazón que de repente, ¡booooom!, se poncha).

Y es que el enamoramiento y el amor son muy diferentes. Estar enamorado debería ser razón suficiente para que te dieran un justificante médico, y es que te enfermas de amor, siendo su principal síntoma que te comportas como un reverendo idiota. Lo peor es que piensas que eres especial y que las cosas que haces no las ha hecho nadie más en el mundo, aunque en realidad lo único que haces es repetir las mismas tonterías que hacen todos los enamorados.

Por ejemplo: el teléfono se convierte en el centro de tu vida y lo revisas cada cinco minutos para comprobar que hay señal. Pero ¿qué crees, que se va a ir la señal justo en el momento en el que te tiene que llamar? Cuando por fin te marca te da un vuelco el corazón y te dispones a tener una conversación muy larga y profunda del tipo:

—¿Qué onda, chiquis, qué haces?

—Nada, ¿y tú, baby?

Y así, dos o tres horitas de conversación profunda más otras dos para colgar:

—Bueno, chiquis, pues cuelga.

—No, cuelga tú.

—Tú primero.

—No, tú, baby.

—Contamos hasta tres y colgamos los dos al mismo tiempo, ¿sale?

—Uno, dos y tres...

—¡Ay, no colgaste!

Y así sucesivamente hasta que te cuelgan, te quedas triste y por lo tanto le vuelves a llamar y empiezas con un tierno "¡Chiquis, me colgaste...!". ¿O no?

El coche es otro de los sitios donde más se nota lo tonto que te has vuelto con esto del amor, porque por primera vez en lugar de desear que el semáforo se ponga en verde, quieres que te toquen todos los altos para poder darle un beso: "¡Uy rojo, qué padre!, muá, muá, muá...".

Pero un día te despiertas y te acuerdas de eso que dijimos que el teléfono se inventó para acortar distancias y no para alargar conversaciones, odias los altos pues ya van tarde a la comida de flojera de tus suegros, Brad Pitt es nuevamente una fantasía inalcanzable y te burlas de las cursilerías que hacen tus amigos enamorados... ¡Te has curado!

Aquí es cuando la relación se pone buena pues realmente conoces a la otra persona con sus virtudes, pero sobre todo con sus defectos. En esta etapa es donde cuajan los noviazgos o se echan a perder, es cuando realmente te das cuenta de si la relación vale la pena o vale madres.

Si crees que vale la pena, sin duda hay que echarle ganitas, pero esto se ve recompensado pues de aquí en adelante el enamoramiento se convierte en amor y puedes tener una relación súper sana y muy cool. Para lograrlo siempre ten presentes estas tres palabras:

RESPETO, CONFIANZA Y CONSIDERACIÓN.

He aquí algunas recomendaciones que traen grabadas estas palabras:

- **No la armes de pex:** pareciera que hay novios y novias a los que les encanta estar siempre peleando. Las broncas son normales siempre y cuando haya motivos, pero cuando el estar enojados se vuelve el estado común del noviazgo, es lo que se le conoce como una "relación tóxica". Si te molesta todo lo que hace tu pareja, ¿por qué demonios andan?
- **Sean neta:** la fidelidad no es únicamente no ponerse el cuerno, se trata también de ser derechos en la relación y no decirse mentiras. La confianza se gana y es la base del noviazgo, por lo que si te cachan una mentira seguramente éste se derrumbará. El ser neta también se refiere a ser auténticos, no hay nada más triste que ver a alguien que vive en

una relación "ficticia", que es la clásica relación en la que las personas cambian radicalmente cuando están en parejita de cuando están solas. Debes ser tú mismo y dejar a un lado las hipocresías.

- **Dense espacio y no sean controladores:** todos necesitamos un poco de tiempo a solas y éste se debe respetar. Y este tiempo no es estar solos en casa, es el tiempo de convivir con la familia y con los amigos sin la pareja. Es muy normal que de vez en cuando ella quiera irse de fiesta o a tomar un café con sus amigas, o que él organice un viaje con sus cuates o se junte a jugar dominó de vez en cuando. Cuando una persona es controladora y empieza a dar o a negar "permisos", lo único que hace es que la odien, además cuando se quiere tener el control es contraproducente para la confianza y la relación; checa los siguientes casos:

"Tuve un ex que era súper posesivo, todo el tiempo me hablaba y me preguntaba con quién estaba, que a qué horas me iba y hasta cómo estaba vestida. Cada vez se puso más patán hasta el grado de que no me dejaba hacer nada sola. El vaso se llenó cuando me prohibió ir a mi viaje de graduación; después de decirle que no iba a hacer nada y que podía confiar en que me portaría perfecto y le hablaría todo el tiempo me 'dejó' ir. La neta nada más me subí al avión, me porté pésimo y vaya si le puse el cuerno, llevábamos dos años y ya nunca le contesté el teléfono."

MACARENA, 21 AÑOS

"Mi novia es a todísima ma... nunca le haría nada para traicionar su confianza. Siempre que se organizan planes de puros güeyes es todo un reto para mis amigos decirles a sus viejas que es plan de hombres y siempre tienen mil broncas. A mí Sofía me dice que me la pase increíble, que me divierta, que le salude a mis amigos y que me cuide porque me ama; siempre la extraño en esos planes y me dan ganas de hablarle. Por cierto, mis amigos a los que se las arman de pex se portan pésimo."

HUGO, 35 AÑOS

Siempre acuérdate de este consejo cuando estés buscando pareja: no te busques al más guapo o la más bonita, al más rico o a la más popular; siempre búscate a alguien lo más parecido a ti y sobre todo... que no sea posesivo ni te la arme de tos.

- **No se encelen:** los celos son normales hasta cierto punto, pero trata de no exagerar con ellos. Conozco casos de personas que por puros celos les prohíben a sus parejas algo tan básico de la cortesía como saludar... ¡qué estupidez! Por el otro lado, no hagas cosas que lógicamente le darán celos a tu novio o novia, como irte a tomar un café con tu ex o andar abrazando a medio mundo. Siempre evalúa si los celos de tu pareja tienen o no tienen razón, si no encuentras razón aparente platíquenlo cuando estén tranquilos y no haya celos de por medio; si aun así sus celos son obsesivos, hazte un favor y mándalo(a) a volar. Si tú eres la persona celosa, debes saber que todo es cuestión de tener una autoestima baja, trabaja en levantarla.
- **Mantengan a sus amigos:** un buen amigo debe entender que no vas a estar tan presente como antes de tener novio o novia, pero cuando te desapareces por meses los amigos se sentirán traicionados y poco a poco te dejarán de considerar. El problema es que cuando cortas y quieres regresar con tu grupito, difícilmente se acordarán de ti, no te incluirán en los planes y cuando estés con ellos no entenderás los chistes locales ni podrás participar de las anécdotas. Tuve muy buenos

amigos y amigas que, por culpa de una larga relación absorbente, hoy me son totalmente indiferentes.

- **Comuníquense:** platiquen mucho sobre la relación y sobre ustedes. Conozcan lo que le gusta a su pareja, lo que le enoja, lo que le entristece y nunca se guarden las cosas. El ponerse "raros" y decir que no les pasa nada cuando realmente traen algo, lo único que hace es que crezcan más los problemas. Tenemos que expresarnos para salir adelante.

- **Cede de vez en cuando:** a esto se refiere la consideración. Una relación se trata de un estira y afloja, es una constante negociación en la que ambos tienen que llegar a acuerdos para convivir en armonía. No siempre las cosas deben hacerse a tu manera, piensa que tal vez algo que a ti no te late tanto puede hacer muy feliz a tu pareja; puede ser desde una tontería como qué película entrar a ver, o algo más tenso como decidir si ir a la fiesta de tus amigos o a la de los suyos; siempre decidan basados en el "dando y dando".

- **No se falten al respeto:** no me refiero únicamente a que no se insulten o se agredan (si es agresión física, adiós), sino a que no hagan nada que invada la esencia de la otra persona. Desde no burlarse porque no sabe o no tiene, o de criticarlo porque le gusta cierto tipo de música o antros. También hay que respetar la intimidad: es normal que no tengas sus contraseñas del *mail*, redes y demás; y es una estupidez enojarse porque no las quiere dar (las contraseñas...), tampoco debes chismosear en su celular para ver con quién se mandó mensajitos y sobre qué hablaron. Por supuesto, siempre respeta a su familia y a sus amistades; si se diera el caso de que tu pareja hablara mal de su propia familia, tú no debes hacer comentarios negativos.

- **Cuiden los detalles:** nada apaga más una relación que la rutina. Díganse los mismos piropos que cuando salían, échenle ganitas a la ima-

214

gen física aunque no vayan a salir y de vez en cuando dense regalitos como cartitas, flores o salidas sorpresa aunque no celebren nada.

- **Dejen la pasión pal rato:** las excesivas muestras de cariño y contacto físico son molestas para las demás personas, además de una falta de respeto para tu pareja. Agarrarse de la mano, abrazarse y hasta un *quiquito* están permitidos; pero *frenchearte* y andar fajando en público es lo peor que pueden hacer.

- **Formalicen la relación:** muchas broncas se dan porque hay casos en los que nunca hablaron si en realidad eran novios o no, simplemente se "dieron" las cosas, por lo que uno piensa que sí andan y el otro cree que es un *free*. Si estás en esta incertidumbre háblalo de frente para evitar confusiones y así poder tomar la decisión de continuar o no.

- **Aguas con los *frees*:** está comprobado que 9 de cada 10 "amigos con derechos" nunca se formalizan y que, en 7 de esos 10 casos, una de las partes sí quería andar. Si entras dentro de los casos restantes, ¡adelante!, disfrútalo mucho, pero quiero que sepas que clavarte es bien fácil y puedes salir lastimado. Los *frees* no se formalizan porque se pierde muy rápido el chiste y se gana igual de rápido el "chichiste". Los *frees* casi siempre terminan cuando se va el enamoramiento, por lo que si tu tirada es en serio no andes de *free*.

(**TIP:** si tú quieres formalizar un *free* y la otra persona no, es muy fácil hacerlo, simplemente deja de "prestarle". Empieza a rechazar las invitaciones con la excusa de que ya tienes otros planes y da a entender que existe otra persona que te está tirando la onda... verás cómo se clava y decide que sean novios.)

Finalmente, si después del enamoramiento te das cuenta de que realmente no era lo que querías, aquí está la solución...

Tronando:

Cuando ya nos hartamos de una relación y de plano nos urge cortar, podemos hacerlo de dos formas: por las malas o por las no tan malas. Y es que cuando mandamos a volar a alguien lógicamente no hay buenas, pues siempre va a haber sentimientos lastimados, y es que no sólo sale lastimada la persona a la que están tronando, sino que también la persona que decide cortar se mete en mil conflictos emocionales pues no sabe cómo hacerlo.

Como es difícil tronar con alguien, casi siempre las relaciones terminan por las malas. Esto es cuando la persona que quiere cortar, al no saber cómo hacerlo, empieza a valerle gorro la relación y a hacerle una bola de jaladas a su pareja para que en una bronca terminen cortando. Pero esto termina siendo peor pues la persona cortada sale doblemente lastimada, es por eso que las cosas pueden hacerse de manera diferente. He aquí cinco recomendaciones que harán que las cosas sean, como dicen por ahí, menos *pior*:

- **Hazlo en persona:** no te rajes en dar la cara. Alguien con quien has pasado momentos cercanos se merece una despedida de frente. No lo hagas por carta, mensajito, *mail*, teléfono o mandes a un intermediario. Únicamente se permite hacerlo por teléfono cuando la persona está fuera, ya ven eso que dice que el amor de lejos...

- **Hazlo en privado:** no den show. Es clásico ver a la parejita cortando en el antro o la fiesta, lo que hace que a la tristeza se le sume el oso. Aparte cuando hay personas viendo, como el orgullo es cañón, hace que las personas se hagan las cools y puedan herirse, o, al contrario, arrastrarse.

- **Evita los clichés:** las frases "estoy confundida(o)" o "es que no eres tú, soy yo" están choteadísimas y no dan explicaciones. Traten de ser sinceros y de no lastimar, una cosa es no querer andar y otra diferente hacer daño.

- **No se echen las cosas en cara:** de nada sirve sacar los errores y defectos de la otra persona. Por más ardidos que estén, traten mejor de decir las cosas buenas que pasaron juntos... en una de ésas y te arrepientes.

- **Truena también en tus redes sociales:** cambiar tu estatus de relación en Facebook a "soltero" es una forma de hacer oficial el fin de la misma. La recomendación es que esta actualización la configures para que no sea pública y que solo la vean los que se metan a ver tu perfil, pues si no, les aparecerá a todos que ahora estás soltero generando chismes indeseables. Ahora bien, que si lo que deseas es gritar a los cuatro vientos que estás nuevamente en el mercado: ¡adelante, hazlo público! También elimina todas las fotos en las que aparecen juntos o "desta-guéate" de las mismas. Mucha gente piensa que esto es de ardidos, pero... ¿a poco sigues teniendo las fotos de tus ex exhibidas en marcos en tu casa?, o imagina lo incómodo que sería que en un momento de pasión en el cuarto de tu nueva pareja, vieras que tiene una foto besando a su ex en el buró de su cama... ¡Pues es lo mismo! Al borrar las fotos te eliminará broncas con tus nuevas parejas.

Finalmente: ¿elimino a mi ex de mis redes y lo dejo de seguir? La respuesta es sencilla: si a esa persona la eliminaste por completo de tu vida, ya sabes qué hacer. Pero si terminaron de manera cordial, tú decides qué tanto acceso le darás a tu nueva vida privada. Pero sea lo que sea, date un tiempo de "desin-toxicación" de esa persona. Evita espiar en sus redes para saber con quién sale y a dónde va y configúralas para que no te aparezcan sus actualizaciones. Así cicatrizarás mejor, pues aceptémoslo: al terminar una relación la gran mayoría posteamos fotos y comentarios que indirectamente dicen "mira qué bien estoy sin ti", aunque en realidad estemos destrozados.

Ahhh, y no se te ocurra iniciar una guerra de publicaciones ventilando sus asuntos o simplemente haciendo comentarios dirigidos a esa persona, pues como veremos a continuación:

● **No hables mal de tu ex:** si algún día anduviste con alguien es porque había por ahí algo parecido al amor, no tiene caso tratar de manchar la reputación de alguien que en su momento quisiste. Ahora que si te hizo una mega jalada... la venganza es dulce.

Así es el amor... cuando terminas una relación te vas a sentir descanchado para ligar o súper rara de salir sola. No te preocupes, poco a poco las cosas regresarán a la normalidad ¡y volveremos a empezar con todo el ciclo!

SITUACIÓN #18: Conociendo a tus suegros

Estaban los suegros espiando por la ventana a su hija:

—¡En 10 minutos más le diré al novio de Carlita que se largue! —dice el papá molesto.

—Ay, viejo, acuérdate de cuando nosotros éramos novios...

—¡Ay, güey! ¡Entonces voy a correrlo en este mismísimo instante!

Y es que así pasa... ¡Los papás se las saben de todas todas!, lo que pasa es que se hacen güeyes. Por eso es normal que al principio los papás de tu novia o de tu novio se porten medio sangrones.

Si bien lo más común es que el novio vaya a visitar a la novia, también cuando la novia conoce a sus suegros pueden darse situaciones difíciles. Además, estamos en una época en la cual ya es normal que tanto hombres como mujeres visiten la casa de sus "respectivos" y a nadie le llama la atención.

El principal problema de las relaciones con los suegros son los celos. El papá odia que le quiten a su princesita (y que la besuqueen, peor) y la mamá alucina a la que se lleva a su chiquitín. Pero no te preocupes, si te ganas a tus suegros verás que en poco tiempo te sentirás como parte de la familia y podrán llevar la fiesta en paz.

Como en todo el juego de la Imagen Cool, las primeras impresiones son importantísimas, por eso debes seguir estas recomendaciones:

- Pregúntale a tu pareja temas, intereses, profesiones y todo aquello que les guste a tus suegros para que sepas de qué hablarles y crear empatía.

- Trata de que el primer encuentro sea en privado, no en la clásica fiesta familiar. En las reuniones, como nadie te conoce aún, tus suegros pueden recibir comentarios de las clásicas tías chismosas del tipo: "Como que se ve medio vulgar, ¿no?", o "Híjole, yo no sé qué le vio a ése(a)", además de exponer a tu pareja a los primos y tíos mulas que se la van a pasar fregando y hasta a hacerla bailar o cantar. Te recomiendo una visita a su casa, o salir al cine o al teatro, así después tendrán tema sobre el cual platicar.

- **Cuida mucho tu imagen física:** si piensas que en tu apariencia hay algo arriesgado o sobre lo que te pudieran juzgar, evítalo. Ejemplo: *piercings*, escotes, peinados raros, modas, etc.

- La primera vez que los conozcas trata de llegar con un detalle sencillo que muestre tu aprecio por abrirte las puertas, elige algo que sepas que les va a gustar. No te confundas, no se trata de comprarlos con regalos, sino más bien aportar a la convivencia con unas galletas o un buen vino.

- **Trata de decir halagos sin caer en hacer la barba:** hacer buenos comentarios sobre detalles pequeños es muy bueno, por ejemplo: "Están preciosas las flores del jardín", "Me encanta ese cuadro, ¿dónde lo compró?", "¡Qué padre foto de la familia!, ¿en dónde están?...".

- **Muéstrate cortés, pero no servil:** ayuda a levantar los platos, ofrece servirles algo de tomar, llena los vasos con agua...
- **Cuida mucho los espacios y pertenencias:** revisa que no te estaciones en el lugar del papá, que no te sientes en la mesa en el lugar de la hermana o que no agarres las chelas de tu cuñado. Hay veces que por tratar de quedar bien la regamos; por ejemplo: hay un perrito y nosotros por vernos amigables lo cargamos, pero resulta que al méndigo perro no le gusta que lo carguen y se arma la bronca.
- **Respeta mucho los horarios y tiempos en las primeras salidas:** no lleguen tarde a comer, no la regreses después de la hora acordada o no le marques por teléfono muy tarde. Tampoco te quedes de visita hasta muy tarde.
- **No muestres el afecto con tu pareja enfrente de sus papás:** ni siquiera se den la mano, pues andar abrazándose o diciéndose cursilería y media es lo que más gordo le cae a tus nuevos suegros.
- **No se te vaya a ocurrir discutir con tu pareja y mucho menos tratarla o hablarle mal:** en ese momento ya perdiste toda oportunidad de caerles bien.
- **Hay momentos para todo:** por lo tanto, por más calentura que les entre no se arriesguen a que los vayan a cachar en plena acción; una cosa es que sospechen lo que hacen y otra muy diferente comprobarlo con tremendo show.
- Si después de un tiempo de hacer todo bien siguen sin aceptarte, es que son unos trinches viejos mala copa. En ese caso trata de darles el avión con mucho respeto, y nunca se te ocurra hablar mal de su familia pues estarías hablando mal de tu pareja.

● **Por último:** sé tú mismo, muestra sencillez y amabilidad, no presumas ni te ensalces pues después te conocerán tal y como eres.

(**Nota:** todas las recomendaciones pueden aplicársele también al cuñado que se las da de padrote y a la cuñadita amargada.)

SITUACIÓN #19: ¿Cómo comportarme en la mesa?

"LA EDUCACIÓN SE DEMUESTRA EN LA MESA"...

Seguro esta frase te la han repetido mil veces desde chavito, y es que no hay nada mejor para conocer a una persona que viéndola cómo se comporta a la hora de comer.

Imagínate que tienes una *date* para cenar con alguien que te late cañón, pero cuando llega la comida ves que agarra los cubiertos como si fueran una pala... ¡qué decepción!, te apuesto a que en ese preciso instante te dejaría de latir y te harías una imagen pésima de él o ella.

Lo peor del caso es que comemos de una forma tan mecánica que chance no nos damos cuenta de que la estamos regando grueso, es por eso que vamos a ver muchas recomendaciones que debemos aplicar al comer en casa, con los amigos, en restaurantes y por supuesto en comidas y cenas formales; para que ya no te andes robando el pan de la persona de tu derecha y sepas utilizar cada cubierto como se debe.

Cubiertos y utensilios:

Muchas veces la distribución de una mesa te puede sacar de onda pues hay muchos tenedores, cucharas, cuchillos, platos y copas; pero no hay bronca, las cosas están colocadas en el mismo orden de su uso, por lo que no importa si se trata de una comida informal o una cena elegantísima, debes seguir una regla de oro: usa siempre los cubiertos de afuera hacia adentro. Es decir, debes iniciar con los cubiertos de la parte exterior e ir tomando los demás con cada plato que se sirva; así por ejemplo el tenedor que está más lejos del plato será el primero que tienes que usar.

En la siguiente ilustración te pongo la más picuda de las mesas, ya que si dominas ésta, las demás te serán pan comido (nada más recuerda que tu pan es el de la izquierda):

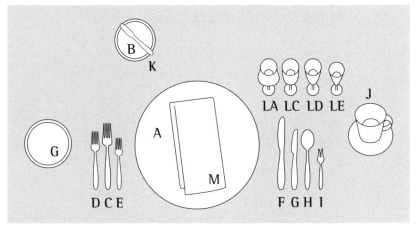

Platos:

Base. Sirve como adorno y como soporte de los platos en los que se va a comer, nunca debe usarse para servir alimentos.

Plato Principal (A). Es lo que más espacio ocupa en la mesa y se coloca al centro, sobre él se pone el plato de la sopa o de la entrada y también puede estar la servilleta. En ocasiones formales, sirve como plato de servicio o "cargador" ya que se usa para colocar y retirar los primeros platos de la mesa.

Plato Sopero.-Debemos comer la sopa hasta el punto en el que la podemos seguir agarrando con la cuchara, es un error inclinar el plato hacia nosotros para hacer "alberquita", aunque en ocasiones informales podemos inclinarlo hacia afuera. Los platos de consomé, que son los que tienen orejitas, son los únicos que pueden llevarse a la boca y únicamente para terminarnos el contenido.

Plato de Pan y Mantequilla (B). Como ya mencionamos, nuestro plato de pan es siempre el de la izquierda y tenemos que cuidar no robarnos el del vecino. El cuchillito para untar (K) debe dejarse de manera diagonal en la parte de arriba del platito con la agarradera hacia el lado derecho y la cuchilla viendo hacia abajo. Si el pan se encuentra en el centro debemos tomar un trozo entero y ponerlo en nuestro platito; si no hay platito, debemos dejarlo sobre la mesa en el lugar que le correspondería o utilizar los platos centrales. Es importante que si quieres comer pan con mantequilla, cortes únicamente un pequeño pedazo y le embarres poca mantequilla... ¡prohibido hacer tortitas!

Plato de Ensalada (G). Se encuentra del lado izquierdo pero a la altura de los cubiertos. Se utiliza cuando la ensalada contiene aderezo y el plato principal alguna salsa que se puedan mezclar, si no es el caso te puedes olvidar de él.

Como dato extra, ten en cuenta que los platos deben servirse por la izquierda y retirarse por la derecha.

Tenedores:

Los tenedores siempre se colocan a la izquierda de los platos (la excepción es el tenedor de ostras y mariscos que se ubica hasta el extremo de la derecha (I)). El tenedor más grande (C) se usa para el platillo principal, y el pequeño (D), para las entradas o ensaladas. Acuérdate de que están acomodados en el orden en el que los debes usar: de afuera hacia adentro. Si hay pescado tal vez te encuentres un tenedor más pequeño que tiene una forma curiosa, ése se puede usar sin cuchillo, aunque existe también un cuchillo especial para pescado (G) que se le conoce como pala y se parece al de la mantequilla pero en grande; lo encontrarás a tu derecha. Los tenedores se usan para llevarnos cualquier alimento sólido a la boca.

Cuchillos:

Éstos siempre se colocan a la derecha con el filo dando hacia el plato y la regla para usarlos es similar a la de los tenedores: el cuchillo más grande (F) se usa para el platillo principal y los pequeños para entradas y ensaladas. Mientras no se usa debe dejarse recargado en la orilla del plato con el filo hacia abajo. Los cuchillos se emplean tanto para cortar como para ayudar a empujar la comida hacia el tenedor; a menos que seas un pirata, nunca debes llevarte comida a la boca con un cuchillo.

Cucharas:

Como la sopa o la fruta siempre se sirven de entrada, las cucharas deben estar a la derecha de los cuchillos. La cuchara se lleva a la boca de lado y no de frente, y se debe tener cuidado de no sorber la sopa haciendo ruidos. En ocasiones formales, al terminarnos la sopa, la cuchara debe ponerse en el platito de abajo y no dejarse dentro del plato sopero.

Cuchara y tenedor para postre:

La cucharita y el tenedor del postre normalmente se ubican en la parte superior del plato o te los traen cuando te lo sirven. Cuando te sirvan el postre, pon el tenedor a la izquierda del plato y la cucharita a la derecha. Para comerte el postre pártelo con la cuchara, empuja la comida con el tenedor y come de la cuchara. El tenedor se agarra con la mano izquierda, y la cucharita, con la derecha.

¿Cómo agarrar los cubiertos?

Está cañón cómo aún se ven personas mayores de 13 años que agarran los cubiertos con el puño cerrado. Más cañón aún cuando la forma más fácil y cómoda de agarrarlos es la correcta:

El tenedor o la cuchara deben descansar en tu dedo mayor mientras tu índice y pulgar lo sujetan por el mango en su parte superior. Cuando cortes, el cuchillo se agarra con la otra mano con el filo siempre hacia abajo y con el dedo índice haciendo presión en donde termina el mango y empieza la cuchilla; lo mismo es con el tenedor, que debe colocarse boca abajo. Mientras cortas, cuida que tus codos queden ligeramente arriba del nivel de la mesa, no por debajo de ella, sobre ella o muy por arriba de ella; tampoco es correcto cortar toda la comida de un jalón. Puedes agarrar los cubiertos con la mano izquierda o con la derecha, según te acomodes, y puedes o no cambiarlos de mano después de cortar para llevártelos a la boca. En una comida informal usarás los mismos cubiertos para todos los platillos, por lo que debes cuidar que cuando te retiren el plato no dejes tu cuchillo o tenedor sucio en algún lugar que pueda manchar.

Cuando hagas pausas para beber o para platicar, debes dejar tus cubiertos sobre el plato apuntando hacia el centro con las puntas del cuchillo y tenedor como si se fueran a tocar haciendo una "V" invertida. Al terminar de comer, debemos dejar los cubiertos sobre el plato de manera diagonal. Imagina que tu plato es un reloj y que los mangos de los cubiertos estén apuntando hacia las 4:00, esto manda la señal de que hemos terminado y nos pueden recoger el plato.

Al comer espaguetis y otras pastas largas, te recomiendo usar el estilo americano para comerlas pues te evitarás problemas y, sobre todo, manchas; éste consiste en utilizar una cuchara como ayuda. Tomas unos cuantos espaguetis con el tenedor y pones los dientes (¡del tenedor, no los tuyos!) contra la cuchara para enrollarlos a la perfección. Ojo, ten cuidado de no hacerlo en tu comida de iniciación en la mafia italiana, pues seguro no te aceptarán.

El sushi está de moda y comerlo con tenedor es cero cool; debes saber usar los palillos hasta para poder comer el arroz, por lo que la paciencia y la práctica son fundamentales. Ahora que si ya eres todo un experto, aquí te dejo dos tips que tal vez no sabías: **1** La parte ancha o trasera de los palillos también debe usarse; ¿para qué?, para agarrar piezas de los platos comunes. **2** Al comer arroz debes llevarte el *bowl* a la barbilla y empujarlo con los palillos a tu boca.

Por último, no seas de los que comen tacos, pizzas, hamburguesas, tostadas, hot dogs, quesadillas y demás con cubiertos... ¡es ridículo!

Copas y Vasos:

Las copas y los vasos siempre se colocan en la parte de arriba y a la derecha sobre los cuchillos y cucharas. En ocasiones formales vas a encontrar un buen de copas, éstas se acomodan por tamaño y su uso es éste: la más grande para agua, la que le sigue es la del vino tinto y después la del vino blanco. Si llegaras a tener una copa alargada como flauta o una chaparrita y redonda con forma como de una *boob*, felicidades, habrá champagne.

En ocasiones formales donde hay meseros, normalmente no hay botellas ni jarras en la mesa, pero en ocasiones informales sí las hay. Al servirte procura que las botellas y jarras no toquen la copa o el vaso, tampoco las copas o vasos se deben levantar de la mesa al servir, a menos que estés haciendo el favor de servirles a los demás; aunque si te quieres sacar un 10 levántate para llenar sus vasos. Como dato curioso, las bebidas siempre son servidas y retiradas por la derecha.

Taza de café (J). A menos que sea un desayuno, casi siempre se sirve el café después de comer, por lo que las tazas y cucharitas se traen en ese momento. La taza siempre se coloca del lado derecho, aunque también se permite llevarla al centro del lugar. Una vez que se usó la cucharita, debe colocarse en el platito.

Servilleta:

Podrás encontrar la servilleta sobre el plato, en un anillo a la izquierda de los tenedores, doblada debajo de éstos o hasta en forma de cisne volando por ahí. Sea cual sea el caso, las recomendaciones sobre su uso son las mismas:

- Al sentarte desdobla la servilleta con cuidado y sin agitarla y colócala sobre tus muslos doblada por la mitad.
- Cuando hay un anfitrión, debes esperar a que se ponga la servilleta para poder hacerlo tú; a esto se le conoce como "abrir la mesa" y es señal de que la comida ha comenzado.
- Úsala constantemente para limpiar o secar tu boca, no para restregártela, y usa únicamente un lado de la servilleta procurando manchar una misma área. Antes de beber, siempre límpiate la boca para no dejar residuos de comida o lipstick.
- Si te topas con algo imposible de morder o de comer, lo correcto es escupirlo disimuladamente en nuestra servilleta mientras fingimos que nos limpiamos la boca.
- Al terminar de comer o cuando te levantes para lo que sea, debes dejar la servilleta del lado izquierdo doblada de tal forma que las manchas no queden a la vista.
- Las servilletas de papel deben colocarse escondidas a un lado del plato después de usarse, se doblarán por mitad hasta que ya no se puedan utilizar, pues es un error gastar una por limpiada. No las hagas bolita y mantén ocultas las manchas; cuando te vayan a retirar el plato, colócalas sobre el mismo.
- Nunca uses las servilletas como Kleenex ni te las pongas de babero.

Para terminar el capítulo de los cubiertos y utensilios, si un día después de comer te traen un platito hondo con agua caliente y limón no pienses que la sopa está un poco insípida, esto sirve para lavarte los dedos después de haber comido con las manos algo de olor fuerte, como mariscos. Ahora que hacerle la broma al mesero de decirle que no te trajo cuchara es todo un clásico.

Modales en la mesa:

A continuación repasaremos todas esas cosas que nos enseñó mamá y que en algún momento olvidamos:

- No necesitas estar derechito como soldado en una mesa, pero jorobarte o echarte hacia atrás no es nada estético.

- ¿Te acuerdas de que te decían que los codos no deben ponerse sobre la mesa? Esa regla aplica únicamente mientras estás comiendo. Al esperar los platillos o platicar en la sobremesa no hay ningún problema.

- ¡Deja las cosas de la mesa en paz!, andar jugando con las copas, los platos o usar los cubiertos y la vajilla como batería es un grave error. Ahora bien, esto es súper complicado si tienes complejos de baterista, y acepto que caigo constantemente en este error.

- No empieces a comer hasta que les hayan servido a todos. Una vez que todos tengan sus alimentos puedes empezar en cualquier momento, a menos que haya un anfitrión, que es quien debe empezar o dar la indicación. Es correcto empezar cuando las personas que no han sido servidas nos lo solicitan.

- No condimentes la comida antes de probarla. Echarle sal, pimienta, catsup, limón o cualquier otra cosa a la comida sin saber si le hace falta es una falta de respeto para quien cocinó.

- Mientras estés masticando abstente de dos cosas: hablar y beber. No te metas más comida a la boca de la que puedes masticar, come lento y en porciones pequeñas. Abstente de hacer cualquier ruido al comer y sobra decir que cierres la boca al masticar.

- No te atravieses por encima de los demás para alcanzar las cosas. Si algo no está enfrente de ti, pídeselo a la persona que lo tenga más cerca. No te olvides del "por favor" y el "gracias".

- Si hay dips o salsas comunes, no "sopees" dos veces la misma pieza después de haberla comido, es poco higiénico.
- Si es una comida informal en la que tú debes servirte, ten cuidado de no ponerte mucho y que no le vaya a alcanzar a alguien más. Cuando te pasen la comida ponla del lado izquierdo para servirte.
- Usar un pedazo de pan para acabarnos la salsa de un platillo no está mal, siempre y cuando no lo hagamos con la mano y no dejemos el plato rechinando de limpio.
- Al terminar de comer no empujes el plato hacia adelante, y peor aún, no lo acompañes de frases como "Uff, estoy llenísimo". El plato se queda en su lugar.
- Los palillos de dientes deben usarse en privado. También es de mal gusto sacarse la masilla con la lengua o absorbiendo entre los dientes.
- Nunca te suenes, maquilles o peines en la mesa. Si te agarra un ataque de tos levántate con tu servilleta y regresa hasta que se te quite.
- No está de más comentar que fumar en la mesa no es para nada correcto, y ya hemos hablado del celular.
- Siempre que te levantes de una mesa o que te retires antes que los demás, discúlpate.
- Es correcto terminarte toda la comida de tu plato. Antes se pensaba que se tenía que dejar un poco para no parecer muertos de hambre, pero actualmente con tanta pobreza en el mundo no nos podemos dar el lujo de desperdiciar nada más porque sí.
- Si sobra comida podemos pedirla para llevar siempre y cuando: **A** sea en un restaurante; **B** sea nuestra comida la que sobró; **C** no sean las guarniciones; **D** la comida sea informal y con personas de confianza.

SITUACIÓN #20: Broncas con la cuenta

No hay nada que termine más con la diversión y que eche a perder amistades como las broncas con la cuenta. Lo digo por experiencia: siempre que hay broncas de lana entre grupitos a la hora de pagar, hay uno que saca el cobre y se arma la discusión grueso, a tal grado que la Imagen Cool de las personas se ve afectada pues la percepción entre los involucrados en la discusión es de marros o abusivos y siempre terminan mal.

Tan mal está el que se hace güey a la hora de pedir la cuenta, como el que discute centavo por centavo, o el despilfarrador que pide cosas carísimas y después quiere dividir la cuenta. Casi siempre el sentido común es el que nos dice cómo tratar el asunto, pero como la lana lo puede llegar a dañar, he aquí unas recomendaciones:

En antros y bares:

- Al pedir mesa en un antro o bar no sólo se están comprando botellas, se está comprando una posición dentro del lugar, comodidad y muchas veces hasta estatus. Por lo tanto, no hay de que "como yo no le entré a la botella no pago, pero sí me siento en la mesa y la padroteo". En esos casos se tiene que cooperar para la propina.

- Calculen mínimo un 20% más del valor de las botellas, pues siempre se tienen que pedir más refrescos y hay que dejar propina. Una buena opción es recolectar el dinero desde antes de empezar la fiesta y poner a un encargado de la lana que será el único que le puede pedir cosas al mesero.

- Una buena opción es aplicar el "abre y cierra", que consiste en pagar exactamente después de pedir. De esta forma se evitarán pleitos de borrachos y "goles" en las cuentas.

- Si no se ponen de acuerdo en qué pedir, siempre es mejor la técnica "Montessori" o "Cada Quién sus Cubas", en donde cada uno es responsable de lo que toma y abre su propia cuenta.

- Si las mujeres van acompañadas por hombres, generalmente no pagan, pero siempre será bien visto tratar de hacerlo aunque no te vayan a dejar. Otro buen detalle es, de vez en cuando, invitarle un *drink* en la barra a quien te pagó.

- No pidas cosas extras a la mesa como *shots* o comida a menos que todos estén de acuerdo o tú las vayas a pagar. Para todos los extras, debes pararte a la barra o pedir una cuenta por separado.

En restaurantes:

- Lo recomendable es dividir equitativamente la mesa. Al total se le suma la propina y se divide entre el número de personas que comieron, por lo que todos deben estar de acuerdo con lo que se ordene. Si son puras parejas, lo normal es dividir la cuenta entre las mismas.

- Si alguien por alguna razón no come, o si la cuenta sube mucho por el alcohol y hay alguien que no toma, se debe tener consideración y dejar que esa persona pague únicamente lo que consumió y que no le entre a la división.

- Cuando sean comidas que vayan para largo, con muchos asistentes o las clásicas en las que cae más gente al restaurante después de comer, se recomienda hacer corte de cuenta varias veces. Por ejemplo: al terminar de comer se pide la cuenta, se paga y se vuelve a ordenar y así no se acumula lo de todos al final. También si son comidas comunales lo mejor es pedir cuentas por separado.

- Si bien no hay nada escrito sobre lo que se puede pedir o no, lo recomendable es no pedir cosas fuera de lo "común" o que sean muy caras.

Si alguien quiere ordenar algo que se salga de los parámetros de la media de la carta, lo debe hacer por su cuenta, aunque no es recomendable pues quedará como ostentoso.

● Para pedir cosas al centro para compartir con toda la mesa, como entradas, botellas o postres, primero pregunta si les late o no antes de ordenar.

● Socialmente, en Latinoamérica se sigue acostumbrando que los hombres pagan, por lo que es común que si van hombres y mujeres se dividan la cuenta entre ellos siempre y cuando no sean muchas más mujeres que hombres. Un mensaje para las mujeres: no abusen. En comidas profesionales la costumbre es que pague quien tiene el interés del negocio sin importar género.

● Si tienes que irte y aún no se pide la cuenta, pide una carta y suma el costo de lo que ordenaste, no olvides agregarle la propina y déjale el dinero a alguien.

● Ojo con la palabra *invitar*. Si alguien la usa está haciendo referencia a que paga, por lo que no es válido decir: "Los invito a comer para festejar mi cumpleaños", y después querer dividir la cuenta. Lo correcto es decir: "¿Les late ir a comer para festejar mi cumpleaños?".

● Si eres nuevo en un grupito, apégate a sus costumbres de pago; están los que se dividen parejo, los que pagan cada quien sus cosas y los que invitan a las mujeres. Si la armas de tos, ten por seguro que nunca más te invitarán.

● Si un día al llegar la cuenta alguien te invita, debes aceptarlo gustoso, pero en ese momento se establece un compromiso en el que tú debes pagar en otra ocasión algo similar.

Por último, te voy a dar una recomendación de oro para que nunca tengas broncas con la cuenta en ningún sitio: únicamente pide mesas con amigos de confianza, ya que si un día sales perdiendo, es seguro que tarde o temprano te la acabarás cobrando.

SITUACIÓN #21: R.S.V.P. ¡Qué me pongo!

"Etiqueta Rigurosa", "Semiformal", "Casual" y otras palabras del estilo son términos que nos encontramos constantemente en las invitaciones de las fiestas. Se crearon para que todos los asistentes a un evento se vistan de manera similar y de esta forma generar un ambiente ya sea formal o relajado. Pero también estas palabras son motivo de confusión pues no sabemos exactamente a qué se refieren. Como Consultor en Imagen Pública®, no hay fin de semana que no reciba el mensaje de un amigo preguntándome: "¿Qué me pongo para X fiesta?". La respuesta siempre es sencilla: ¿Qué dice la invitación...?

Etiqueta Rigurosa:

Hombres. Esmoquin, no hay de otra. Un esmoquin es un traje negro con acabados satinados en las solapas y los costados del pantalón y sin trabas para ponerte cinturón. Como ya vimos, no puedes sustituirlo por un traje negro. La camisa debe ser de esmoquin, que es a la que tú le tienes que poner la botonadura y suelen traer un diseño discreto en el pecho y siempre son de puño francés de mancuernilla; el cuello puede ser de paloma (el que queda levantado con dos piquitos y debe quedar por fuera de la corbata) o normal. La corbata debe ser de moño y un detalle súper cool es que no sea de ganchito. Un pañuelo blanco de lino colocado recto y paralelo a la bolsa del saco levanta todo el atuendo. La faja ya no se usa. Los zapatos pueden o no ser de charol pero siempre de agujeta, aunque también están los tuxedo slippers/loafers.

Mujeres. Vestido largo y de preferencia liso en un solo color.

Etiqueta:

Hombres. De preferencia esmoquin, aunque puede sustituirse por un traje negro con camisa blanca de puño francés para mancuernilla y corbata lisa y discreta. Si se viste de esmoquin se puede jugar con la camisa y la corbata cambiándolas de color y diseño (aunque es arriesgado y se debe saber hacer con buen gusto). También pueden usarse corbatas largas en colores sobrios y lisos, palastrones, corbandas, *foulards* y chalecos.

Mujeres. Vestido largo.

Formal:

Hombres. Traje oscuro (negro, azul marino, gris Oxford), camisa lisa y corbata.

Mujeres. Vestido corto (o de coctel), trajes sastre y combinaciones de saco y pantalón en tonos oscuros.

Formal de día:

Hombres. Igual que el formal, aunque pueden ponerse los zapatos y cinturón en tonos café u optar por trajes en colores claros o con telas delgadas como el lino y el algodón. Siempre se lleva corbata.

Mujeres. Vestido largo o corto (o de coctel), trajes sastre y combinaciones de saco y pantalón en tonos claros.

Formal Playa o Formal Tropical:

Hombres. Traje claro de lino o algodón sin corbata. Combinación de pantalón de lana tropical o lino, con camisa de tela delgada o guayabera formal. Los zapatos deben ser tipo mocasín y llevarse sin calcetines. No chanclas ni sandalias.

Mujeres. Vestido corto y vaporoso; zapatos abiertos.

Formal Guayabera:

Hombres. Pantalón de lana tropical o lino con una guayabera formal o presidencial. Ésta debe ser blanca con manga larga y mancuernillas, y puede o no llevar las cuatro bolsas al frente. Es un error llevar guayaberas de manga corta, de colores y diseños exóticos. El calzado es tipo mocasín con o sin calcetines.

Mujeres. Vestido corto y vaporoso; zapatos abiertos.

Semiformal:

Hombres. Combinación sport (saco y pantalón) con o sin corbata. Camisas de manga larga con o sin patrones (rayas, cuadros) y en cualquier color, las clásicas son las *button down* (botones en el cuello). Los zapatos pueden ser tipo mocasín o de agujeta.

Mujeres. Falda o pantalón en cualquier color, blusas, chamarras y sacos con o sin patrones, en colores y diseños libres.

Casual:

Ropa cómoda de diario pero sin llegar a los jeans, *t-shirts* y gorras. Pantalones de gabardina, faldas, blusas y camisas (manga corta o larga), polos, suéteres y chamarras son bienvenidos, al igual que todo tipo de calzado (siempre y cuando esté cuidado; si son tenis, deben ser de diseño y no para hacer deporte).

Informal:

Como te vistes para actividades diarias no profesionales; no confundir informal con fachoso. Prohibido pants.

Casual Festivo:

Esta etiqueta de vestir se utiliza para fiestas conmemorativas como Navidad, 15 de septiembre o San Valentín; la vestimenta debe ser casual pero con algún color o detalle alusivo al festejo. Ojo: **de-ta-lle**...

Disfraces:

Ir a una fiesta de disfraces sin disfraz es como ir de esmoquin o vestido largo a tu clase de siete... ¡no viene al caso!, te voltearán a ver más que si trajeras tu ridículo disfraz y además te tacharán de aguado. Averigua siempre si hay tema para los disfraces (caricaturas, hippies, años 80...) o si es libre. A pesar de que en las fiestas de Halloween el tema debería ser el terror, la realidad es que actualmente puedes disfrazarte de Barney el dinosaurio y no pasa nada; aunque pensándolo bien, un Barney sangriento se vería fregón.

Finalmente, debes saber que está igual de mal llegar informal a un evento formal, que formal a un evento informal; de las dos formas te sentirás incómodo y también harás que se incomode el resto de la gente. Si de plano alguien se pone muy creativo con el código de vestuario de su fiesta, o la neta es que sigues teniendo dudas, ¡pregunta!, pero más que preguntarle a un amigo, pídele directamente orientación al organizador del evento para saber cómo debes vestirte.

SITUACIÓN #22: Las caseras

¡Oh, santísimo precopeo que te transformaste en fiesta casera... eres grande! Y es que no hay nada mejor que una buena fiesta con los amigos en donde la única preocupación es pasarla bien y que no escaseen las provisiones.

Si tú eres el anfitrión o el invitado, aquí te va una serie de recomendaciones para mantenerte cool ya sea en la exclusiva reunión con tu bolita, o la *mega party* casera del año.

Antes de ver las recomendaciones de Imagen Cool, entendamos que hay tres tipos de Caseras:

Fiesta: es cuando generalmente el anfitrión celebra algo importante, como su cumpleaños o graduación, e invita a festejar en su casa. Los gastos corren por cuenta del organizador.

De "Coperacha": el anfitrión o un grupo de organizadores se encargan de comprar todo y después se dividen los gastos entre los asistentes a manera de "*cover*". Es común en parrilladas o fiestas en conjunto como Navidad, fin de curso o celebraciones de triunfos en equipo.

De "Traje": reuniones y fiestas informales en donde cada quien trae algo para el consumo propio y de la comunidad. A menos que se especifique lo que hay que traer, lo que se entiende es que hay que llevar botellas y refrescos.

Sea cual sea la Casera en cuestión, se debe tener en cuenta lo siguiente cuando somos:

El Anfitrión:

- **Invita bien y con tiempo:** especifica claramente el día, la hora y tu dirección. Tienes que dejar muy en claro el tipo de Casera que es para que nadie se moleste si a la mera hora le piden coperacha o se incomoda pues era de traje y nadie le avisó. En fiestas se debe avisar a cada uno de los invitados individualmente y confirmar su asistencia, de otra forma las personas sentirán que no fueron invitadas; también hay que hacerles saber el código de vestuario para la fiesta. En Caseras de coperacha y de traje, al ser más informales, se puede avisar en un grupo de WhatsApp pidiendo confirmación y solicitar que se corra la voz entre las amistades.

- **Planéala bien:** hay tres elementos que hacen de cualquier fiesta un éxito: la gente invitada, la música y la bebida. Por lo tanto, ten la seguridad de que las personas que deben estar estén enteradas, planea un buen sonido y selección musical (si no contratas a alguien, mínimo ten una buena *playlist* con música que le guste a la mayoría) y piensa en las bebidas. Si tú estás poniendo todo o eres el encargado de la coperacha, debes tener bebidas para todos los gustos; los básicos son ron, tequila, vodka, whiskey y chelas, además de refrescos y agua. Cuida bien que no escasee pues terminarás con la fiesta, y también piensa en los hielos, que de todas todas se acaban. El cálculo que tienes que hacer es que de un pomo de litro te salen 15 chupes, tú ya nada más le mides cuántos van a ir y la manera de beber de tus amigos. En fiestas de traje, el anfitrión se encarga de los vasos y los hielos.

● **Sé puntual:** siempre avisa que la hora de llegada es media hora antes de la que realmente quieres que sea, pues la gente es impuntual. Los decentes estarán llegando media hora después de lo establecido, pero aun así alguien puede llegar a "barrer", por lo que tienes que tener todo listo a la hora acordada.

● **Recibe a tus invitados y hazlos sentir bienvenidos:** ábreles la puerta y muestra gratitud por su presencia, ofréceles algo de beber y diles que están en su casa. Si ves que un invitado necesita algo como una chamarra o te solicita una medicina u otra cosa, muéstrate gustoso de complacerlo. Al terminar la fiesta trata de acompañarlos nuevamente a la puerta y agradecerles su presencia.

● **Mantén la calma:** esta recomendación es importantísima. Ofrecer tu casa puede ser divertidísimo o una tortura, todo depende de la actitud que tomes. En una Casera es normal que existan accidentes, como que un vaso se rompa, se manche la alfombra o se descomponga un aparato... ¡no te estreses ni te enojes! Si fue un accidente, haz sentir a quien lo cometió que no hay problema y que no se preocupe, arreglen juntos la situación y se acabó. Si ves a alguien haciendo algo que te molesta o teniendo "accidentes" (como el clásico que no sabía que los pomos guardados con llave no se podían agarrar, o que no sabía que si se para a bailar en una mesa probablemente se pueda romper) exprésaselo amablemente y nunca armes panchos en tu casa. Si no puedes lidiar con estas situaciones, lo mejor es que nunca armes una Casera. También es estresante para los invitados ver a un anfitrión que se la está pasando mal pues anda en friega recogiendo, sirviendo, limpiando y pidiendo que no se haga esto o aquello... relájate y diviértete, finalmente todo desperfecto será material. Ahora bien, si hiciste la fiesta sin permiso, sí preocúpate y cañón pues seguro te cachan, ya que en todas las fiestas hay accidentes y "accidentes".

● **Sé un anfitrión responsable:** está bien que te rías un rato del borracho que se puso la pantalla de la lámpara como sombrero o que usó el piso de madera de la sala como pista de *break-dance*, pero debes ponerte muy serio cuando esas personas se retiren y quieran manejar. Es tu responsabilidad quitarles las llaves a los borrachos, pedirles taxis o asegurarte de que se vayan con alguien en condiciones de manejar. También debes ofrecer tu casa si es mejor que alguien se quede a dormir.

● Finalmente, aunque sea una Casera informal de coperacha o de traje, el anfitrión debe esforzarse un poco más colocando entre otras cosas servilletas, ceniceros y bolsas de basura; también es recomendable que ponga botanas y que tenga botellas para ofrecer en lo que llega toda la gente. Sale sobrando decir que debe tener las áreas comunes de la casa limpias y que debe revisar periódicamente el estado del baño y sus productos como papel y jabón.

El Invitado:

● **Confirma tu asistencia:** avísale al anfitrión si asistirás o no lo antes posible. Si te tardas o no confirmas puedes interferir con la planeación y hacerle sentir al anfitrión que no es importante. Siempre debes confirmar aunque la invitación no lo pida, y es un buen detalle ofrecerse en ayudar para lo que sea o preguntar si hay que llevar algo en específico.

● **No llegues con las manos vacías:** si se trata de una fiesta llega con un regalo o un detalle que pienses que le va a gustar al anfitrión. Si es una fiesta de traje no se te ocurra llegar sin nada, o peor aún, llegar con algo chafísima o barato que nunca tomarías, pero eso sí, le entras con ganas a lo de los demás. Un excelente detalle es llegar también con botanas y con hielos, que siempre escasean.

● **Sé puntual:** llega media hora después de lo establecido, no llegues a "barrer" ni tampoco te tardes tanto que hagas que el anfitrión te esté esperando. Es tristísimo hacer una fiesta y ver que las personas no llegan o se tardan. No hagas sentir mal a alguien que te está abriendo las puertas de su casa.

● **Agradece y ayuda:** al llegar agradece la invitación y pregúntale al anfitrión si le puedes ayudar en algo. Aunque la respuesta sea negativa, si ves que al anfitrión se le carga la chamba, ayúdale abriendo la puerta o llevando cosas de un lado a otro. Al retirarte, no se te olvide despedirte y nuevamente agradecer la invitación haciendo comentarios positivos de lo bien que la pasaste; un buen detalle es ofrecerte a ayudar a limpiar al día siguiente.

● No interfieras con la organización: no hay nada más pesado que el clásico invitado que pone su música, le cambia constantemente de canción o repite 20 veces su favorita. También está el que decide que la fiesta ya terminó y les dice a todos que se vayan a otro lugar, o el que se pone a hacer jueguitos que interfieren con la diversión de los demás. No seas tú quien le tire tierra al pastel.

● No lleves colados: abrirle tu casa a un amigo es muy diferente a tener desconocidos en tu casa. Siempre que vayas a caer con alguien más pregúntale al anfitrión si lo puedes hacer. Una manera decente de hacerlo es diciéndole que quieres ir a la fiesta, pero que chance no jalas pues te cayeron unos amigos y te daría mucha pena llegar con colados... verás que los invitan.

● Conoce cuándo debes retirarte: hay Caseras que únicamente son precopeos y otras más que son a morir. Identifica el tipo de reunión y, sobre todo, revisa periódicamente la actitud del anfitrión: si lo ves rockeando y en la casa hay gente y música prendida, pues seguramente va pa' largo, pero si lo ves recogiendo o ya apagó la música no dudes en despedirte lo antes posible.

● Respeta y ten mucho cuidado: todo el comportamiento de una Casera se resume en la siguiente frase:

NO HAGAS NADA QUE NO TE GUSTARÍA QUE HICIERAN EN TU CASA.

Recuerda siempre que no estás en un antro en donde si manchas la alfombra o los baños no pasa nada, cuida las cosas como si fueran tuyas y no te metas en áreas que no sean las comunes. Limítate a agarrar las cosas que están a disposición de los invitados, pero si tienes confianza y necesitas algo en particular como medicina, un baño más privado o hacer una llamada, siempre pide permiso. No abras el refri, entres a los cuartos o uses las instalaciones como en tu casa. Si no ves ceniceros, no fumes dentro de la casa, y si no hay *coasters* (portavasos), siempre pon una servilleta cuando dejes tu vaso sobre un mueble sin mantel.

SITUACIÓN #23: ¡3 parejas y 2 hombres!

Trabajé muchos años en antros y le hice de todo: desde barman hasta jefe de puerta (título *nice* del cadenero), pasando por publirrelacionista y animador (dígase vividor). También desde que tengo edad para salir, soy un asiduo feligrés del lugar de moda semana tras semana, por lo que te puedo asegurar que los conozco por dentro y por fuera; he jugado de visitante y de local, y sé cómo se gana desde ambos bandos, por lo tanto aquí te van unas recomendaciones pa' que juegues bien y no te metan gol.

Afuera:

● Ve a los lugares donde sepas que te dejarán pasar y sigue las reglas de la casa: aunque sea el antro de súper moda, si es para mayores de 23 y pareces de 17 no te van a dejar pasar, tampoco si es un antro súper fresa y tú te ves bien pandro; mejor evítate el oso y la molestia. Supuestamente por ley no te pueden discriminar, pero sí se pueden reservar la entrada con las famosas "reglas de la casa", que a menos que sea un antro súper rocker o *megawarrior* casi siempre son éstas: no tenis, no *t-shirts*, no bermudas, no gorras, no hombres solos, no borrachos y no cualquier otra jalada que no le vaya a parecer al cadenero. Si sí es tu tipo de lugar y sigues las reglas de la casa, tarde o temprano entras.

● No llegues a barrer pues de seguro te harán esperar: con los primeros en llegar, los cadeneros hacen bola para que por fuera se vea que hay gente y para que los que entran no piensen que está malísimo. Una vez reunida la bola empezará la selección y créeme que les valdrá poco que hayas llegado primero.

● Si eres niña y vas con el concepto del lugar no hay bronca, pasarás de volada. Los hombres traten de ir siempre con pareja. Si van en busca de una, pídanles a unas niñas que vengan solas que les hagan el paro (además así empiezan a ligar). Si ya de plano quedan hombres solos, va a ser mucho más fácil que los dejen entrar mezclados en un grupito de parejas. El número de hombres solos no debe exceder el número de parejas. Otra buena recomendación es que si van puros hombres, el cadenero no vea que vienen juntos, sepárense y vayan entrando de dos en dos.

● **No desesperes al cadenero:** no le grites constantemente cuántos son ni repitas insistentemente su nombre. Aunque no lo creas ya te ubicó, sólo que se hace güey y te dejará pasar cuando se le haga conveniente. Muchas veces no te están dejando pasar porque hay mucha gente en *covers* o están haciendo la famosa "bola" otra vez. Si los desesperas seguro estás fuera.

● Al acercarse a la cadena todos ponen cara de padrotón mamila, y todas, de diva glamorosa. Créeme que no sirve de nada pues todos ponen la misma jeta; mejor recurre a las mieles de la cortesía: cuando entables contacto visual con el cadenero, ¡sonríele amablemente!, después utiliza una frase como: "Somos tantos, ahí cuando puedas te lo agradecería cañón". Y cuando entres dale las gracias.

● **Haz reservación:** cualquier antro bueno las acepta y son el acceso directo a la *party*. Una táctica muy avanzada es decir de antemano lo que vas a consumir y negociar el cover.

● Nunca trates de pasarle una lana al de la puerta: si tratas de sobornar al jefe de puerta lo único que harás es ofenderlo, pues además de que ganan bien, lo pueden correr y tiene que dar el ejemplo con sus ayudantes, quienes son los verdaderos cadeneros pues son los que abren la cadena. Si piensas que tu último recurso es sobornar, inténtalo con los ayudantes.

- **Aguanta vara:** si realmente crees que puedes entrar y no te importa esperar, quédate parado un buen tiempo y que te ubiquen que sigues ahí. Aunque no lo creas, los cadeneros también tienen su corazoncito y les da lástima verte tan solito, aburrido y friolento. Si de plano un cadenero te dice que no vas a entrar, mejor ni pierdas tu tiempo.

- **No te pongas prepotente ni agresivo:** la ardidez de no entrar a un antro puede hacer que discutas con el cadenero y hasta que lo insultes o humilles. Ahí tenlo por seguro que se acordará de ti y no sólo no entrarás esa noche sino toda tu vida, porque además un buen cadenero va de puerta en puerta en los antros de moda. Tampoco llegues muy borracho.

- Si ya entraste una vez, con toda seguridad entrarás más veces, ¿pero qué tan rápido?, ésa es la cuestión. Te voy a revelar un secreto que he guardado por años y que los hombres corremos el riesgo de que todos lo empiecen a utilizar y se cebe; se trata de la técnica del "Soborno Verbal, Propina Generosa y Nombre Clave"...

Ya entrada la noche, el cadenero se queda sin diversión y además se dedica a aguantar borrachos, por lo que cualquier plática lo aliviana. Cuando te vayas del antro acércatele para despedirte y darle las gracias (es muy importante que no estés borracho), halaga su trabajo sin hacerle la barba y refiérete a él con un nombre peculiar, ése será tu "Nombre Clave". Cuida que el nombre que elijas no vaya ser algo que te lo tome a mal o a insulto, elige uno como "Campeón", "Príncipe", "Monsieur (mesié)", "Lord" o "Sheriff", nunca utilices los choteados como "Gallo" o "Brother". Ésta es la etapa del "Soborno Verbal", en donde debes usar frases como: "Entonces qué, mi Príncipe, va pa' largo...", "Oye, un antro donde está el Príncipe siempre es garantía...", "¿Un tabaco, mi Príncipe?", "Bueno, Príncipe, te cuidas y nos estamos viendo".

Al siguiente fin de semana no importa qué tan llena esté la cadena, tú únicamente desde lejos tienes que gritar "Príncipeeee..." y verás cómo al escuchar el "Nombre Clave" te buscará y te abrirá el paso para entrar; lo saludas con una gran sonrisa y palmadas en la espalda y a divertirte. Aquí es donde entra la etapa de la "Propina Generosa", en la que no importa tanto la sobriedad... Al salir y despedirte tienes que decirle: "Príncipe, no me lo tomes a mal pero este antro es una maravilla y todo se debe a ti y a la gente que entra, por lo que toma esto como reconocimiento a tu trabajo", y le das un buen billete; aquí ya no es soborno sino propina, por lo que la puede aceptar gustoso. Tómalo como una inversión de un solo día pues no tendrás que repetir la hazaña: de ahí en adelante, a donde vaya el cadenero siempre se acordará del buen "Príncipe".

Adentro:

Ya aprendimos a manejar el rollo de las cuentas colectivas y más adelante te explicaré qué hacer en caso de una pelea, pero veamos algunos detalles importantes:

- Siempre que pidas pomos revisa que estén cerrados y sellados. Nunca los pidas sin antes ver la lista de precios y acuérdate bien de lo que costaban.

- Si vas a pedir por copeo o a abrir cuenta en la barra, lleva muy bien la cuenta de lo que has pedido y dile al barman o al mesero que nadie más que tú puede pedir a esa cuenta. Revisa periódicamente con ellos cuántas van y calcula lo que debes. Esto es para que no te metan "goles" pues es práctica habitual que te pongan chupes de más, o te ensarten cuentas de gente que se fue sin pagar.

- Para abrir cuentas siempre te piden una tarjeta como garantía para que no te vayas sin pagar, deja una "chocolate" o sin fondos y al final dile que quieres pagar con otra o en efectivo. Ahora bien, esto es por seguridad, nunca se te ocurra irte sin pagar.

- Si se quieren pasar de lanzas y para darte una mesa te piden como requisito x número de pomos, pídelos, pero no los abras todos de un jalón. Al final estás en todo tu derecho de regresarlos si no los consumiste. OJO con los borrachos, pues una vez roto el sello no hay marcha atrás.

- Deja al final propinas del 15% si estuviste en mesa y del 10% si pediste en la barra, los barmans y los meseros se acuerdan cañón de la gente que les deja propina, pero se acuerdan mucho más de quien no les deja, por lo que si se te olvidó mocharte seguro recibirás un mal servicio la próxima vez. También deja propinas a los del baño, sobre todo si lo manchas (la cuota va aumentando según de qué lo manches). Que no te quieran chamaquear, la propina nunca se da por adelantado. Lo que sí se puede hacer para asegurar un buen servicio es irla dosificando, o sea, ir dando de poquito en poquito; esto es recomendable en las barras libres.

- Aunque no todos, los meseros, garroteros, barmans y personal de seguridad no entienden la frase de "el cliente siempre tiene la razón" y la calidad en el servicio no es su fuerte, por lo que si tienes una bronca averigua discretamente quién es el gerente o el de relaciones públicas y explica, SIN DISCUTIR, tu situación. Evita frases como "quién es tu patrón" o amenazas del tipo "mañana no tienes chamba". Créeme que son como una familia bien unida y si te peleas con ellos seguro perderás.

- Aquí al que te tienes que ganar con un "Soborno Verbal" es al gerente y ya muy adelantado al dueño del antro. El objetivo es sacarle una tarjeta de no cover o mínimo de acceso rápido. Finalmente, si te vuelves buen cliente todos te van a ubicar e ir al antro será una rutina o como estar en casa.

● En un antro te tienes que comportar coherente con la situación. Si es un lugar para reventar y echar desmadre, ¿cómo crees que te debes portar? Ahora bien, no hagas nada que moleste a otras personas o como para que te saquen del antro, es lo más *loser* y seguramente te castigarán un buen tiempo sin dejarte entrar.

SITUACIÓN #24: ¡Shaa...lud!

No hace falta que te ponga una encuesta o un porcentaje sorprendente para saber que actualmente la juventud está tomando mucho. Sólo basta con ir a una fiesta o un antro para ver cómo la mayoría parecen arañas fumigadas. Y es que llega un momento al crecer en el que no entiendes cómo te podías divertir todo un fin de semana sin tener que chupar; suena triste, pero es una realidad que actualmente la gran mayoría piensa que si no hay pomos es imposible que haya fiesta. De hecho ya no se dice "hay fiesta en casa de...", sino "hay peda en casa de...".

Chupar no es malo, tomarte unos *drinks* con responsabilidad se disfruta, te relaja y le puede poner un toque bastante cotorro a cualquier reunión; el problema es cuando ponerse borrachos se convierte en un fin y nos empieza a rebasar hasta perder el control. Quiero dejar muy en claro que me gusta tomar y no veo mal que los demás lo hagan, pero también quiero mencionar que si tomas de más, pasa de ser algo tranquilo y divertido a ser una enfermedad con terribles consecuencias que daña gruesísimo nuestra imagen pública.

Empecemos por una realidad:

> **CHUPAR NO TE HACE VERTE MÁS COOL.**

Se piensa erróneamente que empedarte te hace ver más maduro, interesante y reventado, por lo que la gran mayoría de las veces, al crecer empezamos a tomar para hacernos los cools y, por qué no, también para experimentar lo que se siente ponerse *happy*. Todo empieza como un juego divertido y después se convierte en algo habitual, el problema es que a muchísimas personas lo habitual se les convierte en vicio y empezamos a tener problemas con la bebida.

Principales signos de que tienes un Problema con la Bebida:

1. Discutes con objetos inanimados como puertas, columnas y vasos. ¡Y siempre pierdes!
2. La escuela o el trabajo interfieren con tu manera de beber.
3. Tu tipo de sangre es JB+.
4. Tener dos manos y una sola boca te crea conflicto.
5. Cada persona que ves tiene un gemelo idéntico.
6. Continuamente le preguntas a tu esposa "¿dónde están los niños?", pero no estás casado y le estás hablando al refri.
7. Te despiertas en la mañana y descubres que los líquidos de limpieza y tus perfumes han desaparecido misteriosamente.
8. El vaso continúa fallando al darle a tu boca.
9. Te despiertas en tu cuarto, tu ropa interior está en el baño, pero te quedaste dormido con la ropa puesta. Mhmm...
10. Has visto a Chabelo pedísimo (y no que te lo hayas encontrado en el bar, sino que es domingo en la mañana, estás frente a la tele y TÚ estás borracho).
11. Los mosquitos caen en círculos después de picarte.
12. La cruda se convirtió en un atractivo estilo de vida alternativo.
13. A todo el que te dice que tienes problemas con la bebida le respondes: "¡Yo no tengo broblemas con la pebida!".
14. Te despiertas a mitad de la noche gritando "¡TORO, TORO, TORO!".

15 Estás disfrutando la música psyco, pero te quejas de que el antro se mueve mucho. Realmente vas en una ambulancia.

16 Tu cerebro funciona así: pies mojados y fríos: vaso al revés; pies mojados y calientes: ya me meé.

17 Yendo al baño le disparas un chupe a un desconocido simplemente porque te gustó su cara, pero de regreso le echas bronca simplemente porque te molestó su cara.

18 El único problema que tienes con la bebida es no tener un trago en este momento.

19 Has sentido que vuelas en el antro, pero la verdad es que te están sacando los de seguridad.

20 No entendiste que esta sección es de broma.

Beber con responsabilidad implica realmente creer que chupar en exceso es malo. En la borrachera nos sentimos inmunes y vemos al alcoholismo muy lejano y como algo que a nosotros no nos va a pasar. Quiero que sepas que varios amigos míos que pensaban que podían controlar el chupe hoy han tenido que rehabilitarse y no pueden tomar nunca más. Por lo tanto checa lo siguiente para empezar a beber con responsabilidad:

● **Descubre "El Punto":** no a toda la gente le pega igual el alcohol, los efectos del chupe varían de acuerdo con tu edad, peso, sexo, estado de ánimo y, por supuesto, con la cantidad y velocidad con la que tomas. Hay personas a las que el chupe les da pa´ arriba y a otras más las jetea; está el que se pone muy amigable y el otro que es súper mala copa. Tú debes conocer tu cuerpo para saber medirle cuando ya estás en "El Punto" y no rebasarlo. "El Punto" es la meta deseada, es ese estado mítico cerebral que todo el mundo busca, pero que sólo unos ligeros y responsables afortunados logran alcanzar. "El Punto" es como alcanzar el nirvana para los budistas, es la llave hacia chupar por diversión y encontrar las sensaciones de felicidad, desinhibición y relajamiento que da el alcohol, sin dejar de ser nosotros mismos y transformarnos en zombis. Mientras estás en "El Punto" puedes seguir divirtiéndote con responsabilidad y volver a tomar únicamente cuando estés saliendo de él, el problema es que una cuba más allá de "El Punto" puede acabar con tu imagen pública y hasta con tu vida. Tú decides si lo quieres cruzar ateniéndote a las consecuencias.

- **Protégete contra la jarra:** si sabes que vas a beber, piensa que se te puede subir más si tienes el estómago vacío, si estás haciendo dietas rigurosas, si estás cansado o triste, si estás tomando medicamentos, si te está bajando o en general tienes bajas las defensas, y por supuesto, si estás crudo.

- **Llévatela leve:** no hay necesidad de correr hacia "El Punto". Si te aperras seguro ni te enterarás de cuándo lo rebasaste. No te chupes todo lo que te pongan en frente, no mezcles, ni te pongas a echarte caballitos a lo loco. Si te vas a rifar un hidalgo, no sigas chupando después de hacerlo, espera a que haga efecto y mantente cool. Piensa que tu hígado necesita más o menos una hora para procesar cada chupe. Entre tanto, toma chescos o agua (la chela cuenta como chupe). Ahora que si tu intención es llevar "El Punto" al límite, dos chupes por hora pueden ser la solución.

- **Ojo con las barras libres:** de los antros en los que trabajé, muchos eran de barra libre y puedo asegurarte que es mito eso del éter en los hielos, ¡sería carísimo y complicadísimo! Lo que sí es cierto es que te dan pura chafada y que en muchos rellenan pomos buenos con pura marranilla; esto también ocurre en los lugares en los que el chupe es irrealmente barato. En ese tipo de lugares toma chela, pues está cañón que la alteren. Otra es que inviertas en pedir chupes por fuera de la barra libre (tu cartera se quejará pero tu cerebro te lo agradecerá), o acude a barras libres en las que te cobren algo coherente.

- **Cuida tu integridad:** estando pedo no sabes lo que haces. Una vez rebasado "El Punto", nuestra memoria y capacidad de reacción se ven afectadas, por lo que estamos vulnerables a mil cosas: desde las leves, como que te pinten la cara si te quedaste dormido, hasta las más serias, como que te violen o mates a alguien. Cuídate y cuida a tu gente. Más adelante hablaremos del chupe y el volante; mientras, acuérdate de que dentro de tu integridad está también tu imagen pública. Cuida también tus pertenencias (cartera, relojes, tarjetas, novios y novias) que suelen perderse en la jarra y procura que no se te "borre el casete", que es cuando te despiertas al día siguiente y no tienes ni idea de lo que hiciste. Afortunadamente con la tecnología actual puedes meterte a las redes y seguro ya estarás ahí dando el show y tristemente te acordarás de lo que hiciste ayer. Y si de cuidar tu integridad se trata, también siempre recuerda que:

¡ALCOHOL Y REDES SOCIALES NO SE MEZCLAN!

- **Congestión = Hospital:** si alguien se pasó de "El Punto" como 27 cuadras y no reacciona, olvídate de cualquier remedio casero y llévalo inmediatamente a urgencias. De nada sirven los hielos en aquellito, el café con limón, las bofetadas guajoloteras, ni el meterle los dedos para que cante Oaxaca. Por ningún motivo se te ocurra meterlo a bañar con agua helada, le puede dar fácilmente hipotermia. Si ves de plano que no está como de hospital (pero ¿quién eres tú para deliberar si estás a dos pasos de acompañarlo?) no lo acuestes boca arriba, se puede ahogar en su propio vómito.

● **Respeta a quien no quiere beber.** De hecho, "El Punto" es muy fácil de alcanzar sin alcohol.

"Fue la madrugada del 6 de noviembre de 2005 cuando mi vida cambió. Estábamos en una fiesta dos amigos y yo, en el sur de la Ciudad de México. Habíamos bebido lo suficiente como para no ser capaces de tomar una buena decisión. Salimos alrededor de la 1:30 de la mañana del lugar de la fiesta hacia nuestras casas, los tres íbamos en el mismo coche.

"Al entrar en la lateral del periférico nos percatamos de que había tráfico debido a las obras del segundo piso. En ese momento yo tomé mi teléfono celular y llamé a mi mamá para avisarle que ya iba tarde; al terminar la llamada me recosté en el asiento trasero del coche donde veníamos. Luego de eso, no recuerdo el momento del impacto. Caímos de la lateral de Altavista a los carriles centrales del periférico. Lo primero que recuerdo luego del accidente fue que me sacaron del auto y lo único que vi fue una de las calaveras y la placa del coche a unos treinta centímetros de mi cabeza. Momentos después me llevaron de urgencia al hospital, donde me diagnosticaron sangrado interno sin origen definido, cinco fracturas en el anillo pélvico, una fractura en la clavícula derecha y colapso de pulmón derecho. Pero lo peor apenas estaba por venir. Horas después del accidente me informaron que uno de mis amigos, que iba en el coche del lado del copiloto, había fallecido. Me enfrenté a interrogatorios por parte de la policía y procuraduría, ya que al haber fallecido mi amigo, el conductor era culpable de homicidio imprudencial y yo estaría implicada, por lo que tuve que hacer varias declaraciones. Es algo que jamás olvidaré.

"Estuve alrededor de quince días en el hospital. Afortunadamente todo salió bien y me pude ir a casa, pero las cosas no cambiaron: mi cuarto se convirtió en un cuarto de hospital, con una enfermera que cuidaba de mí las 24 horas los siete días de la semana y una cama especial que se volvió mi modo de vida. Ahí desayunaba, comía y cenaba, era mi baño y mi regadera; en el mismo lugar recibía visitas y dormía. Estuve así durante mes y medio, y gracias al apoyo de mi familia, de mis verdaderos amigos y de las personas que me ayudaron con mi rehabilitación, logré cada día estar mejor.

"Luego de esto pude dejar la cama por cortos periodos para que me pasaran a un sillón, y después me dejaron salir pero cargada y en silla de ruedas. Ésa ha sido una de las experiencias más fuertes de mi vida, ya que jamás imaginé un día tener que depender de una silla para poder moverme, con todas las limitantes que esto implica.

"Seguí con las rehabilitaciones físicas y también de forma psicológica que me ayudaron a mejorar, y luego de tres meses logré volver a caminar apoyada de un bastón. Pero algo que nunca iba a poder cambiar era la ausencia de un amigo.

"Pasó mucho tiempo, casi un año para mi completa recuperación, pero hoy gracias a Dios y a todo el apoyo que recibí estoy viva de nuevo.

"Hoy mi vida ha cambiado, replanteé mis metas y hacia dónde quiero ir, tengo mayor responsabilidad sobre mis actos, mi vida y la gente que quiero. Intento vivir el día a día al máximo ya que entendí que nadie tiene la vida comprada. Formo parte de la fundación Convivencia sin Violencia en la cual doy mi testimonio del accidente, de que hoy sigo con vida, de las implicaciones y consecuencias de vivir al máximo sin responsabilidad, con la finalidad de poder llegar a todo ser humano y así tratar de evitar que pasen por lo que yo pasé y recuerden que vida sólo hay una y que hay que vivirla lo mejor posible pero siempre con responsabilidad y con amor a ella".

NATHLLELY ALDANA ARCOS

A nosotros también nos puede pasar una desgracia como la de Nathllely, y es que como ya mencionamos,

EL PROBLEMA NO ES BEBER SINO MANEJAR BEBIDOS.

Si ya decidiste que quieres ponerte como colita de perro, piensa en la total estupidez que es subirte a un coche en ese estado. Comprométete a que si te emborrachas no vas a manejar, y si no lo puedes cumplir, ¡no lleves coche!; muévete en taxis, que además te ahorran el valet, la friega de la estacionada, las broncas con el alcoholímetro y la desgastada del coche. Nunca dejes a un amigo manejar borracho, quítale las llaves aunque se enoje cañón y te diga que sus papás lo van a matar. Es preferible que lo regañen a que se mate de verdad. Si la fiesta es casera quédate a dormir, y si ya de plano no ves otra opción, márcales a tus jefes y acéptales que no puedes manejar; se podrán disgustar pero en el fondo te lo agradecerán.

Finalmente, si te das cuenta de que estás teniendo problemas con el alcohol, pide ayuda. Existen muchas formas de bajarle y controlar el problema (porque, si no sabías, es incurable), siempre se verá con mucho respeto y admiración a una persona que ha decidido rehabilitarse. Recuerda que la dignidad sólo se pierde si uno así lo quiere.

La cruda

Estoy seguro de que Dios inventó la cruda porque si no la gente bebería diario. Es el castigo por pasarnos de lanza y es un mal que no le deseas ni a tu peor enemigo. Al crudear, el cuerpo se está reponiendo de la intoxicada que le diste y por lo tanto se está vengando y pasándote la factura. Hay crudas de hospital con alucinaciones y toda la cosa, y otras más leves, como cuando puedes crudear con amigos o pasarte por una alberca. Pero sea cual sea la cruda que traigas, te tengo una pésima noticia: es imposible quitártela hasta que tu cuerpo haya eliminado toda la *maldá*. Ahora bien, siempre hay remedios en la cultura popular que pueden hacértela más llevadera y bajarles un poco a los síntomas. He aquí mi técnica paso a paso:

- Nada más te despiertes métete a bañar y arréglate. El verte bien y sentirte limpio ayuda cañón psicológicamente. Lo mejor es darse un vapor acompañado de un vaso de jugos cítricos y un regaderazo de agua helada.
- Desayuna tacos de cochinita pibil con mucho habanero o caldo de camarón con cebollita morada.
- Acompáñalos con un Boing de guayaba.
- Ponte una buena *movie* o un partido de fut para distraerte y toma mucha agua. Trata de no dormirte porque si no te dará "El Mal del Domingo", que es no poder dormir la noche siguiente a la jarra pues te dormiste todo el día, dándote un insomnio muy cañón y amaneciendo hecho pomada.
- Llega el turno de lo dulce: un helado o un chocolate a esas alturas de la cruda caen de maravilla. También márcales a tus cuates y hagan recuento de los daños, te alivianará saber que no eres el único que está tan fregado.
- Duérmete temprano después de haber cenado lo que más te gusta y báñate con agua caliente antes de meterte a la cama.
- Contra la cruda moral desgraciadamente no hay remedio.

SITUACIÓN #25: Qué me ves, güey… ¡Órale, ca…!

Madrearse es lo más incivilizado del mundo. El hecho de tener que llegar a golpearte con alguien para arreglar un problema (que casi siempre es una estupidez) demuestra que no estamos tan separados de los animales como pensamos. Pero hay de madrizas a madrizas:

Pleitos de Honor: son los que generalmente se dan en la prepa (el clásico "nos vemos a la salida") y que por lo regular son para demostrar superioridad o para defender nuestro orgullo. Estas peleas son las más inocentes (aunque unas sí se ponen gruesas) porque implican más un show que realmente el deseo de dañar a alguien. Tienen como ventaja que sabes con quién te estás metiendo y que después de la tranquiza ya no habrá broncas. Aunque se pueden evitar, hay veces que son necesarias pues nuestra imagen pública va de por medio; más vale unos cuantos zapes un día a que te traigan de bajada todo el año.

Cat Fights: las peleas de mujeres se llaman así porque las participantes sacan las uñas. Casi siempre consisten en arrancones de pelo y surgen por chismes o broncas con galanes.

Peleas de Borrachos: éstas sí son gruesas y hay que andarse con cuidado. El alcohol nos saca de juicio y podemos realmente hacer o hacernos daños irreversibles. No sabes con quién te estás metiendo ni contra cuántos te estás peleando, surgen por puras babosadas y hay muchos que piensan que es padrote andarse peleando. Quiero compartirte lo que le pasó a un buen amigo saliendo de una fiesta:

"Era un fin de semana como cualquier otro, en el que planeaba ir a la graduación de mi mejor amiga. Todo iba perfecto: la emoción de una buena graduación e ir con todos los amigos y amigas parecía un plan muy bueno. Me meto a bañar y en el vestidor recibo una señal que parecía que me indicaba que no debía salir de mi casa: me quedo encerrado en el vestidor como por quince minutos, cosa que jamás me había pasado en la vida. Después de estos quince minutos por fin me abren gracias a que estuve gritando. Algo raro empezaba a sentir, mi papá llamándome como cien veces diciéndome que llegara temprano y que no tomara mucho debido a que llevaba coche. Ya listo en el garaje, me subo al coche y me estampo contra una

256

columna que llevaba 25 años ahí; 25 años saliendo de ese mismo garaje y otra vez algo indicándome que no debía salir de casa. Bueno, el caso es que ya iba tarde, pero a pesar de lo que me había pasado unos minutos de retraso no me iban a arruinar la noche. Era una graduación como cualquier otra en la que cenamos, vimos el video y empezamos a tomar fuerte como todas las noches caballitos de Jäger, turbochelas, etcétera, una noche como cualquier otra, que según yo iba a acabar igual que las demás: un poco de cruda al día siguiente y nada más, pero mi despertar no fue igual al de las otras noches.

"En el momento en el que nos íbamos nos dimos cuenta de que se nos olvidaron las llaves. Venía con uno de mis mejores amigos y echamos unos numeritos para ver quién se regresaba por ellas. Gané, por lo que le tocó a Soto regresarse. Yo me quedé solo con unas copas encima y escogí un lugar un poco oscuro para sentarme y descansar después de una noche tan agitada en la que habíamos bebido no sé cuánto, pero más de la cuenta. En eso llegan como cuatro o cinco tipos que se empiezan a meter conmigo diciéndome que era un pordiosero y yo les contesté de igual manera con intención de defenderme. Pasaron como treinta segundos cuando me doy cuenta de que estoy solo, en un lugar oscuro y rodeado de unos tipos que en mi vida había visto. Uno de ellos me empuja y salí corriendo para ir por mis amigos, pero no alcancé a entrar a la graduación, pues me tiraron de una patada y por más que intenté defenderme no pude. Estaba siendo golpeado en el piso por esos tipos que supuestamente eran gente educada y de colegios particulares. Fui golpeado de tal manera que alguien llegó a ver qué estaba pasando; era mi primo y gracias a Dios él detuvo la agresión, si no no sabría si hoy podrías estar leyendo esto. Se acaba la golpiza, me llevan a la enfermería con la nariz sangrando y con algunos raspones y golpes, y pensamos que había sido una pelea como cualquier otra, pero en ese momento deciden llevarme al hospital para hacerme una resonancia magnética, la cual dio como resultado 27 fracturas en la cara, el maxilar colgando, el ojo izquierdo sostenido sólo por la hinchazón, el orbital del ojo partido en dos y con la sorpresa de que con un centímetro más hubiera perdido la vista, y con unos cuantos milímetros más hubiera muerto. Me operaron y me implantaron cinco placas de titanio en la cara, las cuales llevaré toda mi vida como recuerdo de una noche en la que tomé una mala decisión: la de tomar de más."

Schuster

Sea cual sea la bronca, ten en cuenta lo siguiente:

- Trata de no llegar a los golpes: aunque haya mucho farol allá afuera diciendo que le encanta madrearse, la realidad es que a la gran mayoría le preocupa hacerse daño y le dan miedo las tranquizas (aunque no lo acepten), por lo que siempre se puede calmar la situación. Háganse de palabras, discutan y desahóguense con sus amigos. Por ahí dicen que todo se puede arreglar con palabras, inténtalo. La única situación en la que debes madrearte es por defensa propia, o sea, cuando ya te están lloviendo los trancazos.
- Nunca te pelees en bola: agandallarse a alguien es lo más vil del mundo, quedarás como cobarde y tu reputación se verá dañada. Casi siempre terminan pegándole a alguien que no tenía vela en el entierro y estas guamizas siempre terminan en hospital.
- No encares por encarar: es lo más malacopa pelearte porque te vieron feo o simplemente porque se te antojó. No busques broncas de a gratis y si conoces a alguien que cuando toma le echa bronca a medio mundo, mejor no salgas con él.

● Si ves que te están echando el ojo o sientes el ambiente pesado, vete de inmediato. Si alguien te echa bronca en un antro, discretamente avísales a los de seguridad y verás que te protegerán o sacarán al violento.

● Cuando se arme una bronca, en vez de acercarte a chismosear aléjate lo más que puedas; golpes, vasos y hasta disparos pueden salir en tu dirección. Si andas de curioso seguramente acabarás embarrado.

● Si fuiste víctima de una agresión física no te quedes callado(a), puedes demandar y tendrás todas las de ganar.

Finalmente, quiero recomendarte que te acerques al "Pacto de No Violencia" que surge de la asociación civil Convivencia Sin Violencia, de la cual Schuster es miembro fundador. Trata de vivir de esta forma y te darás cuenta de que tener una actitud positiva es mucho mejor. El pacto lo puedes encontrar en www.convivenciasinviolencia.org.mx. También puedes acercarte a ellos si has sufrido algo similar a lo de Shuster o lo de Nathllely.

SITUACIÓN #26: Las drogas

Las drogas son cualquier sustancia con la capacidad de alterarnos. Si bien el término suele utilizarse comúnmente para referirse a las de uso ilegal (y es de las que hablaremos en este capítulo), también hay drogas que están permitidas por la ley y por la sociedad, como el chupe, del cual acabamos de hablar, los tabacos (más bien la nicotina) y el café.

(**Paréntesis aparte:** el cigarro está *out.* Fumar era cool en las épocas en las que no se sabían los grandes daños que provocaba a la salud, por lo que las mujeres y los hombres fumaban para sentirse elegantes y maduros. Hoy hasta los fumadores aceptan que lo que hacen es una estupidez. ¿Qué te deja el cigarro? La respuesta es fácil: cáncer, enfisema pulmonar, mal aliento y mal olor de lo que te rodea, dientes amarillos y la friega de tener que estar saliendo de todos los lugares pues cada día es menos permitido fumar. No hay nada bueno actualmente en relación con el cigarro. Si pensabas en fumar por verte grande, piénsalo dos veces, seguramente terminarás viéndote ridículo y estúpido.)

Para que una droga sea considerada como tal debe cumplir las siguientes condiciones:

- Ser algo que te metes y te alterará el cuerpo o la mente.
- Que haga que quien la toma quiera repetir por el placer que le genera.
- Que le produzca malestar a quien la deja de tomar por falta de la sustancia en el cuerpo, haciéndose dependiente.
- Que se consuma por recreación y no con fines médicos.

Vivimos en un mundo en el que, aunque queramos, no podemos alejarnos del problema de las drogas. Siempre las veremos en fiestas y antros, y seguramente pasaremos por la experiencia de que nos las ofrezcan, ya sea un *dealer* o un "amigo". Si bien las drogas están presentes, la decisión de consumirlas o no es determinante para el resto de nuestras vidas y de nuestra imagen pública. La cuestión es que las drogas no son como el chupe, con el cual podemos experimentar de una manera más inocente. Las drogas son gruesas y los cambios que producen en nuestro cuerpo no son comparables con un mareo y la cruda de una peda.

Decidirse a experimentar con drogas es todo un rife. Hay de todo tipo: las que te van a relajar, las que te van a prender y las que te van a hacer alucinar bien loco; pero todas ellas tienen en común lo siguiente:

- **La tolerancia:** que quiere decir que una vez que las pruebas estás en la necesidad de incrementar la dosis consumida para alcanzar los efectos que sentiste la última vez, lo que te obliga a consumir más y más.

● **La dependencia:** o como se dice, nos engancha. Una vez que la sustancia entró en tu cuerpo, tienes la necesidad de consumirla nuevamente para alcanzar de nuevo las sensaciones placenteras; o lo más común, que tengas que consumirla para eliminar las sensaciones desagradables derivadas del síndrome de abstinencia.

● **Síndrome de abstinencia:** es como una cruda a la quinta potencia. Son todo el conjunto de reacciones físicas y mentales desagradables que ocurren cuando una persona se hace dependiente de una sustancia y deja de consumirla. En el barrio se llama la mona.

Como ves, andar curioseando con las drogas no es lo más recomendable. Además, si piensas que es cosa de sólo una vez, debes saber que un 70% de las personas que prueban una droga la vuelven a consumir, haciéndose adictas.

No te confundas, las drogas no son cools, pertenecen a ese lado oscuro del cool del que hablamos al principio del libro. Ser drogadicto nunca podrá ser una imagen positiva. Las drogas son ilegales, por lo tanto, si te perciben como alguien que las usa te harás una imagen de rechazado social, de persona desequilibrada y de irresponsable. No hay que jugar con ellas y mucho menos farolear y hacerse el cool diciendo que somos grandes conocedores de sustancias prohibidas. Si es estúpido drogarse, imagínate lo que es hacerte una imagen de drogadicto sin realmente serlo.

El fin de este libro y este capítulo no es el de "enseñarte" sobre drogas ni decirte si está bien o mal consumirlas. Lo único que te puedo decir es que dañan severamente tu imagen pública y que son lo más anticool del mundo por una sola razón:

DROGAS = PROBLEMAS.

Problemas porque te rebasan a la primera, afectan a los tres Círcoolos de la Percepción y destruyen tu futuro junto a lo que ya has construido. Que se te quede grabado: **DROGAS = PROBLEMAS**... No hay historia de drogas que termine con final feliz.

SITUACIÓN #27: Saber decir que no

NO. Dos sencillas letras que nos pueden salvar... pero también dos sencillas letras que nos cuesta un buen decir. La principal razón por la que nos cuesta decir que no es porque en realidad no sabemos cómo hacerlo. Pensamos que si rechazamos algo inmediatamente estaríamos dejando de ser cools, pero sucede todo lo contrario: la gran mayoría de las veces ese NO es el que hace que nos perciban como alguien íntegro, independiente y cool.

Ya sea porque nos están ofreciendo una droga, nos quieren meter un caballito a la fuerza o simplemente porque no queremos bailar o salir con alguien, las mejores formas para decir que no son:

- **Sin rodeos:** o sea, siendo súper directos. No te confundas entre decir la neta y ser grosero o indecente. Tenemos que decir que no con seguridad, y si existe alguna razón, exponerla. Ejemplo:

  —¿Quieres mota? Fúmale y pásala.

  —Muchas gracias, pero no le entro.

  O esta otra situación:

  —¿Quieres salir conmigo el viernes?

  —Qué lindo, pero la neta ahorita no quiero salir con nadie.

- **Échale la culpa a algo o a alguien:** cuando no sepas qué hacer en una situación incómoda, pon pretextos. Ojo, el pretexto tiene que ser bueno para que no te puedan insistir o ayudarte a vencerlo; si contestas algo como "ahorita no porque me siento mal" o "es que ahí están mis papás", seguramente al rato te dirán que ya te ves mejor o que se pueden ir a otro lado en donde no estén tus papás. Mejor ve esta situación:

—Órale, tómate esta perla negra.

—Me encantaría, pero ando tomando un antibiótico bastante cañón. Qué envidia.

O esta otra:

—¿Quieres un toque?

—Nel, ando chupando y se me mezcla de la fregada.

● **Usa el humor:** un buen chiste te salva de una situación incómoda y se interpreta como un no:

—Vamos a meternos coca, ¿quieres probar?

—No, gracias. La última vez que intenté inhalar coca se me atoró un hielo y me picó mucho el gas.

Pon opciones: di que no pero propón una alternativa.

—¿Quieres bailar?

—No, pero qué tal si vamos por algo a la barra.

● **¡Desaparece!:** a esta técnica también se le conoce como el "Magazo", pues trata de alejarnos de las situaciones que no nos laten o nos dan mala espina. Por ejemplo, si ves que todos están jugando un juego en el que el castigo es algo que no quieres hacer, simplemente no lo juegues o vete.

No importa cuál de estas opciones elijas, el chiste es que tengas presente que no tienes que hacer nada que no te lata o que vaya en contra de lo que piensas. Si te topas con la clásica persona que insiste y no puede tomar un no como respuesta, juega a ver quién es más necio, si él o ella preguntando o tú negándote; verás qué rápido se cansará.

SITUACIÓN #28: ¡Graduación!

Hay eventos en la vida que deben celebrarse en grande y uno de ésos es la graduación. Terminar un grado es motivo de fiesta, convirtiéndose en el acto final de una importante etapa de la vida. El graduado es la estrella y esa noche es su noche, por lo que todo debe salir a la perfección. A continuación veremos unas recomendaciones para que esta experiencia sea recordada de por vida como algo placentero que nos llena de orgullo y no como la noche en que todo se echó a perder:

- **Vístete con tiempo:** y no me refiero a que empieces a arreglarte muchas horas antes, sino a que tengas planeado qué te vas a poner y cómo te vas a arreglar, ya que muchos de los enojos del día de la graduación es porque no nos gustó nuestro *look*. Para las mujeres es recomendable hacerse pruebas de peinado y maquillaje con días de anticipación y no experimentar el mismo día. Para los hombres, la recomendación es que renten su esmoquin con anticipación, pues se le deben realizar los ajustes de medida para que quede como ya sabemos.

- **A las graduaciones se va con pareja:** por lo que si no tienes una, piensa muy bien a quién quieres llevar. Si no estás saliendo con nadie, la recomendación es llevar a un amigo o amiga con quien te la pases muy bien, puedas bailar y se tengan confianza, para así poder disfrutar de la fiesta y no estar preocupados por cómo se la están pasando. Avísale con tiempo que quieres que te acompañe a la graduación para que pueda hacer todos sus arreglos de vestuario y permisos; lo peor que le puedes hacer es invitarle un día antes. Respeta a tu *date* no dejándola sola mientras tú estás todo el tiempo con tus compañeros.

- **Renta coche o chofer:** no es un buen día para lucir nuestras habilidades al volante. Si quieres disfrutar sin preocupaciones y darles seguridad a tus papás y a los de tu *date*, lo mejor que puedes hacer es contratar a alguien que te maneje. Así podrás divertirte con responsabilidad.

- **Remata la noche con una Casera:** lo mejor es armar la tornafiesta en casa de alguien para desayunar. De esta manera se puede tener un control sobre la seguridad de todos, poniendo reglas en cuanto al uso de los coches y el chupe. Se pueden pedir taxis o hacer todos los arreglos para quedarse a dormir.

- **Sé responsable:** si la graduación marca el inicio de una vida con más responsabilidades, empecemos ese mismo día. No hagas nada que pueda atentar contra tu salud. Recuerda que están todos muy orgullosos de ti y si algo se sale de control (peleas, borrachazos, accidentes) lo puedes echar a perder. En caso de problemas siempre pide ayuda a un responsable.

- **Agradece a todas las personas que la organizaron:** muchos padres de familia, maestros y alumnos se desvelaron varios días cuidando que todo quedara perfecto. Como al terminar la graduación le damos un adiós total a la escuela, muchas veces quedamos sin agradecer este esfuerzo. Llámales o mándales un correo en el que digas lo bien que la pasaste.

- **Agradece a tus papás:** si bien es un gran logro que hayas acabado tus estudios, es un logro enoooooorme para tus papás, por lo que debes hacerles saber lo mucho que aprecias que te hayan dado la oportunidad de recibir una educación y haberte hecho una persona de bien.

Recuerda que puedes pasarla increíble mientras mantengas tu seguridad bajo control. La gente madura avisa dónde está, por lo que nada cuesta mandar un mensajito a quien nos esté esperando para avisar que estamos bien, aunque hayan pasado ya tres días de fiesta.

SITUACIÓN #29: Entrando a la universidad

Salir de prepa ha sido una de las sensaciones más contrastantes que he vivido. Por un lado estaba rayado de por fin cerrar un ciclo y de saber que nunca más iba a tener que ver a los mismos maestros y soplarme las materias que no me interesaban, y por el otro me llenaba de nostalgia al saber que los amigos tomaríamos rumbos diferentes. Y sobre todo me llenaba la duda de "¿y de aquí en adelante de qué se va a tratar mi vida?".

Tienes dos opciones: seguir estudiando o ponerte a trabajar. Y aunque la segunda suena tentadora porque luego luego empiezas a ganar tu lana, déjame darte tres razones de por qué estudiar una licenciatura y hasta un posgrado es mejor:

1. **La universidad define tu vida:** de acuerdo con la carrera que elijas, te harás de un perfil y una forma de pensar que te definirán en un futuro. La vida universitaria te enriquece con los conocimientos necesarios para desempeñarte en una rama, además de ser la mejor escuela para las situaciones más comunes de la vida, como manejar el éxito y los fracasos, hacer relaciones sociales, abrir nuestra mente a la diversidad y superar retos día a día sin importar desvelos y lágrimas.

2. **Papelito habla:** actualmente la gran mayoría de los trabajos competidos requiere de una educación mínima de licenciatura. Busca en bolsas de trabajo y verás cuáles son los trabajos que piden estudios universitarios y los que no... ¿verdad que no se te antojan mucho los que piden hasta la prepa? Cada logro académico será un factor determinante para conseguir el trabajo que quieres, por lo tanto persigue un título.

3. **A mayor cantidad de estudios, mayor es la lana en la bolsa:** si bien es cierto que el perico es verde donde sea y que hay personas

que son millonarias sin haber estudiado, también es cierto que esos casos son la minoría. La realidad es que a quienes se esfuerzan les va mejor. Hay estudios que demuestran que una persona con maestría gana aproximadamente el doble que un estudiante de licenciatura y el triple que alguien que no hizo nada después de la prepa.

Por lo tanto, si estás dispuesto a seguir estudiando, ten en cuenta las siguientes recomendaciones:

- **Estudia de acuerdo con tu vocación:** no te dejes influir por terceras personas. Está comprobado que las posibilidades de fracaso aumentan muchísimo cuando se estudia algo que no nos apasiona. Tengo un amigo al que no lo dejaron ser biólogo marino pues su padre decidió que tenía que ser abogado, como él y su abuelo. Después de dos años de disputas abandonó la carrera de Derecho, y hoy vive bien y feliz en el mar. Su papá no le quiso pagar los nuevos estudios pero su vocación fue mayor: buscó becas y financiamientos y hoy que es exitoso su papá se arrepiente y siempre dice: "Qué bueno que hizo lo que le dictaba el corazón y no lo que le decía yo, pues sé que hoy él es feliz". Responde a estas dos preguntas: "¿para qué soy bueno?" y "¿qué me encanta hacer?". Así encontrarás tu vocación.
- **Toma exámenes de orientación vocacional:** si no puedes responder con facilidad a las dos preguntas para conocer tu vocación, pide ayuda profesional. Un primo mío estaba decidido a ser ingeniero industrial porque en la prepa toda su bolita se iba a meter a esa carrera. Un día hizo unos estudios para conocer su perfil y éstos arrojaron que sería buenísimo para el diseño industrial. Él nunca había oído hablar de esa carrera, pero cuando se acercó a ella le encantó, ayudándole a tomar la decisión

de qué quería ser en la vida. Hoy lleva varios años fuera del país y a cada rato aparece en importantes revistas europeas de diseño.

- **No te dejes llevar por las carreras de moda:** siempre existen carreras que todos quieren estudiar y por lo mismo se saturan, lo que no vemos es que también se satura la oferta de profesionistas y el buscar chamba se pone cañón. Nunca te vayas a meter a estudiar algo porque es lo que todos están haciendo. Dentro de tu vocación, busca un área virgen en donde hagan falta especialistas. Pregúntate qué necesidad hay allá afuera como para que me quieran pagar por satisfacerla... en una de esas es la Imagen Pública ¡y hasta nos hacemos colegas!

- **Escoge bien tu universidad:** no elijas una porque es a la que se van a ir todos tus amigos, tampoco porque es la universidad de moda y mucho menos porque es la más fácil para entrar. Elige la universidad que tenga el mejor plan de estudios para tu carrera, visítalas y toma algunas clases de oyente; compara los laboratorios, las instalaciones y las materias a estudiar; pregúntales a los alumnos de último semestre y a los egresados la opinión que tienen de su universidad, y los pros y contras de su carrera. Verás qué fácil es decidirte por una después de hacer este ejercicio, ¡pero hazlo!, ya que de esta elección dependerá el resto de tu vida.

- **No te cases con una opción:** haz exámenes de admisión en varias universidades. Puedes correr el riesgo de que no te acepten en una y la decepción será mayor si te bloqueas a que forzosamente tenías que estudiar ahí.

- **Una vez aceptado en la universidad conócela a fondo:** es normal que en los primeros días de clases los alumnos nuevos anden como venados lampareados y asustados pues no se ubican. Date tus vueltas antes de entrar y visita la biblioteca, la cafetería, la administración y cualquier área que te interese, así al entrar estarás como pez en el agua y serás referencia ante el resto de tus compañeros pues buscarán su seguridad en tu conocimiento.

● La universidad es el mejor lugar para conocer gente nueva, saluda a todos y sonríe mucho. Desarrollar una personalidad desenvuelta y extrovertida en clases hará de ti un profesionista movido y aventado con más posibilidades de triunfar en la vida.

● Finalmente, si quieres ser por siempre recordado, organiza la primera fiesta para que se conozcan todos los nuevos. De esa fiesta surgirá el futuro de toda una generación universitaria.

SITUACIÓN #30: ¡Ya quiero chambear! ¿Cómo hacer un currículum?

Andamos pidiendo chamba y en todos lados nos dicen que tenemos que dejar nuestro currículum... ¡pero no tenemos uno y nuestra experiencia es tan breve que no sabemos qué poner! El currículum tiene gran peso a la hora de conseguir trabajo, puede ser el factor de diferenciación para que nos contraten o no y será un elemento que hablará por nosotros y nos "venderá". Por lo tanto, el currículum tiene que estar impecable. Veamos algunas recomendaciones para realizarlo y antes de dártelas creo que queda sobreentendido que debe ser hecho en computadora.

Recomendaciones:

● Utiliza un papel de mayor calidad y gramaje (gramos del papel que determina su grueso) que el clásico papel bond. Por ejemplo, un papel opalina de color blanco brillante connotará más autoridad, calidad y firmeza. No te vayas a poner creativo en la papelería y vayas a escoger un papel de colores, ni con figuritas o diseños, ya que comunicarán poca seriedad y madurez.

269

- La tipografía (tipo de letra a utilizar) que uses es muy importante. Actualmente las computadoras permiten utilizar cientos de tipos de letras y debemos resistirnos a la tentación de utilizar muchos tipos de letra o modelos innovadores. No busques el hilo negro, utiliza únicamente un tipo de letra, analiza que sea formal y seria (Times New Roman, Antique Olive, Arial), que sea letra de molde y no tipo manuscrita y que el tamaño de la fuente no sea menor a 10 y mayor a 14 puntos (se puede jugar con el tamaño de la fuente en títulos y nombres). Los nombres de instituciones o cargos desempeñados pueden ponerse en **negritas**; los nombres en otros idiomas (por ejemplo, si estudiaste fuera o tomaste un curso por Internet) deben ponerse en cursiva (letras inclinadas).

- Cuida muchísimo la ortografía y redacción: como ya vimos, está comprobado que una falta de ortografía es factor determinante para desechar un currículum pues habla muchísimo de nuestra imagen.

- Dale una buena imagen visual. Este pequeño detalle lo diferenciará del resto de los currículum para un puesto y le será más presente al encargado de hacer la selección.

- En cuanto a la información, debido a que estás empezando, pon más resultados obtenidos que puestos ocupados. Por ejemplo, logros serían: si organizaste la "semana de la no sé qué" en tu escuela, si ganaste algún concurso, si te eligieron para representar a tu escuela en algún evento o si fuiste primer lugar de tu clase.

- Ordénalo de lo reciente a lo pasado y llega hasta la educación media superior (secundaria y prepa). Evítale a la gente que tenga que tirarse un rollo completo de cuando ibas en kínder y primaria. Si no terminaste la primaria o piensas dejar inconcluso el bachillerato, no te preocupes por este tema, te puedo asegurar que para el puesto que puedes aspirar no necesitas presentar currículum.

La manera correcta de poner la información es año, lugar y actividad realizada y logros. Ejemplo:

2003-2005: McDonald's: Gerente de Sucursal. Empleado del mes en siete ocasiones.

2004-2008: Colegio de Imagen Pública: Licenciatura en Imagología. Graduado con Mención Honorífica.

● Dramatiza la realidad de lo que has hecho (o sea, échale crema pero sin mentir). Por ejemplo: si unas vacaciones de invierno te castigaron tus papás y te mandaron a chambear a la bodega de telas de tu tío, quien simplemente te dijo: "Pus ahí échale un ojo a todo pa' que aprendas y cuando acabes cuentas esos rollos", en tu currículum debes de poner: "2007-2008. HiperTelas Sandoval. Supervisor de procesos y *stock* en una empresa de la industria textil..." Quiúbole.

● Ponerle foto o no es una decisión difícil pues ésta nos puede ayudar muchísimo o perjudicarnos cañón. Una amiga muy cercana trabaja en selección de personal en una multinacional que recibe cientos de currículum al mes. Ella me platicaba que hay veces que con sólo ver la foto llaman a la persona a cita, o por el contrario, que pueden pasarse horas riéndose de la foto de un pobre aspirante a quien seguramente no le darán la cita. Por lo tanto, nadie más que tú sabe si tu físico te puede ayudar (cruel y triste, pero cierto) o si bien la foto del currículum puede esperar. Si decidiste ponerla, colócala en la parte superior izquierda junto a tus datos personales. Si no tienes una buena foto, tómatela; ésta tiene que connotar y transmitir un mensaje de seriedad y de amabilidad para que quien va a decidir sobre nosotros diga: "Se ve que es un buen prospecto", "se ve como una persona formal" y "se ve también que es buena persona". Esto se logra con la vestimenta, el peinado, el aliño personal y la sonrisa.

● Por último, te recomiendo que la extensión del mismo sea una cuartilla, y si no es posible, que no exceda las dos. Y por favor, no se te vaya a olvidar poner en tus datos personales el correo electrónico , tus redes sociales profesionales y teléfonos de contacto, pues seguramente te estarán buscando... A continuación vamos a hablar de qué es lo que debemos hacer durante la cita de trabajo.

Si tu correo electrónico tiene un nombre social o chistocito, como por ejemplo, chuchisflorecitas@hotmail.com o quienestupapa@gmail.com, no lo pongas en el currículum y abre uno más formal. Acuérdate de que la misma recomendación es para tu mensaje del buzón de voz del teléfono celular por si te llaman y no te encuentran. Las empresas de correo electrónico, por una módica cantidad, permiten personalizar tu dirección; hazlo, te dará una buena imagen tener un correo que sea tunombre@tuapellido.com

Asistiendo a la entrevista de trabajo

Para dar una buena impresión, todo radica en la perfecta coherencia entre la comunicación verbal y no verbal aunada a una buena estrategia, la cual debe estar basada en un verdadero valor agregado que te diferencie de los otros postulantes al puesto.

● Lo primero es definir si para el puesto que deseas obtener necesitas proyectar autoridad o accesibilidad y vístete como debe lucir el del puesto que quieres obtener; lo más común es que necesites comunicar autoridad, pero existen empleos, como en las relaciones públicas o la publicidad, que se necesita lo contrario. No es suficiente ser el mejor para un puesto... debes parecer el mejor. (Los signos de autoridad y accesibilidad los encuentras en la parte de los trajes dedicada a los hombres. Esas mismas recomendaciones se aplican a la vestimenta femenina.)

- Nunca vayas con unos zapatos sucios, dañados o en mal estado, pues como sabemos son un punto focal muy importante. El otro gran punto visible son las manos: llévalas limpias y cuidadas.

- Ojo con el pelo: nadie te va a decir que estás despeinado, pero se van a dar cuenta de que eres alguien descuidado. También si tienes un corte muy moderno se recomienda que ese día lo peines muy tradicional (a menos que estés pidiendo trabajo en una estética o en un grupo de rock).

- Vístete discreto: que nada de tu ropa llame más la atención que tu persona, porque si no la atención se va a focalizar en esa otra cosa y no en ti.

- Cuida mucho tu olor personal: tampoco nadie te va a decir que no te contrataron porque apestabas gacho (a sudor, a comida, a cigarro o a perfume), por lo tanto no comas, no fumes, ni hagas esfuerzos como para sudar antes de la entrevista; limita tu perfume o colonia a algo discreto.

- Revísate en un espejo antes de entrar a la entrevista, no vaya a ser que traigas un moco, un gallito o la bragueta abierta.

- Cuida mucho tu lenguaje corporal: establece contacto visual, mantén los brazos y piernas bajo control, sonríe mucho, ten una postura siempre derecha y hacia el frente, y en general que no haya nada que diga que estás nervioso, inseguro y preocupado, como estar doblando un papelito, jugando con un lápiz o moviendo constantemente la pierna.

- Infórmate acerca de la empresa: visita su página de internet y obtén información que puedas sacar a relucir en la entrevista; te facilitará conseguir el empleo si se quedan con la impresión de que sabías quiénes eran.

- Sé extremadamente puntual, ya sabes por qué.
- Pórtate muy amable con todos con los que tengas trato. Esos otros van a opinar bien de ti en el caso de que quien vaya a tomar la decisión salga y diga: "¿Qué pasó, cómo lo vieron, les parece bien, les late?".
- Si te ofrecen algo de tomar acéptalo, darás una imagen de que eres seguro y abierto. Muchas veces pensamos que está mal aceptarlo porque molestamos, y no es cierto.
- Durante la entrevista señala brevemente el mensaje que quieres transmitir, usa la frase "yo puedo aportar..." y ahí pon tu habilidad. Una regla de oro, no nada más para la entrevista sino para toda la vida, es: siempre escucha más de lo que hablas, el silencio es un gran instrumento de poder.
- Quiero que sepas que está comprobado que después de ver a todas las personas que compiten por un puesto, la decisión siempre se va hacia el que haya dado la mejor imagen en la entrevista, sin importar que otra persona tuviera un mejor currículum.

ADIÓS Y GRACIAS

De esta forma llegamos al final de este recorrido por la Imagen Cool, ahora es tu turno de empezar a vivirla. Siempre recuerda que ser cool es una actitud auténtica que hace que seamos bien percibidos por todas las personas con las que convivimos día a día, y que si nos comprometemos a vivir bajo esta nueva actitud cool siempre caeremos bien, se nos admirará y podremos lograr todos nuestros objetivos, pues se nos facilitarán las cosas manteniéndonos fuera de problemas y con las situaciones bajo control.

Recuerda también que el verdadero cool se adapta a las distintas situaciones siendo coherente con su comportamiento, no pasa por encima de los demás y es feliz cumpliendo lo que se propone. ¡Acuérdate de que puedes salirte con la tuya!

Estás viviendo la mejor etapa de tu vida, ¡disfrútala muchísimo! Vívela con este nuevo conocimiento de la Imagen COOL.

Quiero agradecer a Dios por ser tan cool conmigo y darme todo lo necesario para ser feliz.

A ti, papá, quiero decirte que gracias a ti soy lo que soy. Agradezco infinitamente todo lo que me has dado. Tus conocimientos y capacidad de creación son un legado invaluable. Te admiro y te amo. Este libro es tuyo.

Mamá: tú me has enseñado el verdadero significado de la palabra *amor*. Tu bondad, desprendimiento y capacidad para dar han sido la mejor educación que he recibido. Gracias por hacerme tan feliz. Te amo.

A ti, mi amor, gracias por siempre hacerme sentir que puedo y que soy grande. Tú eres grande. No hay palabras para describir lo que significa tu apoyo en mi vida. Te amo.

Por supuesto agradezco a todos mis amigos y compañeros de batalla con los que he crecido inmensamente. Nuestras anécdotas, experiencias, triunfos y fracasos han sido pieza clave para el desarrollo de este libro. Los quiero mucho.

Quiero hacer una mención especial para todos los que ayudaron a que este libro fuera posible. Agradezco a todas las personas e instituciones que con sus testimoniales, conocimiento y experiencias enriquecieron estas páginas. No menciono nombres pues el libro tendría que aumentar al doble de grueso y estamos cortos de tinta y papel.

Finalmente, quiero agradecerte a ti que estás leyendo. No dudo de que si aplicas este conocimiento te va a ir mejor en la vida, pero piensa también que si todos empezáramos a vivir con esta nueva actitud, el mundo sería un lugar mucho mejor. No eres el futuro del mundo como dicen, ¡eres el presente!, por lo tanto manos a la obra, seamos cools en esencia y agarremos el *Look* del Cool...

¡QUÉ COOL, YA TERMINASTE DE LEER!

BIBLIOGRAFÍA

Bridges, John y Bryan Curtis, *A Gentleman Gets Dressed Up*, EUA, Rutledge Hill Press, 2003.

Covey, Sean, *Las seis decisiones más importantes de tu vida*, México, Grijalbo, 2007.

Gordoa, Víctor, *El poder de la imagen pública*, México, Grijalbo, 2004.

_____, *Imagología*, México, Grijalbo, 2003.

_____, *Imagen vendedora*, México, Grijalbo, 2007.

Olivé, Elisabet y Montse Guals, *¿Qué me pongo?*, España, Scyla Editores, 2007.

Omelianuk, Scott y Ted Allen, *Esquire's Things a Man Should Know About Style*, EUA, Riverhead Books, 1999.

Post, Peggy, *Emily Post's Etiquette*, EUA, Harper Collins, 2004.

Pountain, Dick y David Robins, *Cool Rules: Anatomy of an Attitude*, Londres, Reaktion Books Ltd., 2000.

Imagen cool de Alvaro Gordoa
se terminó de imprimir en agosto de 2023
en los talleres de
Impresora Tauro, S.A. de C.V.
Av. Año de Juárez 343, col. Granjas San Antonio,
Ciudad de México